So funktioniert die Börse

Ein Streifzug durch das Geschehen an den Finanzmärkten
von Erich Erlenbach und Frank Gotta

Societäts-Verlag

CIP-Titelaufnahme der Deutschen Bibliothek

Erlenbach, Erich:
So funktioniert die Börse : e. Streifzug durch d. Geschehen an d. Finanzmärkten ;
[mit 28 Tab.] / von Erich Erlenbach u. Frank Gotta. – 7. Aufl., 31.–35 Tsd. – Frankfurt
(Main) : Societäts-Verl., 1988
    ISBN 3-7973-0459-5
NE: Gotta, Frank:

7. Auflage 1988
Mit 28 Tabellen
Alle Rechte vorbehalten · Societäts-Verlag
© 1988 Frankfurter Societäts-Druckerei GmbH
Gesamtherstellung May + Co, Darmstadt
Printed in Germany 1988
ISBN 3-7973-0459-5

Inhalt

Zur Einführung: Was ist die Börse?

Seit den Herbsttagen des Jahres 1987 werden die Vorgänge an den großen Börsen der Welt so aufmerksam wie kaum jemals zuvor beobachtet. Was vorangegangene, in Ausmaß und Dauer ungewohnte Kurssteigerungen nicht vermocht hatten, brachten dann über Nacht einige »schwarze Börsentage« zuwege. Als am 19. Oktober 1987 die Kurse an der führenden Börse der Welt, der New York Stock Exchange, in einer dramatischen Börsensitzung um mehr als ein Fünftel stürzten und in diesen Tagen auch an anderen Börsen große Kursverluste auftraten, hielt nicht nur die Finanzwelt den Atem an. Kündigte sich eine Katastrophe an, ein Börsenkrach, wie er zuletzt 1929 zu verzeichnen gewesen war? Werden die Kursverluste an den Aktienmärkten Auswirkungen auf die Wirtschaft haben? Oder werden die Finanzmärkte nach dieser Erschütterung wieder Ruhe finden?

Neun Monate danach, zu dem Zeitpunkt, zu dem diese Zeilen verfaßt worden sind, konnte eine endgültige Antwort auf diese Fragen nicht gegeben werden. Zwar hatten sich die Börsen und die Finanzmärkte in der Tat beruhigt. Aber die Kursrückgänge haben auch an der deutschen Börse ihre Spuren hinterlassen. Börsen, die Märkte für Wertpapiere, sind immer in Bewegung. Welche Richtung sie einschlagen werden, kann nur erhofft oder befürchtet, aber nicht mit Gewißheit vorausgesagt werden.

Auch der aufmerksame Beobachter erhascht zumal durch den Augenschein nur einen Bruchteil des Geschehens. Trotz des gewöhnlich hektischen Treibens auf dem Parkett werden nicht alle Wertpapiergeschäfte über die Börse abgewickelt. Der über eine Börse laufende Umsatz ist oft nur die Spitze eines Eisbergs, beispielsweise beim Handel festverzinslicher Wertpapiere. Der Devisenmarkt, der Geldmarkt, der Goldmarkt, sie alle bestehen in der Hauptsache aus den Verbindungen der Marktteilnehmer untereinander, aus der Möglichkeit, sich, obwohl räumlich getrennt, sofort gegenseitig die neuesten Daten zu übermitteln und darauf aufbauend Geschäfte abzuschließen. Zwar treffen sich

7

zum Beispiel die Devisenhändler in Frankfurt auch an der Devisenbörse und handeln dort sogar, aber verglichen mit den Geschäften, die außerhalb dieser offiziellen Börsensitzung abgeschlossen werden, ist die Veranstaltung selbst von geringer Bedeutung. Anders ist es dagegen mit den dort festgestellten Börsenkursen für Devisen; der »Frankfurter Devisenkassakurs« ist Rechnungsgrundlage für die meisten Transaktionen zwischen Kreditinstituten und ihren Kunden.

An der Wertpapierbörse, zumindest am Aktienmarkt, wird das Hauptgeschäft jedoch an der Börse selbst abgewickelt. Gleichviel, ob die Transaktionen sichtbar vor jedermanns Augen oder in abgeschiedenen Bürozimmern vorgenommen werden, verwirrend ist es allemal, was auf den Finanzmärkten geschieht. Informationen darüber finden sich tags darauf in der Zeitung, vornehmlich im Börsenteil; wenig Text, viel Tabellen, Zahl reiht sich an Zahl. Die Information kann, weil der Platz beschränkt ist, in vielen Fällen eben nur in der Sprache und der Form, wie sie Fachleuten geläufig ist, wiedergegeben werden. Der Laie empfindet daher bei der Lektüre oft Schwierigkeiten, fühlt sich womöglich ausgeschlossen.

So entstand dieses Buch als eine Gemeinschaftsarbeit. Deshalb haben wir auch darauf verzichtet, einzelne Beiträge mit Namen zu kennzeichnen. Zu viele der gegenseitigen Anregungen sind miteinander verwoben. Entsprechend den Neigungen der beteiligten Autoren hat Frank Gotta zumeist die Reportagen beigesteuert, ich habe mehr Beispiele und Anlageüberlegungen eingebracht sowie die Bearbeitung der Neuauflagen übernommen.

Manches, was in der täglichen Berichterstattung als bekannt vorausgesetzt werden muß, ist hier zur Erläuterung des Hintergrundes zusammengefaßt. Wir haben uns dabei auch auf Arbeiten stützen können, die verstreut in der Frankfurter Allgemeinen Zeitung sowie in der von dieser Zeitung speziell herausgegebenen Wirtschaftstageszeitung »Blick durch die Wirtschaft« erschienen sind. Es wäre freilich vermessen, den Anspruch erheben zu wollen, nun seien die letzten Winkel der Finanzmärkte ausgeleuchtet worden. Viel mehr als Schlaglichter auf einige wichtige Teilbereiche zu setzen ist kaum möglich.

Erich Erlenbach

Geschäfte per Stimmband

Beobachtungen auf dem Frankfurter Börsenparkett

Unter den Finanzmärkten steht der Aktienmarkt eindeutig im Vordergrund, weil dort, in eben dieser Börsenversammlung, das Herz der Börse schlägt; nur gelegentlich drängt sich der Rentenmarkt an die erste Stelle. Stimmung und Geschäftsablauf an der Börse spiegeln all das wider, was an jenem Tag von Bedeutung ist oder erscheint.

Durch die Drehtür ins Foyer, und man hört es: das Geschrei. Unterlegt von einem brodelnden Gemurmel hallt es durch die offenen Saaltüren. Noch während sie den Mantel ausziehen, mit der Garderobenfrau ein Wort wechseln, erkennen alte Börsianer daran die Tendenz.

Auf der Galerie des Börsensaales – nach dem Ende des Umbaus der Börsenräume wird von März 1990 an wieder eine Besuchergalerie sowie ein Filmsaal zur Verfügung stehen – drängeln sich jeden Tag neugierige Laien entlang der Balustrade. Viele blicken entgeistert ob des Getümmels in der Tiefe. Zu verstehen gibt's da wenig. Aber dafür kommen Gehör und Augen auf ihre Kosten. Die Schau auf dem Parkett läuft auf vollen Touren.

Oft sind es Schulklassen oder andere Gruppen, die aus Gründen der Bildung einmal eine richtige Börse sehen sollen. Häufig aber sind es auch einzelne oder zwei, drei Besucher zusammen, die »eben mal reinsehen«, um sich die Börse von oben zu betrachten. Manchmal weicht auch eine Hausfrau vom Einkaufspfad ab und steht betreten auf der Empore – Fassungslosigkeit im Blick. Auch für ausländische Besucher zählt die Börse häufig zum Besichtigungsprogramm. Am aufmerksamsten sind die Japaner. Jedermann hat während der Börsenzeit – 11.30 bis 13.30 Uhr jeden Montag bis Freitag – freien Zutritt; die Frankfurter Wertpapierbörse wird allerdings bis März 1990 umgebaut und kann bis dahin nicht besichtigt werden. Danach verspricht ein Abstecher zur Börse ein billiges Vergnügen, denn es wird einiges geboten.

Die Börsenverwaltung hat zur Aufklärung nicht eingeweihter Besucher einiges getan. Beim Empfang gibt es informative Broschüren,

9

die dem Laien manches erklären. Auf der Galerie kann man über Telefon in verschiedenen Sprachen ein erklärendes Tonband abhören. Wer Zeit hat, kann sich setzen und in aller Ruhe (wenn auch durch Glas) ausgiebig Börsenluft schnuppern. Die meisten bleiben stehen und blikken gebannt auf die rennenden und rufenden Händler und Makler in der Arena.

Indes, auf der Empore hocken nicht nur Gelegenheitsbesucher herum. Ein paar der Galeristen sind sozusagen Dauerkunden, vom Umbau der Börse in nahegelegene Schalterhallen von Kreditinstituten verdrängt, wo ihnen das geboten wird, was sie unmittelbar an der Börse suchten: Die Möglichkeit, die Zahlen an den Kursanzeigetafeln fasziniert zu verfolgen. Vor sich haben sie ihre Aufzeichnungen, die sie laufend vervollständigen. Ein Hauch von Geheimnis umgibt sie. Sind sie dem letzten Gesetz der Kursbildung auf der Spur? Oder sind auch ihre Theorien praktisch nur genausoviel wert wie die berühmte Börsenvoraussage aus dem Kaffeesatz? Was weiß man schon, man muß nur daran glauben.

Es braucht seine Zeit, bis sich der Anfänger in dem Börsengetümmel zurechtfindet und aus den Leuchtziffern sowie mit Hilfe der Kurse vom Vortag die Entwicklung ablesen kann. Aber schließlich traut auch er sich ein Urteil zu, und damit ist er frei für das Geschehen im Saal. Heftiges Gestikulieren, hochgereckte Arme, dauerndes Hin- und Hergerenne, die Hektik legt sich auf die Haut und kribbelt. Die vorher diffuse Geräuschkulisse löst sich auf in Angebot und Nachfrage: »Bayer drei Geld, fünf Brief, bei mir fünf Brief!« »Anilin zum Aussuchen!« »Sala ist sieben Brief, fünfeinhalb Geld. Machst du was? Nein, na, auch gut, so billig kriegst du sie nie wieder.« »Wie sind die Röhren?«

Die Zeitnot diktiert die Sprache. Meint man Kaufen, sagt man Geld. Meint man Verkaufen, sagt man Brief. Die Zahlen bezeichnen nur noch die letzte Stelle des betreffenden Kurses, die Zehner- und Hunderterstellen werden weggelassen. Auch die Firmennamen sind gekürzt. Kein Mensch hat Badische Anilin- & Soda-Fabrik gesagt, und selbst heute heißt es nicht einmal Be-A-Es-Ef, sondern immer noch kurz Anilin. Es heißt auch nicht Salamander, es heißt »Sala«.

Sind sich Käufer und Verkäufer einig, dann wird das nicht etwa sogleich schriftlich besiegelt, auch nicht mit Handschlag wie beim

Viehhandel, Gott bewahre, welche Zeitverschwendung. Auf dem Parkett gilt allein das Wort. Man schreit sich kurz an: »Fünfzig Bayer an dich«; »Fünfzig von dir«; jeder kritzelt etwas in sein kleines Notizbuch, und das Geschäft ist gemacht.

In der Mitte des Saales, an den Maklerschranken, geht es am lautesten her. Davor lagern die Makler und Händler in dichten Scharen. Der Kursmakler versucht den amtlichen Kurs festzulegen: »Also, wer macht noch was in Hamborner? Hamborner sind sechs Geld, siebeneinhalb Brief, wer das nicht sieht, ist selber schuld, nur Mut!« »Hundert an dich.« »Sechs zu sieben Hamborner, Jungs, mischt und ran.« Der Makler, erhöht hinter der mannshohen Balustrade stehend, behält den Überblick. Mit dem Bleistift deutend sammelt er Angebot und Nachfrage. »Horst, für dich sieben Geld, damit kannst du raus, wenn du willst.« Horst will nicht, Achselzucken. »Der führt euch ganz schön vor.« Schließlich ist der Kurs nach den strengen Regeln von Angebot und Nachfrage, die den Kurs bestimmen, »sieben geworden«. Jetzt noch blinkt unmittelbar danach auf einigen schwarz-weißen, im Börsensaal verteilt angebrachten Fernsehschirmen des Börseninformationssystems »Kiss« hinter dem Namen Hamborn der Eröffnungskurs 227 einige Male auf. Aber schon vom Sommer 1988 an werden im Aktiensaal große neue Kursanzeigetafeln, jeweils fünf mal zwei Meter groß, angebracht, auf denen die Kurse für 300 variabel gehandelte Aktien oder von 600 Kassawerten genannt werden können. Eine der Anzeigetafeln wird eine Vollgraphiktafel sein und den von der Börse laufend errechneten »Kiss-Laufindex« zeigen.

Außer der Aktienbörse gibt es noch einen anderen »Markt«: die Gerüchtebörse. An der wird so ziemlich alles gehandelt, was auch nur andeutungsweise zur Erklärung einer Kursbewegung herhalten könnte. Jedes Gerücht beginnt mit der Floskel: »Auf dem Parkett sagt man . . .« Und dann folgen Begründungen, die an Phantasie nichts zu wünschen übriglassen. Die Palette reicht von Abs bis Zuckerpreiserhöhung und darüber hinaus bis in den metaphysischen Bereich. Vielleicht lag aber auch bei der Entstehung eines Gerüchtes nur ein Hörfehler zugrunde.

Es gibt aber auch Tage, an denen nichts passiert. Da stehen die Kurse wie festgemauert, und niemand verrückt sie. Keiner will 'raus, keiner will 'rein, und keiner verdient was. In lustloser Stimmung tröpfeln die zwei Börsenstunden träge dahin. Dann schon lieber einen saftigen Kurseinbruch als diese Windstille, auch in der Baisse kann man Geschäfte machen. Hin und wieder unternimmt einer den verweifelten Versuch, die Stimmung vielleicht doch noch aufzureißen. Übertrieben laut hebt sich sein Ruf: »Harpener drei zu vier, hier sind Harpener drei Geld, vier Brief, wer will sie?« Aber auch mit Gewalt geht es nicht, keiner kauft.

Schließlich fällt einem Kursmakler etwas anderes ein, um Stimmung zu machen. Er greift unter sich, hebt plötzlich eine Plastiktüte hoch, und: »Weil ihr alle grad so schön hier 'rumsteht«, prasseln ein paar Hände voll Bonbons aufs Parkett. Beifall und Lachen, an solchen Tagen hat man Zeit, sich zu bücken. Aber meistens ist es anders.

Um halb zwei Uhr ist in Frankfurt Börsenschluß. Eine leise Klingel ertönt, der amtliche Handel endet. Zigaretten werden hervorgeholt; denn während der Börsensitzung herrscht Rauchverbot. Vor der Schranke werden schnell noch ein paar Geschäfte abgeschlossen oder ein letzter Anlauf dazu gemacht. Schnell vergleicht man untereinander Zahlen in den kleinen Notizbüchern: »Hast du die zweihundert Thyssen?« »Klar, schon zweimal, bin ich Analphabet?« »Bei mir hab' ich stehen . . .« »O.K.« Fünf Minuten später ist das Parkett leer. Sie stieben auseinander, als hätte jeder schnellstens einen Schatz zu vergraben. An der Garderobe liegt der Mantel schon bereit, die Garderobenfrau kennt jeden einzelnen. Im Freien, auf der Treppe, noch ein paar Worte, und es ist höchste Zeit, dem Magen etwas zuzuführen. »Bis morsche also«, und wieder warten auf die Börsianer zwei Stunden, von denen sie nur zu gerne heute schon wüßten, was sie bringen werden.

O mille mio

Notgedrungen muß die Börsensprache mit Fachausdrücken gespickt sein, denn nur die Fachsprache erlaubt es, so knapp und präzise genau das auszudrücken, was auch gemeint ist. Die Börsensprache entbehrt zwar nicht einer gewissen Anschaulichkeit; auch der Laie mag sich unter einer »freundlichen« Tendenz Kurssteigerungen vorstellen. Aber nicht alle Ausdrücke sind so einfach zu deuten. Der folgende Katalog soll die wichtigsten Fachausdrücke erläutern, die im Börsenbericht vorkommen.

Fachausdrücke im Börsenbericht

Agio – Aufgeld (Zuschlag) auf den Nennwert; bei der Ausgabe von Aktien die Regel. Gegenteil: Disagio.

Aktienmarkt – der Teilbereich der Börse, an dem Aktien gehandelt werden.

Amtliche Einführung – nennt man die erste Börennotiz eines Wertpapiers an der Börse im amtlichen Handel. Grundsätzlich muß jedes Wertpapier zum amtlichen Börsenhandel »zugelassen« werden; es muß bestimmte Erfordernisse erfüllen. Ausnahmen vom üblichen Zulassungsverfahren gelten für öffentliche Anleihen, für die der Staat geradesteht, und dann, wenn seit der letzten Veröffentlichung eines Prospektes weniger als drei Jahre vergangen sind.

Amtlicher Handel – ist der eigentliche Börsenhandel. Es gibt ferner den »Geregelten Markt« und den »Freiverkehr«.

Arbitrage – ist das Ausnutzen von Kurs-(Preis-)Differenzen, die zeitlich, örtlich oder sachlich auftreten. Die Arbitrage verhindert gegenläufige Marktentwicklungen und führt tendenziell zu einem überall gleichen Kurs (Preis).

Auslosung – Durch sie wird bestimmt, welche Stücke einer Anleihe entsprechend dem Tilgungsplan eingelöst (zurückbezahlt) werden.

Baisse – Zeiten andauernder Kursrückgänge.

Bankfeiertage – stehen entweder fest (zum Beispiel Ostermontag) oder werden in Krisenzeiten »verordnet«.

Berufshandel – ist ein zusammenfassender Begriff für jene Leute und Unternehmen, die täglich mit dem An- und Verkauf von Wertpapieren beschäftigt sind und dabei auch Geschäfte auf eigene Rechnung abschließen. Der Berufshandel hat eine wichtige Funktion, weil er Marktschwankungen (über Arbitragegeschäfte) auffangen kann. Freilich ist dies heute nicht mehr so deutlich sichtbar wie früher, weil die Kapitalkraft des Berufshandels im Vergleich zu den Börsenumsätzen relativ gering ist.

Bezugsrecht – bedeutet die Möglichkeit für einen Aktionär, sich an der Kapitalerhöhung einer börsennotierten Gesellschaft zu beteiligen. Wenn der Preis für die neuen Aktien unter dem Bör-

senkurs liegt, hat das Bezugsrecht auch einen rechnerischen Wert, der die Grundlage für den Börsenhandel ist. Als Bezugsrecht wird manchmal auch die gesamte Kapitalerhöhungs-Transaktion bezeichnet. Das Bezugsrecht wird etwa mit 2 zu 1 zu 150 DM festgelegt. Das bedeutet, daß der Besitzer zweier Aktien eine neue zum Preis von 150 DM erwerben kann. Ist der Börsenkurs für die bisherigen Aktien zum Beispiel 210 DM, dann hat das Bezugsrecht einen rechnerischen Wert von 20 DM. Denn für zwei Aktien (die an der Börse zusammen 420 DM kosten) kann eine neue zu 150 DM bezogen werden; drei Aktien kosten zusammen also 570 DM, eine Aktie somit 190 DM. Der Kurs der Altaktie sinkt um den Wert des Bezugsrechtes von 210 auf 190 DM. Umgekehrt ergeben zwei Bezugsrechte zu je 20 DM zusammen mit dem Preis für die neue Aktie den Börsenkurs nach Bezugsrechtsabschlag.

Blue chips – nennt man die Aktien der führenden, international bekannten Gesellschaften eines Landes.

Börsenmakler – vermitteln Geschäfte in Wertpapieren (Kursmakler) oder handeln auch auf eigene Rechnung (freier Makler).

Bonifikationsabschläge – heißen die Vergütungen, die sich Kreditinstitute beim Handel untereinander auf den Emissionskurs einer neuen Anleihe einräumen. An der Höhe der Bonifikationsabschläge läßt sich ablesen, welchen Anklang die Anleihe findet. Kann sie schlecht verkauft werden, geben die Banken von ihrer Bonifikation (das ist die Vergütung, die sie vom Anleiheschuldner für die Übernahme und Plazierung der Anleihe erhalten) viel weiter; wird die Anleihe gut verkauft, kann es sogar höhere Kurse als den Emissionskurs geben.

Daueremittenten – sind Kreditinstitute, die laufend Schuldverschreibungen (Pfandbriefe, Kommunalobligationen, »sonstige« Bankschuldverschreibungen) über den Rentenmarkt verkaufen und sich damit jene Gelder beschaffen, die sie selbst an ihre Kunden als Darlehen ausleihen. Seit der Ausgabe von »Bundesobligationen« gehört auch der Staat dazu.

Deckungskäufe – nimmt der Berufshandel vor, wenn er sich fehlende Papiere beschafft; siehe Glattstellungen.

Devisen – Guthaben bei ausländischen Kreditinstituten und von Ausländern ausgestellte Schecks und Wechsel.

Disagio – Abgeld (Abschlag), Abzug vom Nennwert; üblich bei der Ausgabe von festverzinslichen Wertpapieren. Aktien dürfen nicht mit Disagio ausgegeben werden.

Dividende – der auf eine Aktie entfallende, von der Hauptversammlung zu beschließende Gewinnanteil. Nach der Reform der Körperschaftsteuer setzt sich die Dividende aus einer Barausschüttung und aus einer Steuergutschrift zusammen.

Durchschnittsrendite – Für Anleihen einer bestimmten Laufzeit oder bestimmter Schuldner kann aus einer mehr oder weniger großen Auswahl von Papieren die Rendite als Durchschnittswert und damit als typische Zahl errechnet werden.

Effektiv-Verzinsung – tatsächlicher, auf das Jahr bezogener Ertrag einer Anlage. Bestandteile bei Renten: laufender Ertrag (Nominalzins im Verhältnis zum Erwerbskurs) plus Tilgungsertrag (zeitanteilige Differenz zwischen

15

Kaufkurs und Rückzahlungswert, kann auch negativ sein). Für die Berechnung gibt es mathematische Formeln (oft im Programm von Taschenrechnern). Effektivzinsen für Standardkonditionen auch gedruckt in Tabellenwerken.

Eindeckungen – siehe Deckungskäufe.

Emission – die Ausgabe von Wertpapieren. Wird auch benutzt als Bezeichnung für ausstehende Anleihen, zum Beispiel die Emissionen des Bundes.

Emissionskurs – ist der Preis, zu dem die Anleihe oder eine neue (junge) Aktie zum Kauf angeboten wird.

Emittent – Aussteller (Schuldner) der Wertpapiere.

Enge Märkte – Bei Aktiengesellschaften, deren Kapital zu einem großen Teil als Dauerbesitz in festen Händen liegt, ist jener Teil, der noch an der Börse gehandelt werden kann, klein. Solche Papiere haben »enge Märkte«, im Gegensatz zu den marktbreiten Standardpapieren.

Eröffnungkurse – sind im variablen Aktienhandel die ersten Notierungen nach Börseneröffnung.

Euro-Markt – Sammelbegriff für den internationalen Finanzmarkt, der verschiedene Schwerpunkte (London, Luxemburg, Singapur, Bahamas) hat und keinen nationalen Kontrollen unterliegt.

ex – Zusatz zum Kurs nach Abzug von Dividenden oder Bezugsrechten (nur an dem betreffenden Tag).

Fibor – Abkürzung für Frankfurt Interbank Offered Rate, seit dem 12. August 1985 ermittelter Durchschnittszinssatz des deutschen Geldmarktes für Einlagen im Handel unter Banken für Laufzeiten von drei und von sechs Monaten, Bezugsgröße für Zinsvereinbarungen, vor allem für Anleihen mit variabler Verzinsung (»Floating Rate Anleihen«, »Floater«). Siehe »Libor«

Floating – bezeichnet das freie Schwanken von Wechselkursen auf den Devisenmärkten ohne Verpflichtung der Notenbanken, bestimmte Kursgrenzen einzuhalten.

Floating Rate Anleihe – oder Notes, Wertpapiere mit von Zeit zu Zeit neu festgesetzter und bis dahin jeweils gleichbleibender Verzinsung.

Fluchtgeld – Beträge, die ins Ausland verbracht worden sind.

Freiverkehr – seit dem 1. Mai 1988 nach dem amtlichen Handel und dem Geregelten Markt der dritte Wertpapiermarkt in der Bundesrepublik Deutschland mit etwa 420 notierten Werten, früher unterschieden in den ungeregelten und den geregelten Freiverkehr. Der geregelte Freiverkehr wurde seit dem 4. Mai 1987 zunehmend durch den Geregelten Markt abgelöst. Der Freiverkehr ist gesetzlich nicht genauer geregelt. Die Börsenvorstände führen eine Mißbrauchsaufsicht. Freiverkehrswerte erfüllen die Anforderungen für eine Notierung an den beiden anderen Märkten nicht, sollen aber wegen einer größeren Zahl von Interessenten auf einem transparenten Markt gehandelt werden.

Futures – Börsentermingeschäfte mit Erfüllungspflicht.

Genußschein – verbrieft ein Gläubigerrecht, im allgemeinen einen Anteil am Gewinn (und gegebenenfalls am Liquidationserlös).

Er berechtigt auch zur Teilnahme an Erhöhungen des Aktienkapitals. Er hat in der Regel keinen Nennwert. In der Schweiz werden Genußscheine mit einem – in der Regel niedrigen – Nennwert Partizipationsscheine genannt.

Geregelter Markt – am 4. Mai 1987 eröffnet. Handel mit nichtamtlicher, aber gesetzlich geregelter Börsennotierung und billigerer und einfacherer Zulassung als zum amtlichen Handel. Der geregelte Markt soll mittleren Unternehmen den Weg an die Börse und damit die Kapitalbeschaffung erleichtern.

Gewinnmitnahmen – bezeichnen Verkäufe von Aktien nach vorangegangenen Kurssteigerungen.

Gezeichnetes Kapital – siehe Grundkapital

Glattstellungen – sind Transaktionen des Berufshandels, mit denen er sich fehlende Papiere entweder beschafft (»Deckungskäufe«) oder vorrätige Papiere abstößt; meist wird als Glattstellung nur der Verkauf von Papieren bezeichnet, für die bislang keine anderen Abnehmer zu finden waren.

Grundkapital – ist durch das Bilanzrichtlinien-Gesetz in »Gezeichnetes Kapital« umgetauft worden. Das Kapital ergibt sich aus der Zahl der ausgegebenen Aktien multipliziert mit ihren Nennwerten. Teil des Eigenkapitals; kann auch nur zum Teil zum Börsenhandel zugelassen sein.

Grundstimmung – soll eine Börsenhaltung kennzeichnen, die in der Kursentwicklung nicht oder nicht deutlich zum Ausdruck kommt.

Hausse – Periode fortdauernder Kurssteigerungen.

Handel unter Banken – findet bei neuen Anleihen in der Zeit bis zur amtlichen Börsennotierung zum Marktausgleich statt. Im Bankenhandel werden aber auch andere Papiere, für die es schon Börsenkurse gibt, umgesetzt. Kennzeichnend für die Marktverfassung sind die Handelskurse unter Banken viel besser als manchmal »in der Luft hängende« Börsenkurse.

Institutionelle Anleger – sind jene Marktteilnehmer, die Gelder für eigene oder fremde Rechnung kontinuierlich anzulegen haben, wie Versicherungsgesellschaften, Pensionskassen oder Investment-Fonds. Aber auch Kreditinstitute rechnen dazu.

Interventionsbestände – sind Vorräte von Wertpapieren, die für eine Beeinflussung des Marktgeschehens eingesetzt werden können.

Investmentzertifikate – deutscher Fonds werden nicht an der Börse gehandelt; Anteile deutscher Investment-Fonds haben keine Kurse, für sie gibt es Preise, die durch die Division des gesamten Fondsvermögens durch die Zahl der ausgegebenen Zertifikate ermittelt werden. Einige ausländische »Investmentzertifikate«, die eigentlich Aktien sind, werden auch an deutschen Börsen amtlich notiert.

Junge Aktien – stammen aus einer Kapitalerhöhung; oft haben sie gegenüber den »alten« Aktien einen zunächst abweichenden Dividendenanspruch.

Kapitalerhöhung – Ausgabe neuer (junger) Aktien, die entweder bezahlt werden müssen (Bezugsrecht) oder aus der Umwandlung von Rücklagen (Zusatzaktien) entstehen.

Kassakurse – werden einmal jeden Börsentag für alle amtlich notierten Aktien (sowie am geregelten Markt und im Freiverkehr) festgestellt. Hier gibt es keine Auftrags-Mindestgröße wie im variablen Handel. Börsenaufträge über weniger als fünfzig Aktien einer Art können in der Bundesrepublik nur »zur Kasse« und damit zum Kassakurs abgewickelt werden (Einheitsnotierung).

Kupon – auch Coupon oder Koupon, die dem Wertpapier beigegebenen Anrechtscheine auf Zins oder Ertrag.

Kurs/Gewinn-Verhältnis – Maßstab der Börsenbewertung, drückt aus, wie oft der Gewinn je Aktie (nicht allein die Ausschüttung) im Börsenkurs bezahlt wird. Welches Verhältnis als angemessen gilt, ändert sich im Zeitablauf nicht zuletzt mit den Schwankungen des Kapitalmarktzinses und ist auch nach Branchen differenziert.

Kursregulierende Stellen – sind am Rentenmarkt jene Institute, die mit bestimmten Absichten in die Kursbildung eingreifen; bei Bundes- und Postanleihen ist es die Deutsche Bundesbank und bei Bahnanleihen die Deutsche Verkehrs-Kredit-Bank.

Laufzeit – in Jahren gemessene »Lebenszeit« eines Wertpapiers seit Auflegung oder seit dem Erwerbstag (»Restlaufzeit«).

Libor – Abkürzung für *L*ondon *I*nter *B*ank *O*ffered *R*ate; Briefzins (Angebotszins) für zum Beispiel Sechs-Monats-Geld unter Banken in London. Dient im Euro-Geschäft als Basis für die Berechnung von Kreditzinsen (und neuerdings auch für die Festlegung von Einlagenzinsen bei Certificates of Deposit – CDs). An der Höhe des Zinsaufschlages zu »Libor« wird die Einschätzung des Kreditnehmers durch den Kreditgeber deutlich.

Limitierte Aufträge – sind solche, die nur dann ausgeführt werden dürfen, wenn ein bestimmter Börsenkurs über- oder unterschritten wird. Gewöhnlich erlöschen solche Aufträge mit Ablauf eines Monats (»zu Ultimo«), so daß zu Beginn des neuen Monats wieder neue Anweisungen gegeben werden müssen. Geschieht dies nicht sogleich, kann sich das an der Börse durch stärkere Kursausschläge bemerkbar machen.

Meinungskäufe – sind Engagements, die spekulativ in Erwartung bestimmter Ereignisse vorgenommen werden. Jeder denkbare Anlaß kann Meinungskäufe auslösen. Das Gegenteil sind vorsorgliche Abgaben, aber auch Glattstellungen.

Nennwert – der Nominalbetrag eines Wertpapiers, hat mit dem davon gewöhnlich abweichenden Börsenkurs gar nichts zu tun. Bei Aktien dient der Nennwert lediglich der Festlegung des Beteiligungsanteils an der Aktiengesellschaft.

Optionen – Börsengeschäfte mit Wahlrecht.

Optionsanleihe – Emission mit dem Recht zum Bezug eines anderen Wertpapiers (meist einer Aktie).

Optionsschein – verbrieft ein zeitlich begrenztes Bezugsrecht, gewöhnlich auf ein Wertpapier und von einer Optionsanleihe abgetrennt, wird als gesondertes Wertpapier gehandelt.

Order – Börsenauftrag zum Kauf oder Verkauf von Wertpapieren. Heute meist durch »Auftrag« ersetzt.

Prospekt – umfassendes öffentliches Angebot zum Kauf von Wertpapieren mit von den Börsen vorgeschriebenen Informationen.

Quellensteuer – Besteuerung ohne Berücksichtigung persönlicher Verhältnisse direkt an der »Quelle« des Einkommens, bisher bei Dividenden üblich, künftig vorgesehen auch für Zinseinkünfte. Quellensteuern werden bei der späteren persönlichen Veranlagung zur Steuer als Vorauszahlung angerechnet und gehen daher nicht verloren.

Realverzinsung – Differenz zwischen der Effektiv-Verzinsung einer Anlage und der Preissteigerungsrate (Lebenshaltungskosten-Index).

Rendite – auf das Jahr bezogener Ertrag einer Anlage; siehe Effektiv-Verzinsung.

Rentenmarkt – der Teilbereich der Börse, an dem festverzinsliche Wertpapiere gehandelt werden.

Restlaufzeit – bezeichnet die bis zum Rückzahlungstag einer Anleihe noch verbleibende Zeit.

Schlußkurse – sind im variablen Handel die letzten Notierungen unmittelbar vor oder bei Börsenschluß.

Sonderbewegungen – sind Kursveränderungen, die aus der allgemeinen Entwicklung herausragen. Dabei ist zwischen der relativen Kursveränderung und der absoluten Kursveränderung zu differenzieren. 2 DM Kursgewinn oder Kursverlust sind bei einem Börsenkurs einer Aktie von 65 DM schon eine Sonderbewegung, bei einem Börsenkurs von 530 DM jedoch nicht.

Spekulation – ist eigentlich jede auf die Zukunft bezogene Handlung, die von bestimmten Erwartungen ausgeht. Das Wort wird oft mit einem ungerechtfertigt negativen Beigeschmack verwendet; »Spekulationsgewinne« sind lediglich Lohn richtiger Einschätzung der Zukunft. Natürlich gibt es auch Spekulationsverluste.

Spezialwerte – sind Aktien, die aus mancherlei Gründen nicht in gängige Schemata passen, etwa wegen des Produktionsprogramms.

Standardaktien – nennt man die führenden Aktien eines Landes, die auch international bekannt sind (»blue chips«), deren Kapital breit gestreut ist und die hohe Börsenumsätze aufweisen.

Stücke – sind die Wertpapierurkunden.

Stückelung – ist die Einteilung der Emission oder des Grundkapitals in handelbare kleine Einheiten.

Stützungskäufe – nimmt die Bundesbank am Rentenmarkt vor, wenn sie ein Absinken der Kurse und damit steigende Zinsen verhindern will. Gelegentlich werden auch am Aktienmarkt von Großaktionären oder Banken in bestimmten Situationen Stützungskäufe vorgenommen. Über den Erfolg der Stützungskäufe entscheidet die verfügbare Finanzmasse.

Swap – Tauschgeschäft. Es werden Geschäfte über den Austausch von Forderungen oder Verbindlichkeiten in der gleichen oder in unterschiedlichen Währungen abgeschlossen mit dem Ziel, relative Vorteile der Partner auf verschiedenen Märkten auszunutzen sowie durch die Kombination von Kassa- mit Termingeschäften Risiken auszuschließen.

Tarifbesteuert – heißt, daß Zinsen aus festverzinslichen Wertpapieren dem individuellen Steuersatz des Empfängers unterliegen.

Taxkurse »per Erscheinen« – bilden sich vor der Aufnahme des amtlichen Börsenhandels im Handel unter Banken. Praktisch sind es Netto-Kurse, gebildet aus Emissionskursen minus Bonifikationsabschlag beziehungsweise Emissionskurs plus Aufschlag.

Technische Reaktion – nennt man das Marktverhalten nach einer vorangegangenen Phase gleichgerichteter Entwicklung, das eigentlich nur der Überlegung entspringt, jetzt müsse doch endlich einmal etwas anderes als bisher geschehen. Eine technische Reaktion bereinigt den Markt, weil bislang herumschwirrende Wertpapierpositionen endgültig Käufer finden.

Tenderverfahren – ist die Bezeichnung für den Verkauf von Wertpapieren nach bestimmten Regeln in der Form einer Auktion. Zwei Verfahren: Beim »Zinstender« wird ein Mindestgebotsatz (Kurs) festgelegt, der überboten werden kann. Gebote über dem späteren Zuteilungssatz werden voll, die ihm entsprechenden gegebenenfalls nur zum Teil berücksichtigt. Beim »Mengentender« ist der Zinssatz vorgegeben.

Tilgungsanleihe – Emission mit Kapitalrückzahlungen zu verschiedenen Zeitpunkten, meist nach einem festgelegten Plan und in jeweils gleicher Höhe.

Timing – Bestimmung des Zeitpunktes einer Wertpapiertransaktion an der Börse, meist gebraucht im Sinne einer »richtigen« Zeitwahl.

Trading – Kurzfristig aufeinanderfolgende Käufe und Verkäufe eines Wertpapieres mit dem Ziel, inzwischen eingetretene Kursschwankungen gewinnbringend auszunutzen.

Ultimo – heißt Monats- oder Jahresschluß; wegen möglicher abrechnungstechnischer Einflüsse bedeutsam.

Variabler Handel – findet in ausgewählten amtlich notierten Aktien während der gesamten Börsenzeit mit in der Bundesrepublik mindestens 50 Aktien je Geschäft zu meist voneinander abweichenden Kursen statt.

Vorbörslicher Handel – Geschäfte der Kreditinstitute und Makler vor der offiziellen Börsensitzung.

Wertpapiere – die an der Börse

gehandelt werden, können in verschiedener Weise eingeteilt werden. Unterschieden werden hauptsächlich Aktien und festverzinsliche Wertpapiere (Anleihen, Renten), in der Form der Inhaber- oder Namenspapiere und den verschiedenen Arten (Vorzugs- oder Stammaktien, beziehungsweise D-Mark-Auslandsanleihen, Industrieobligationen, Pfandbriefe, Kommunalobligationen, öffentliche Anleihen, Wandelanleihen).

Wertrecht – Wertpapiere, die nur durch eine Buchung auf einem Konto entstehen (»stückelose Anleihen«); Grund der Einführung: Kostenersparnisse, weil keine effektiven Stücke gedruckt und gehandelt werden müssen. Nebeneffekt: Zwang zur Steuerehrlichkeit.

Zentralbankrat – Die vom Zentralbankrat der Deutschen Bundesbank beschlossene Geld- und Kreditpolitik ist für die Börse eine der wichtigsten Einflußgrößen. Bevorstehende Sitzungen dieses Gremiums lösen daher oft spekulative Kursbewegungen aus.

Zero-Bonds – Nullkuponanleihen, Emissionen ohne laufende Zinszahlung. Zwei Varianten: Zinsansammlung = Zins fällig bei Rückzahlung des Kapitals zum Nennwert; abgezinste Papiere = Verkauf mit Disagio unter Nennwert, zurückgezahlt wird nur der Nennwert. Wegen der Besonderheiten der Besteuerung Auskünfte einholen.

Zusatzaktien – Unwandlung von Rücklagen in Grundkapital. »Gratisaktien« zu sagen ist irreführend, denn auch Rücklagen sind Teil des Eigenkapitals.

»Und schon ein Jahreshöchststand«, kalauerten die Börsianer am ersten Börsentag des neuen Jahres, nachdem das Jahr freundlich begonnen hatte.

24

Börsensprache

Die Sprossen der Kursleiter

Das Wichtigste am täglichen Börsenbericht ist die Kennzeichnung der gesamten Entwicklung in einem einzigen Begriff. »Tendenz: Behauptet« sagt dem fachkundigen Leser mehr als langatmige Erklärungen. Die Abstufungen sind dabei fein, die Übergänge fließend. Ob die beobachteten Kurssteigerungen zusammmengenommen das Urteil »Fester« oder schon »Sehr freundlich« rechtfertigen, ist schwer zu entscheiden und ergibt sich eigentlich erst aus den vielen Stimmen, die der Börsenberichterstatter direkt auf dem Börsenparkett dazu hört.

Zu den Eigentümlichkeiten der Börsensprache gehört dabei, daß im Gegensatz zum sonstigen Sprachgebrauch »Fester« weniger Kurssteigerung als »Fest« und »Schwächer« weniger Kursverlust als »Schwach« bedeutet. Das mag daran liegen, daß die Benutzung des Komparativs verbindlicher klingt und daher die nackte Grundform einer stärkeren Charakterisierung des Geschehens vorgezogen wird. Ausgehend von einer Börsenentwicklung, die mit »Unverändert« bezeichnet werden soll (was natürlich nicht heißt, daß keine Kursveränderungen vorgekommen sind, sondern daß trotz irgendwelcher eigentlich vollkommen unbedeutender Kursänderungen die Lage an der Börse noch so ist wie am Vortag), stehen für die Einordnung von Kurssteigerungen mit wachsender Größe und Bedeutung etwa folgende Stufen zur Verfügung: Etwas freundlicher – Befestigt – Freundlich – Fester – Sehr freundlich – Fest – Sehr fest – Haussierend.

Und die Kursleiter nach unten hat etwa folgende Sprossen: Abbröckelnd – Nachgebend – Leichter – Stärker Rückläufig – Schwächer – Schwach – Sehr schwach – Baisse.

Dazwischen gibt es ein weites Feld der Börsentendenzen mit relativ wenig veränderten Notierungen und entsprechend eng beieinander liegender Bewertung. Dabei ist die Kennzeichnung der Entwicklung nicht nur vom Vortag, sondern auch von der Abfolge der Notierungen im Börsenverlauf selbst abhängig. Diese Gruppe von Vokabeln umfaßt etwa die Begriffe: Behauptet – Gut behauptet – Uneinheitlich – Knapp behauptet – Widerstandsfähig.

In allen diesen Fällen soll ein gewisser Kursdruck deutlich gemacht werden, dem der Markt jedoch mehr oder weniger deutlich und/oder überraschend Gegenkräfte entgegensetzte.

Abgesehen von der Verwendung spezieller Ausdrücke für die Börsentendenz werden in Situationen, die da nicht gut genug hineinpassen, Umschreibungen gewählt, etwa die Aussage, daß es Gewinne auf breiter Front oder starke Einbußen gegeben habe, auch hausseartige Kurssteigerungen waren schon zu melden oder Kurssprünge bei bombenfester Stimmung.

Börsensprach', schwere Sprach',wird mancher denken. In der Tat: Philologen, soweit sie sich einmal auf das Parkett verirren sollten,

Kapital der börsennotierten inländischen Aktiengesellschaften

Stand am Jahres-ende	Zahl der Aktien-gesell-schaften[1]	Grundkapital			nachrichtlich: Zahl der Aktiengesell-schaften insgesamt[2]
		Aktien insgesamt	darunter börsennotierte Stammaktien		
			Nominalwert	Kurswert	
	Stück	Millionen DM			
1975	471	39 177	34 553	134 405	2 189
1976	469	40 551	35 724	125 959	2 177
1977	465	42 019	36 280	136 478	2 149
1978	459	43 075	37 334	151 892	2 141
1979	458	44 500	38 592	137 481	2 139
1980	459	45 592	39 417	140 491	2 141
1981	456	47 239	40 798	141 113	2 148
1982	450	48 827	42 196	163 867	2 140
1983	442	49 840	42 993	225 720	2 118
1984	449	51 549	44 330	246 703	2 128
1985	451	54 133	47 130	438 810	2 141
1986	467	58 233	50 758	480 179	2 190
1987	474	60 805	53 721	325 689	2 232[3]

[1] Nur Gesellschaften mit Stammaktien im Amtlichen Handel, Geregelten Markt oder Geregelten Freiverkehr. – [2] Einschließlich Kommanditgesellschaften auf Aktien. – [3] Stand 31. August 1987. – Quelle: Statistisches Bundesamt, zitiert aus dem Jahresbericht der Arbeitsgemeinschaft Deutsche Wertpapierbörsen.

müßten Tränen der Verzweiflung kommen. Ob der Rücksichtslosigkeit, mit der gehetzte Händler dort Abkürzungen, Verballhornisierungen und schlicht Unverständliches verbal durch den Saal schleudern, wird es manchmal aber auch weniger pingeligen und sogar erfahrenen Börsenbeobachtern leicht schwindlig. Eine anhaltend gefährliche Gedankenangel ist zum Beispiel die Verwechslung von »Mille« mit Millionen. Dabei ist es ganz klar: An der Börse sind »Mille« eben Tausend und Millionen einfach »Mio«. Der Ausdruck »Mille« für Tausend ist offenbar noch ein Überbleibsel aus der italienischen Kaufmannssprache, genauso wie sich auch das Wort Bankrott (*banca rotta*) bis heute im allgemeinen Sprachgebrauch erhalten hat. Es ist gewiß sinnlos, darüber nachzudenken, warum dieses oder jenes Wort auch heute noch benutzt wird. Im Falle von Mille könnte man höchstens eine etwas ketzerische Vermutung äußern. Daß sich nämlich 50 Mille in den Ohren der oft eine Spur zu großzügigen Börsianer nach mehr anhören als läppische 50 Tausend. Wo doch, wenn es so weitergeht, demnächst in den Tausenden sowieso kaum noch Geschäfte zu machen sind.

Wendigkeit ist eines der hervorstechendsten Kennzeichen des Börsianers. Das ist beileibe nicht nur körperlich gemeint. Das schnelle Umschalten gehört einfach dazu. Eben noch kann eine Gruppe Börsenbesucher gelassen beieinander stehen, in der nächsten Sekunde stiebt die Traube auseinander: Geschäfte winken. Aber wenn es nicht nötig ist oder wer es nicht nötig hat, auf dem Börsenparkett nach Handelspartnern Ausschau zu halten, der füllt die Börsenzeit mit Gesprächen. Dabei gilt es, Meinungen und Stimmungen der Marktteilnehmer zu erfassen, selbst aber möglichst wenig von den eigenen Absichten kundzutun. Deshalb sind Börsengespräche oft Meisterstücke der Diplomatie.

Fehlprognose: Eine freundliche Stimmung an der Börse sollte nicht zu voreiligen Schlüssen führen, sagt ein Börsenhändler: So manch einer, der rosig aussieht, habe auch nur hohen Blutdruck.

Die Kurse steigen oder fallen

»Genosse Trend« und seine Hilfstruppen

Wenn der Gesprächspartner auf dem Börsenparkett ganz beiläufig zum Beispiel die Bemerkung fallen läßt, »Siemens liegen doch phantastisch«, dann muß sich der Börsenbesucher füglich erst einmal darüber klarwerden, was diese augenscheinlich so klare Aussage überhaupt bedeutet. »Siemens liegen doch phantastisch« kann einmal bedeuten, daß ihr Kurs weniger stark gefallen ist als der anderer Aktien. Auch ein Kursgewinn von vielleicht einer DM auf irgendeinem gegenüber dem Vortag höheren oder niedrigeren Niveau ist denkbar, allerdings auch ein überproportionaler Kursgewinn dieser Aktie in einem allgemein festen Markt. Die Bemerkung kann aber auch nur bedeuten, daß die Kursentwicklung dieses Wertes die Erwartungen des Gesprächspartners erfüllt, welche er auch immer gehegt haben mag. Schließlich kann sich aber auch überhaupt keine erkennbare Veränderung gegenüber vorangegangenen Kursen dieser Aktie ergeben haben. Dann liegt das Papier eben deshalb so phantastisch, weil der Gesprächspartner eine Veränderung erwartete, die aber (zum Glück) nicht eintraf. Fazit: An der Börse zählt das, was man meint, aber offenbar nicht das, was man sagt.

Viel öfter als über einzelne Werte wird an der Börse über den »Genossen Trend« gesprochen, über die allgemeine Entwicklung und die allgemeine Anlagetaktik. Das ist unverbindlicher und unverfänglicher. Eigenartig ist es schon: wenn es an der Börse viel zu tun gibt, der ganze Saal mit den vielfältigen Geräuschen erfüllt ist, die die Geschäftigkeit mit sich bringt, wenn die Kurse scharf steigen oder auch, je nach Lage, ebenso scharf fallen – die Ursache all dessen erfährt der neugierig Forschende bereitwillig. »Ausländer sind am Werk«, so tönt es, fast wie verabredet, wie aus einem Mund. Diese sagenhaften Ausländer, die soviel Freude oder Ungemach an der Börse verbreiten, sind wohl deshalb als angebliche Akteure bei Börsianern so beliebt, weil diese Gruppe so herrlich unbestimmt und natürlich auch wehrlos ist. Auf ihrem breiten Rücken scheint so manches abgeladen zu werden, das seinen Ursprung in heimischen Überlegungen hat. Nun ist freilich die Masche mit den Ausländern beileibe keine deutsche Eigenheit. Wo man an ausländischen Plätzen auch hinhört, die inländische Bevölkerung scheint der nationalen Börse nicht über den Kurs zu trauen. In der Schweiz kaufen nicht Schweizer, sondern die Deutschen, in Amsterdam die Engländer, in Brüssel die Franzosen, in Paris vielleicht die Holländer. Aber auf welche Ausrede werden die Börsianer verfallen, wenn der internationale Kapitalverkehr eines Tages wieder beschränkt werden sollte?

Die Ausländer haben, was das »Kursemachen« angeht, in der Argumentation auf dem Parkett allerdings eine starke Konkurrenz. Sie

Kurs, Dividende und Rendite deutscher Aktien

Zeit	Durchschnittswerte[1]				
	Kurs DM	Dividende DM[2]		Rendite %	
		ohne	mit	ohne	mit
		Steuergutschrift[3]		Steuergutschrift[3]	
1974	315	13,73		4,36	
1975	389	13,67		3,52	
1976	353	12,77		3,62	
1977	376	13,87	15,28	3,69	4,06
1978	407	12,20	19,07	3,00	4,69
1979	356	12,40	19,38	3,48	5,44
1980	356	13,70	21,41	3,84	6,01
1981	346	12,90	20,16	3,73	5,83
1982	388	12,15	18,99	3,13	4,85
1983	525	11,24	17,56	2,14	3,34
1984	557	12,87	20,11	2,31	3,61
1985	931	14,70	22,97	1,58	2,47
1986	946	16,59	25,92	1,75	2,74
1987	606	17,14	26,78	2,83	4,42
1988[4]	647	16,80	26,25	2,60	4,06

[1] Für eine Aktie mit 100 DM Nennwert. – [2] Für die Berechnung ist die jeweils zuletzt bekanntgegebene Dividende herangezogen worden. – [3] Aufgrund des Körperschaftsteuerreformgesetzes vom 31. August 1976. – [4] Februar 1988. – Quelle: Deutsche Bundesbank.

heißt: »Institutionelle Anleger«*, das sind alle jene Börsenakteure, für die Börsendispositionen zu den ureigensten Aufgaben gehören, weil sie als Versicherungsunternehmen, Pensionsfonds oder Treuhänder Gelder für andere Leute zu verwalten haben. Zu dieser Gruppe zählen auch die Investmentfonds, die besonders dann, wenn die Millionenbeträge, die ein Heer von Investmentsparern zu den üblichen Terminen als Ertragsausschüttung auf den Bankkonten gutgeschrieben erhält, an der Börse immer wieder ausgiebigen Gesprächsstoff und Anlaß für mancherlei Operationen bilden. Da die Fondsleiter ihren Anteilinhabern fast immer nachdrücklich raten, einen möglichst hohen Teil der Ausschüttung wieder in Wertpapieren anzulegen, richtet man sich an der Börse nach den Tagen der Ertragsausschüttung auf baldige Käufe der Investmentsfonds ein. Sollte nämlich der Geldrückfluß stark werden, könnten sich die Fonds wegen der Erwartung steigender Aktienkurse in Anlagezwang versetzt fühlen. Erst recht gilt dies für Käufe von Rentenpapieren. Ein Ausweg aus dem alljährlichen Ritus der Ausschüttung, die zum großen Teil wieder angelegt wird, ist noch nicht gefunden. Woran das liegt, daß die Investmentanleger erst die Ausschüttung in der Hand haben wollen, sie dann aber gleichwohl in hohem Maße den Fonds wieder anvertrauen, ist zwar schon Gegenstand tiefschürfender Untersuchungen gewesen; aber ganz genau weiß es eben niemand. Der Börse allerdings wäre eines ihrer schönsten Argumente genommen, wenn die Fonds nicht alljährlich erst geben und dann wieder nehmen würden.

Die Börse wird von Angebot und Nachfrage bestimmt – aber auch von der Zeit. Wenn eine Uhr stehenbleibt, kann das unangenehme Folgen haben. Nicht so in Deutschlands größtem Börsensaal: Da waren eines Tages die Zeiger der großen elektrischen Uhr hartnäckig bei ein paar Minuten vor vier hängengeblieben, was zunächst für allerlei Unsicherheit sorgte. Der dauernde und oft genug auch nervöse Blick auf das Zifferblatt an der Wand ist nämlich bei allen Börsianern längst zu einer in Fleisch und Blut übergegangenen Gewohnheit geworden. Dafür aber, daß der Handel nicht über die festgesetzten zwei Börsenstunden hinausging, war gesorgt. Pünktlich um halb zwei Uhr

---

* Siehe Seite 18.

erschien in der Saaltür ein Börsendiener mit einer riesigen Glocke aus Messing und läutete die Sitzung ab.

Es war wie in alten Zeiten, als noch kein elektrischer Summer, der sonst um diese Zeit ertönt, das Ende ankündigte. Im übrigen betrachteten die Börsianer die streikende Uhr zum Schluß doch noch als ein gutes Zeichen: Die Kurse hatten sich freundlich entwickelt. »Da sieht man's ja«, stellte ein Händler den Zusammenhang zwischen Uhr und Börse her, »den Haussiers schlägt eben keine Stunde.«

Momentaufnahme zur Lage am Aktienmarkt: Es ist wie auf der Titanic. Oben wird gejubelt und gefeiert, unten saufen die ersten ab.
(Der Börsenchef einer großen Bank)

Gewinn oder Verlust

Lähmende Hoffnung

Geld verdienen, möglichst schnell und möglichst viel, das ist der Antrieb für nicht wenige Börsengeschäfte. Doch der Markt spielt da oft nicht mit. Natürlich verlieren Leute an der Börse auch Geld. Doch im Gegensatz zu den mit stolzgeschwellter Brust vorgetragenen sagenhaften Gewinnen ist von Börsenverlusten weit weniger die Rede. Mit den Verlusten ist es nämlich auch so eine Sache, zumal wenn sie in aller Munde sind. Da stößt ein Boulevardblatt ins Horn, und das Echo dürfte dann auch nicht klein sein. Mit vier Zentimeter hohen Schlagzeilen wird der Niedergang der deutschen Aktienbörse am Vortag herausgeschrieen: »Deutsche Aktionäre verloren gestern Milliarden.« Es ist zwar zu vermuten, daß nur wenige Aktienbesitzer gerade dieses Blatt zur Anlageberatung heranziehen, aber immerhin einigen, vor allem den Volksaktienbesitzern, dürfte bei solchen Schlagzeilen doch der Schock in die Glieder fahren. Womöglich lassen sie sich zu Verkäufen verleiten und realisieren damit Verluste, die bis dahin nur auf dem Papier standen. Hätten sie nur einen Tag gewartet, so hätten sie gesehen, wie tags darauf »Milliardengewinne« gemacht wurden – ohne Schlagzeile. Die Börse war wieder fest. Verloren hatte nur, wer zu den gedrückten Kursen tatsächlich verkaufte. Sich einzugestehen, daß eine Börsenspekulation nicht den erwarteten Verlauf genommen hat, fällt freilich in der Tat schwer. Die »Börsenprofis« tun sich da leichter, sie müssen auch Nackenschläge einstecken und eingestehen können. Sie trösten sich mit dem Spruch: »Der erste Verlust ist der beste« und versuchen ihr Glück mit einer neuen Transaktion. Der Laie in Börsendingen reagiert gewöhnlich anders. Er neigt der Ansicht zu: »Jetzt hat es keinen Zweck mehr, die Aktien zu verkaufen.« Oft genug stellt sich später heraus, daß sich ein Verkauf dennoch gelohnt hätte. Aber das Kursniveau wird als so gedrückt empfunden, daß ein Verkauf einfach für undiskutabel gehalten wird.

Nichts kann für einen Anleger lähmender sein als Hoffnungen, die sich nicht erfüllen. Zu solchen Hoffnungen gehört, daß der Kurs einer gerade erworbenen Aktie trotz anschließender Verluste bald wieder den Preis erreichen wird, den man dafür gezahlt hat. Man klammert sich an jeden Besserung versprechenden Strohhalm, aber der Markt schwächt sich weiter ab. Das ist eine Situation, die an der Börse gelegentlich mit dem spöttischen Wort bedacht wird: »Auf diese Weise werden aus Spekulanten Daueranleger.«

Erfolgszwang: »Wir können einen Kunden nur einmal falsch beraten«, sagt ein Privatbankier zu den schriftlichen Börsenempfehlungen seines Hauses.

Baisse oder Hausse

Flexibel sein und streuen

Wenn es gelegentlich an der Börse immer nur zu begrenzten Auf-
und Abwärtsbewegungen der Kurse kommt, könnte dies damit zu-
sammenhängen, daß es ganze Anlegergruppen gibt, für die irgendein
früherer Einstandskurs heute kein Maßstab für ihre Operationen ist.
Teils sind die Werte bereits entsprechend abgeschrieben, teils vergißt
man bewußt, was die Papiere einmal gekostet haben. Man beginnt
also von vorn und denkt nur noch kurzfristig. Wenn die Kurse
steigen, nimmt die Erwartung ab, sie könnten noch so viel weiter
steigen, daß ein weiteres risikobehaftetes Durchhalten noch zu rechtfertigen wäre. Also werden Teile des Bestandes verkauft. Wenn sich
solche negative Erwartung kumuliert, werden die Kurse sinken, da

Entwicklung der deutschen Aktienkurse

Jahr	Veränderung der Kurse in Prozent	Jahr	Veränderung der Kurse in Prozent	Jahr	Veränderung der Kurse in Prozent
1951	+ 79,9	1966	− 16,1	1981	− 0,7
1952	− 18,6	1967	+ 43,5	1982	+ 14,4
1953	+ 15,2	1968	+ 13,7	1983	+ 39,1
1954	+ 71,7	1969	+ 11,7	1984	+ 8,3
1955	+ 16,7	1970	− 26,2	1985	+ 71,6
1956	− 7,8	1971	+ 5,6	1986	+ 3,4
1957	+ 5,4	1972	+ 13,6	1987	− 37,1
1958	+ 54,4	1973	− 21,1	1988	
1959	+ 75,5	1974	− 0,0		
1960	+ 37,2	1975	+ 35,7		
1961	− 8,2	1976	− 7,7		
1962	− 23,8	1977	+ 8,4		
1963	+ 11,4	1978	+ 6,7		
1964	+ 3,7	1979	− 11,6		
1965	− 14,6	1980	− 2,1		

immer mehr verkauft wird. Nach einiger Zeit nimmt die Erwartung zu, daß der Kursrückgang bald aufhört; man beginnt wieder zu kaufen, und das Kursniveau steigt wieder so lange, bis sich die Erwartung wieder umkehrt. So schaukelt sich die Börse selbst auf und ab.

In der Tat liegt in einem Verkauf unter Einstandkurs nicht nur das Eingeständnis, daß man sich geirrt hat, sondern man realisiert einen Verlust. Doch dieser Verlust braucht nicht die schlechteste Alternative zu sein, wenn man sich nämlich die Möglichkeit eröffnet, andere, vielleicht gewinnbringende Anlagechancen wahrzunehmen. Lediglich abzuwarten, hat in vielen Fällen keinen Sinn. Der Anleger sollte sich dann wenigstens entschließen, in die Baisse hinein, die ihn unerwartet getroffen hat, zuzukaufen. So ermäßigt er seinen durchschnittlichen Einstandkurs und liegt bei einer Tendenzwende sehr viel eher wieder auf der Sonnenseite der Börse. Freilich ist dies auch kein völlig sicheres Rezept. »Manch einer hat sich schon totgemischt«, sagen tiefgründig altgediente Börsianer zu diesem Ratschlag.

Gemeint ist damit, daß die Baisse den längeren Atem hat. Zukäufe auf immer niedrigerem Niveau können die Mittel des Anlegers erschöpfen, bevor der Tiefpunkt der Kursentwicklung erreicht ist. »Zu früh gekauft« ist dann die Diagnose. Ein beliebtes Rezept ist auch, die Zukäufe bei fallenden Kursen zu verstärken. Ob dabei in arithmetischer oder geometrischer Reihe vorgegangen wird, ist wie die Einschätzung des abzudeckenden Kursabschwunges eine Temperamentssache, vor allem aber eine Frage des finanziellen Hintergrundes. Dieses »Kaufsystem« kann schon nach einigen Schritten einen sehr hohen Mitteleinsatz erfordern, selbst wenn der Start nur mit wenigen oder gar einer Aktie erfolgt. Der Mangel dieses »Systems« liegt vor allem darin, daß zwar die Zukäufe sozusagen automatisch erfolgen, aber der Kursstand, zu dem dann wieder verkauft werden sollte, sich nicht von selbst ergibt. Für den Systematiker bleibt da nur der Weg, bei steigenden Kursen sich ebenso konsequent zu »entmischen«, also Aktien ebenso stur mechanisch zu verkaufen, wie er zuvor eingestiegen war. Wenn dann Bilanz gezogen wird, muß aber noch lange nicht »unter dem Strich« auch ein Gewinn verbleiben.

Manchmal erscheint es so, als vergäßen die Leute mit dem Mitternachtsglockenschlag des alten Jahres alles, was zuvor gewesen ist.

Eine solche Einstellung darf freilich nicht nur negativ gesehen werden, denn was man an Erfahrung bis zum Jahresletzten manchmal mit sich herumschleppt, erscheint oft angereichert mit Pessimismus, der nicht voll und ganz gerechtfertigt ist. Wenn die Computeranlage das Hauptbuch bei den professionellen Anlegern mit erheblich geringeren Abschreibungen gesegnet hat, als man noch wenige Tage vor Jahresende gefürchtet hatte, stellt sich auch wieder Mut ein. Und wer noch fein säuberlich mit der Hand seine Wertpapieranlagen zu Hause notiert, kommt letzten Endes wohl auch zu dem gleichen Ergebnis. Schließlich: Man muß sich und seinen Kopf freihalten für neue Überlegungen, denn es hat sich gezeigt, daß man nicht mehr auf dem Erworbenen unbesehen sitzenbleiben darf, sondern sich recht flexibel verhalten muß, wenn man in diesen unruhigen Zeiten obenauf bleiben will. Neue Enttäuschungen nimmt man zudem leichter hin, wenn man die alten vergessen hat.

Der Blick auf das Tagesgeschehen an den Börsen, wie er in den regelmäßigen Börsenberichten erfolgen muß, lenkt allzuleicht von den längerfristigen Gesichtspunkten der Aktienanlage ab. Natürlich wird ein Urteil über den Erfolg einer Anlage am Aktienmarkt von der Vergleichsperiode vorgeformt. Wer sich als Basis den Höhepunkt einer Hausse aussucht, wird zu anderen Ergebnissen gelangen als jemand, der seine Berechnungen auf einen Baissepunkt bezieht. Ebenso wichtig ist die Anlagedauer, denn wie bei der Wahl der Basis macht es für jedwede Berechnung einen großen Unterschied, ob der Schlußstrich in der Baisse oder in der Hausse gezogen wird.

Mit solchen Einschränkungen muß auch ein Vergleich von Aktienanlagen über einige Jahrzehnte hinweg versehen werden. Gleichwohl vermögen solche Berechnungen einen Eindruck davon zu vermitteln, wie ein Aktionär abgeschnitten hat. Eine dieser langfristigen Ausrechnungen verdanken wir der Union-Investment, die dies früher in ihren Verkaufsprospekten erwähnte, aber seit Ende der siebziger Jahre diese Berechnungen (leider) nicht mehr publiziert.

Da wird vorgerechnet, daß ein AEG-Aktionär, der im Jahr 1938 für 10 000 Reichsmark seine Aktien erworben hat, Ende 1978 einen Börsenwert von 61 784 DM besaß. Das ist der Kurswert aller seiner Aktien zuzüglich aller seit 1938 gezahlten Dividenden minus der Zuzahlungen bei der Ausübung sämtlicher Bezugsrechte. Rechnet man diese Wertsteigerung auf eine jährliche Rendite um, dann kommt man auf einen Jahresertrag von gut 4,6 Prozent. Denn in 40 Jahren wächst ein Kapital von 10000 Einheiten bei diesem Zinssatz auf den erwähnten Wert an. Krieg, Zusammenbruch der Wirtschaft und Währungsreform hat der Aktionär also gut überstanden. Der Endpunkt dieser Berechnung, Ultimo 1978, hat sich nachträglich aber für den AEG-Aktionär als ein günstiger Zeitpunkt herausgestellt. Die weitere Kursentwicklung von AEG ist ein Beispiel dafür, wie wichtig der ausgewählte Betrachtungs-Zeitraum ist. Nach 1978 geriet das Unternehmen in ernsthafte Schwierigkeiten, und der Börsenkurs fiel entsprechend. Das Kapital mußte zusammengelegt werden, und deshalb hatte sich bis Ende 1981 der drei Jahre zuvor noch vorhandene Anlageerfolg in einen Verlust verwandelt. Doch das Unternehmen erholte sich wieder. Daimler-Benz erwarb die Aktienmehrheit. Ende 1987 hatte der AEG-Aktionär praktisch wieder seinen Vermögensstand von Ende 1978 erreicht. Die Durststrecke in den letzten Anlagejahren senkt allerdings die »Rendite« für den langfristig engagierten AEG-Aktionär aus nunmehr 49 Anlagejahren (Ende 1938 bis Ende 1987) auf gut 3,8 Prozent.

Wenn bei der Anlage in AEG-Aktien in dieser langen Zeitspanne auf den ersten Blick nicht besonders viel herausgekommen ist, so muß doch bei der Bewertung des Anlageergebnisses bedacht werden, daß eine Investition 1938 in Reichsmark-Anleihen trotz höherer Zinserträge wegen der Währungsreform 1948 stark dezimiert worden wäre und deshalb mit der Aktienanlage nicht Schritt halten kann. Noch schlechter hätte eine Reichsmark-Sparbucheinlage abgeschnitten.

Die AEG-Aktie weist unter den handvoll Titeln, die auf Basis 1938 miteinander verglichen werden, das schlechteste Anlageergebnis aus. Nicht vergessen werden darf jedoch, daß es auch Aktien gab, die das Vermögen nicht über die Zeit des Zweiten Weltkrieges gerettet haben. Erinnert sei an die »Ostwerte«, die länger als eine ganze Generation nach dem Kriegsende nur noch – beziehungsweise immer noch – Hoffnungswerte sind.

Wären 1938 Aktien von Daimler-Benz erworben worden, so hätte der Käufer eine Art Großes Los gezogen: Aus 10000 Reichsmark wurden bis Ende 1987 sage und schreibe rund 6,9 Millionen DM – und wenn die Rechnung zu einem Stichtag ein paar Wochen früher angestellt worden wäre, bevor es im Oktober 1987 zu den großen Kurseinbrüchen kam, wären es noch einige Millionen DM mehr gewesen. Wenn in 49 Jahren aus 10000 Mark fast sieben Millionen Mark werden, bedeutet dies ein jährliches Wachstum über alle Einschnitte hinweg von fast 14,3 Prozent – und das Jahr für Jahr. Der damalige Kauf von Aktien der Deutschen Bank, des Kaufhofs, des RWE (Rheinisch-Westfälisches Elektrizitätswerk) und von Siemens hätte, wenn die von der Union-Investment publizierten Werte bis Ende 1987 weitergerechnet werden, ebenfalls sehr eindrucksvolle Ergebnisse mit sich gebracht. Selbst nach der »Korrektur« der Aktienkurse durch die Oktoberbaisse 1987 ergeben sich zum Stichtag Ende 1987 Renditen zwischen 8 und 10 Prozent, und dies bei einer Rechnung über fast fünf Jahrzehnte!

Sicherlich wäre es völlig falsch, aus den Hinweisen der Union über das langfristige Abschneiden einiger Aktienanlagen nun den Schluß zu ziehen, jeder vernünftige Anleger müsse sein Geld eben in Aktien, und dies voll und ganz, anlegen. Welche Entwicklung die Aktienkurse in der Zukunft nehmen werden, ist nämlich eine ganz andere Sache. Mit anderen Worten: Das richtige Anlagerezept ist die Streuung des Vermögens auf Sachwerte wie Aktien, auf Forderungsrechte wie festverzinsliche Wertpapiere, auf Immobilienbesitz und nicht zuletzt auf Gold, Schmuck und Kunst – vielleicht sogar international. Vielleicht ist dann wenigstens eine Anlageart dabei, die eine Krise übersteht.

Gespräch auf dem Börsenparkett, Freitag, kurz vor Schluß: »Nach der Diskontsenkung, hab' ich mir gedacht, müßte doch . . .« – »Was wollen Sie mit Denken? Das hier müssen Sie fühlen, wenn nicht, können Sie's gleich sein lassen . . .«

Mit Millimeterpapier und Lineal

Börsenstatistiker am Werk

Die »Frankfurter Börsenstatistik« untermauert das Börsengeschehen mit Zahlen über den Verlauf und den Umfang des Geschäftes; diese Angaben sind erst nach Einführung der elektronischen Datenverarbeitung möglich geworden. Jeder Börsentag bringt eine Fülle von Informationen, die für die technische Analyse des Börsengeschehens von Bedeutung sind. Auch die Aktienumsätze gehören zu diesen Marktinformationen.

Obwohl es heißt, daß die Börse keine Vergangenheit hat, treffen doch gerade die Aktienumsätze, die Zahl der Kursveränderungen und die Börsenindices auf weite Beachtung, weil all diesen Umständen – ob berechtigt oder nicht, steht dahin – Bedeutung für die Kurse von morgen beigemessen wird. Die sorgfältige Aufbereitung dieser Zahlen und ihre Kombination mit den Kursnotierungen hat eine Art Wissenschaft entstehen lassen. Besondere Dienstleistungsunternehmen versorgen Anleger mit graphischen Darstellungen der verschiedensten Art. Dabei kann es zu kuriosen Ergebnissen kommen.

An der Frankfurter Wertpapierbörse gab es im Juli 1973 genau 22 Geschäftstage. An jedem Tag war eine und immer dieselbe Aktie Spitzenreiter im Geschäftsvolumen am Aktienmarkt: Siemens. Das ist ein ausgesprochen seltenes Ergebnis, das aus der monatlichen Börsenstatistik abgelesen werden kann. Insgesamt sind damals allein in Frankfurt Siemens-Aktien für 222 Millionen DM gehandelt worden, womit mehr als ein Drittel – genau 35,1 Prozent – des Frankfurter Aktiengeschäfts in diesem Monat auf diesen führenden Elektrowert entfielen. Bereits im ersten Halbjahr jenes Jahres hatte Siemens eine führende Stellung auch in der Börsenumsatz-Statistik eingenommen. Der Grund lag offenbar in der Kontingentsregelung für Gebietsfremde. Im Juli ist das ganz besonders augenfällig geworden. Der höchste Tagesumsatz in Siemens mit 38,7 Millionen DM – doppelt so hoch wie an den Tagen davor und dem Tag danach – war am 19. Juli zu verzeichnen, also an jenem Tag, an dem die Bundesbank

Umsatzfavoriten am Frankfurter Aktienmarkt

Aktien[1] von	Anteil am Gesamtumsatz in Prozent					
	1982	1983	1984	1985	1986	1987
Siemens	7,8	8,6	8,9	7,8	6,5	8,5
Deutsche Bank	5,6	4,7	6,1	6,6	6,8	7,9
Daimler-Benz	5,3	4,8	3,8	4,3	7,0	6,3
Bayer	3,5	3,6	4,3	3,5	4,1	6,1
BASF	3,7	3,5	4,4	5,1	3,1	5,3
Hoechst	3,3	3,2	3,1	3,4	3,3	4,6
Veba	(2,5)	(2,5)	(2,3)	2,9	(2,0)	4,1
Volkswagen	3,1	4,6	3,0	4,5	6,2	3,8
BMW	(2,3)	3,6	(2,1)	(2,4)	(1,9)	3,5
Allianz	(1,0)	(2,0)	2,5	(2,3)	2,6	3,0
Dresdner Bank	(2,6)	(2,0)	(2,1)	4,3	4,0	(2,7)
Commerzbank	(2,4)	(2,4)	(2,3)	3,2	3,7	(1,9)
RWE	3,3	2,8	(1,5)	(1,5)	(1,9)	(1,8)
Mercedes Holding	(2,6)	2,9	(2,3)	(2,2)	(2,1)	(1,6)
Mannesmann	3,1	(2,3)	(1,9)	(2,3)	(1,7)	(1,3)
Schering	3,0	(1,8)	(1,7)	(1,9)	(1,1)	(1,2)
IWKA	(1,8)	(1,2)	2,4	(1,6)	(0,3)	(0,5)
Umsatzanteil der jeweils zehn ersten Aktien	41,7	42,0	40,8	45,4	47,4	53,1
Aktienumsätze insges. (Mill. DM)	15526	37037	36825	86222	126019	351972

[1] Reihenfolge nach der Höhe der Aktienumsätze im Jahr 1987. Angaben in Klammern () beziehen sich auf Aktien, die in diesem Jahr nicht, wohl aber in anderen, zur Gruppe der zehn Aktien mit den höchsten Umsätzen gehörten. – Quelle: Berechnet nach Angaben in den Jahresberichten der Frankfurter Wertpapierbörse.

Börsenumsätze

Zeit	insgesamt	Wertpapiere			
		inländischer Emittenten		ausländischer Emittenten	
		Renten	Aktien	Renten	Aktien
	Millionen DM Kurswert	Anteil in Prozent			
1977	74537	48	37	12	3
1978	87059	43	39	13	5
1979	68334	44	38	12	6
1980	83177	49	33	12	6
1981	86753	49	36	11	5
1982	128784	58	27	11	4
1983	185586	37	45	9	8
1984	234347	47	36	10	7
1985	436002	39	48	7	6
1986	602545	39	49	6	5
1987[1]	2034631	53	33	4	3

Kassahandel an deutschen Wertpapierbörsen (seit 1985 mit Berlin). – [1] Erweiterte Erfassung durch die Arbeitsgemeinschaft Deutscher Wertpapierbörsen; bei allen Geschäften wird zudem die Kauf- und die Verkaufsseite gezählt. – Quelle: Deutsche Bundesbank.

die »Eintopf-Kontingente« für Aktien und Renten bei Gebietsfremden widerrief. Danach ist zwar der Siemens-Umsatz an der Börse auf zeitweise nur noch ein Zehntel und weniger des höchsten Tagesgeschäfts gefallen, aber dies hat diese Aktie von der Spitzenposition im Geschäft dieses Monats nicht verdrängen können.

Die Feststellung, daß »alle Tage Siemens« der Umsatz-Spitzenreiter ist, bedeutet den Börsentechnikern im Grunde genommen jedoch wenig. Über eine solche Arabeske vergessen sie nicht, die nach ihrer Ansicht wesentlichen Beziehungen herzustellen. Bedeutsam für die Börsenverfassung ist zum Beispiel, ob die Kurse bei steigendem oder fallendem Geschäftsvolumen steigen oder fallen. Je nach Konstellation wird daraus auf eine günstige oder ungünstige »technische

Verfassung« geschlossen. Steigende Kurse bei steigenden Umsätzen gelten als Zeichen positiver Marktverfassung. Kurs- und Umsatzentwicklung werden dabei in einer Gesamtschau betrachtet. Dies erleichtern Kurs- und Umsatzindices, wie sie zum Beispiel von der Frankfurter Wertpapierbörse errechnet werden; eine wohl noch

F.A.Z.-Aktienindex

Jahr	Höchststand		Tiefststand		Jahres-endstand
	Datum	Punkte	Datum	Punkte	Punkte
1961	6. 6.	259,17	6. 9.	194,19	220,92
1962	2. 1.	222,81	12. 10.	132,88	168,43
1963	9. 9.	194,81	26. 2.	151,54	187,71
1964	6. 4.	211,02	25. 11.	188,89	194,73
1965	8. 1.	197,95	1. 12.	165,64	166,34
1966	21. 2.	181,71	22. 11.	136,22	139,50
1967	29. 12.	200,16	18. 1.	133,54	200,16
1968	19. 8.	238,47	4. 1.	202,64	227,49
1969	17. 11.	268,67	8. 1.	227,78	254,08
1970	5. 1.	256,48	27. 5.	185,25	187,43
1971	16. 2.	225,35	8. 11.	175,69	197,89
1972	10. 8.	247,47	11. 1.	194,99	224,74
1973	23. 3.	247,65	20. 12.	173,98	177,36
1974	4. 2.	193,30	4. 10.	161,89	177,20
1975	29. 12.	241,30	2. 1.	179,37	240,41
1976	17. 3.	252,72	29. 10.	210,47	221,89
1977	17. 11.	247,66	10. 3.	216,52	240,45
1978	16. 10.	272,05	17. 5.	234,08	257,00
1979	16. 1.	265,60	7. 11.	223,73	227,27
1980	25. 2.	238,89	28. 3.	212,73	222,56
1981	3. 7.	243,47	9. 2.	215,75	221,06
1982	30. 12.	252,95	17. 8.	214,06	252,95
1983	29. 12.	351,83	25. 1.	241,89	351,83
1984	28. 12.	381,18	25. 7.	317,17	381,18
1985	30. 12.	654,03	3. 1.	382,39	654,03
1986	17. 4.	753,88	22. 7.	583,92	676,37
1987	6. 1.	676,84	10. 11.	400,13	425,18

größere Bedeutung hat der Aktienindex der FAZ, der ebenfalls börsentäglich errechnet wird.

Ein Kursindex faßt das gesamte Geschehen am Aktienmarkt in eine einzige handliche Zahl zusammen. Dies kann in verschiedener Weise geschehen, und in der Tat gibt es unterschiedlich aufgebaute Aktienindices. Die bedeutsamsten sind gewöhnlich jene Indices, die die Kurse entsprechend ihrer Bedeutung für die Börse oder das Börsengeschäft berücksichtigen; sogenannte »gewichtete« Indices. Ein Index verdeckt wie jede Durchschnittszahl den Einzelwert, ein von einem Tag zum anderen unveränderter Index kann gleichwohl auf dem Hintergrund einer lebhaft verlaufenen Börsensitzung mit großen Kursveränderungen einzelner Werte nach beiden Seiten entstehen. Deshalb ist die Ergänzung der nackten Zahlen durch den kommentierenden, erläuternden Text so wichtig: In unserem Beispiel zeigt sich klassisch eine uneinheitliche Tendenz. Sie ist aus dem Index nicht zu erkennen, höchstens zu vermuten, wobei freilich das Ausmaß der Kursausschläge ungewiß bleibt.

Die technische Analyse beschränkt sich nicht nur auf die Auswertung graphischer Kursdarstellungen, die englisch »charts« heißen, oder die Beobachtung der Indexzahlen, ihrer verschieden lange Zeiträume zusammenfassenden Durchschnittslinien und der Schnittpunkte zwischen diesen Linien. Viele Leute beurteilen die Marktverfassung auch danach, wie viele Kurse sich verändern – auch hier begegnet uns wieder ein englischer Begriff, die »advance-decline-line« oder, in der Übersetzung der Frankfurter Börse, die »Fortschritt-Rückschritt-Linie«. Für jeden Börsentag wird festgestellt, wie viele Kurse gestiegen und wie viele gegenüber dem Vortag gefallen sind. Der Saldo dieser beiden Zahlen wird fortlaufend aufaddiert, kumuliert. Jedes Jahr beginnt die Addition wieder bei Null. Der Verlauf der Kurve der Fortschritt-Rückschritt-Linie gibt nach Meinung der Analysten einen Anhaltspunkt für die quantitative Seite des Kursverlaufs, während die Aktienindices den qualitativen Verlauf aufzeigen.

Planung ist Ersatz des Zufalls durch den Irrtum.

(Aus dem Kalender der Deutschen Pfandbriefanstalt)

F.A.Z.-Aktienindex

Stand Ende	1961	1962	1963	1964	1965
Januar	–	213,88	161,60	198,47	196,23
Februar	–	212,92	153,16	202,06	189,74
März	234,82	208,67	159,23	209,88	182,00
April	–	201,63	163,65	202,81	182,41
Mai	–	171,09	184,63	195,40	182,67
Juni	239,89	156,86	178,96	193,79	171,54
Juli	223,80	150,15	182,04	199,19	177,45
August	203,38	158,74	191,10	205,27	179,31
September	205,03	148,23	191,47	202,31	179,70
Oktober	219,36	146,77	186,05	192,61	171,22
November	227,36	173,83	180,80	191,43	166,51
Dezember	220,92	168,43	187,71	194,73	166,34

Stand Ende	1966	1967	1968	1969	1970
Januar	175,44	148,76	209,52	239,17	238,79
Februar	179,94	153,24	210,14	233,05	233,65
März	172,39	157,22	215,43	235,66	233,52
April	165,47	149,52	222,89	236,41	220,89
Mai	160,01	149,43	218,65	254,88	199,90
Juni	144,91	145,72	232,80	244,75	190,78
Juli	137,15	156,10	232,47	233,32	209,06
August	144,73	173,06	234,42	248,66	210,33
September	151,15	179,23	228,06	244,75	205,13
Oktober	140,93	186,27	233,82	256,67	201,03
November	141,74	194,39	227,34	267,26	194,35
Dezember	139,50	200,16	227,49	254,08	187,43

Stand Ende	1971	1972	1973	1974	1975
Januar	213,83	208,33	237,08	192,30	193,28
Februar	221,28	224,88	232,42	179,23	213,53
März	223,01	233,95	244,48	179,77	215,72
April	208,66	227,66	232,72	187,55	222,93
Mai	211,28	233,97	209,94	177,83	206,59
Juni	207,03	229,44	206,87	173,75	208,09
Juli	214,58	242,99	193,24	170,23	227,03

Stand Ende	1971	1972	1973	1974	1975
August	205,51	239,31	194,73	171,53	215,84
September	197,91	230,96	191,09	163,05	211,24
Oktober	183,28	225,62	206,06	167,26	226,89
November	186,00	228,39	181,45	175,29	238,94
Dezember	197,89	224,74	177,36	177,20	240,41

Stand Ende	1976	1977	1978	1979	1980
Januar	242,49	223,70	243,90	260,24	227,63
Februar	243,08	217,40	244,59	251,91	233,15
März	250,08	223,80	243,68	247,50	213,85
April	234,82	238,82	236,29	247,41	220,59
Mai	231,79	233,40	240,51	234,24	226,21
Juni	230,32	226,89	244,68	229,11	230,58
Juli	227,95	228,59	252,89	236,73	235,04
August	225,51	233,28	258,06	239,91	229,63
September	227,80	235,46	266,17	239,23	228,97
Oktober	210,47	241,32	260,81	229,12	224,74
November	220,92	243,38	256,90	231,08	226,84
Dezember	221,89	240,45	257,00	227,27	222,56

Stand Ende	1981	1982	1983	1984	1985
Januar	216,91	225,91	250,70	365,14	398,65
Februar	216,42	230,08	269,22	348,40	403,48
März	222,76	235,62	301,44	348,69	408,90
April	233,29	234,51	321,58	353,65	420,96
Mai	226,72	230,04	303,84	339,88	459,29
Juni	240,34	224,20	319,90	348,40	482,90
Juli	241,56	223,82	328,94	324,88	461,88
August	235,66	221,84	309,29	341,08	501,50
September	221,48	233,88	316,21	364,59	532,00
Oktober	220,01	231,64	341,11	370,42	596,24
November	227,09	236,65	347,66	372,82	583,62
Dezember	221,06	252,95	351,83	381,18	654,03

Der F.A.Z.-Aktienindex wird seit 1961 täglich errechnet; Basis (Indexstand 100) ist der 31. Dezember 1958. Einbezogen sind 100 Frankfurter Kassakurse, deren Bedeutung für den Index (Gewichtung) sich aus der Höhe des jeweiligen Grundkapitals ergibt – Quelle: F.A.Z.-Archiv.

Stand Ende	1986	1987	1988	
Januar	650,30	598,73	396,39	
Februar	636,86	570,22	456,82	
März	687,68	586,99	451,40	
April	715,58	590,44	447,07	
Mai	651,42	580,90	454,19	
Juni	639,08	619,23	473,23	
Juli	607,94	654,64		
August	694,72	655,19		
September	658,70	639,60		
Oktober	665,00	497,05		
November	686,93	431,28		
Dezember	676,37	425,18		

Die Aktie ist kein Papier für Leute, die schnell arm oder reich werden wollen.

Kleinaktionär H. auf der BASF-Hauptversammlung 1977

Wissenschaft an der Börse

Die technische Analyse

Welchen Wert die »technische Analyse« nun hat, ist unter Börsianern und Fachleuten heftig umstritten. Das ist ein Gebiet, das fast an Glaubensfragen grenzt. Es gibt Anleger, die ohne diese Hilfsmittel überhaupt keine Anlageentscheidungen treffen, andere halten das Studium der Vergangenheit für schieren Humbug. Sogar die Wissenschaft befaßt sich mit der Kursprognose. Eine Doktorarbeit, die der Frankfurter Universität vorgelegen hat, ist in diesem Zusammenhang besonders aufschlußreich. Im Gegensatz zu vielen wissenschaftlichen Werken, die für den interessierten Laien mehr oder weniger unverständlich sind, ist es hier einem Akademiker gelungen, sich klar und deutlich auszudrücken. Dr. Reinhard H. Schmidt hat in seinem Buch »Aktienkursprognose« (erschienen im Gabler Verlag Wiesbaden 1976) seine Erkenntnisse in 12 schockierenden Thesen niedergelegt. Er ist sich sicher, daß die technische Analyse in allen Spielarten nichts bringt. Das wird jene erschüttern, die darauf setzen; Schmidts Ansicht wird daher auch nicht unwidersprochen bleiben.

Die Kenntnis der technischen Analyse ist nun aber, unabhängig davon, ob sie sinnvoll ist oder nicht, aus einem ganz anderen Grunde bedeutsam. Wenn es viele Leute gibt, die sich an ihr orientieren, dann verwirklichen sich die Vorhersagen an der Börse von selbst. Die Theorie bestätigt sich, obwohl es eigentlich keine Theorie ist. Wenn zum Beispiel der aktuelle Aktienindex über den Durchschnittsindex der letzten 200 Tage steigt, und dies auch so lange zu beobachten ist, bis ein »Sicherheitsabstand« von vielleicht 3 Prozent (diese Marge wird von den Anhängern der Theorie am häufigsten genannt) erreicht ist, dann gilt dies als Zeichen für Aktienkäufe. Engagieren sich daraufhin wirklich Leute am Aktienmarkt, dann wird die Nachfrage nach Aktien größer, und aller Wahrscheinlichkeit nach werden die Kurse steigen. Man sieht: Das Kaufsignal war tatsächlich ein Kaufsignal, weil eben die Leute das taten, an was sie glaubten.

Es gilt also, an der Börse auch herauszufinden, welcher Theorie die

Börsenteilnehmer gerade anhängen. Ist dies klar, dann läßt sich das Verhalten besser vorausschätzen, als wenn man gar nicht wüßte, was die Leute im Hinterkopf haben. Natürlich ist dies kein Garantieschein für Börsengewinne, aber der Privatanleger muß sich noch einen anderen Gesichtspunkt vor Augen halten. Je professioneller die Aktienanlage wird, mit anderen Worten, je mehr Leute von Berufs wegen treuhänderisch für andere Geld am Aktienmarkt anlegen und damit Gewinne erwirtschaften sollen, desto wahrscheinlicher wird es, daß diese Börsenteilnehmer für ihr Handeln irgendwelche »objektive« Kriterien suchen, vielleicht auch nur, um sich damit herausreden zu können. Da bietet sich natürlich auch das Instrumentarium der technischen Analyse an, weil dies alles so einleuchtend klingt. Sollten sich zum Beispiel dann auch viele Vermögensverwalter daran halten, dann würden sich diese Theorien natürlich auch bestätigen, vorausgesetzt, eine stärkere Gruppe von Marktteilnehmern schätzt die Situation nicht gerade entgegengesetzt ein.

Die Sache hat nämlich einen großen Haken: An der Börse können niemals alle gleichzeitig das gleiche tun. Jeder, der eine Aktie verkaufen will, muß einen Käufer finden, und umgekehrt. Wenn plötzlich nur noch »eine Seite« an den Markt drängt, gibt es extreme Kursveränderungen – falls überhaupt noch Geschäfte zustande kommen. Ein schlagendes Beispiel für die möglichen Ungleichgewichte sind die Kurseinbrüche, zu denen es im Oktober 1987 vor allem an der New York Stock Exchange, aber auch an anderen und nicht zuletzt an den deutschen Aktienbörsen gekommen ist. In diesen Stunden gab es kaum noch kaufwillige Börsenteilnehmer. Wer überhaupt bereit war, Aktien zu übernehmen, tat dies nur auf dramatisch erniedrigtem Niveau. An manchen ausländischen Börsenplätzen brach der Handel in diesen wirren Stunden buchstäblich zusammen; Kontakte über das Telefon herzustellen war teilweise unmöglich, weil es zu viele gleichzeitig versuchten oder weil einfach keiner mehr den Hörer abnahm. Die deutsche Organisation des Börsengeschäfts als »Präsenzbörse« hat sich in diesen kritischen Stunden bewährt.

Auch in ruhigeren Zeiten können Geschäfte nur zustande kommen, wenn Käufer und Verkäufer jeweils eine andere Meinung haben. Würde nun die technische Analyse alle Börsengeheimnisse verraten, so könnte eigentlich niemand an der Börse einen Partner finden. Denn wer sollte entgegen jenen Zeichen, die die Theorie offenbart, sich stehenden Auges falsch verhalten? Schon aus diesem Grunde kann die technische Analyse nur eine unter vielen Entscheidungshilfen sein, die jemand, der an der Börse handelt, kennen muß.

Sieht man sich die Literatur, vor allem angelsächsische Arbeiten zur Theorie der Börsenkurse, an, so wird in neueren Arbeiten eine zunehmend kritische Einstellung sichtbar. Aber irgendeine Macht muß nun doch, wenn die Kurse schon nicht mathematischen Formeln und Gesetzen gehorchen, die Aktienkurse bewegen? Natürlich: Sie folgen Angebot und Nachfrage. Doch was sind die Beweggründe dafür? Schmidt nennt in seinem schon erwähnten Buch eigentlich nur einen Grund, der ein besseres Abschneiden an der Börse ermöglicht, und das ist die bessere Information. Man muß eben mehr wissen als die anderen – aber das braucht kein »Insider«-Wissen zu sein. Als »Insider« werden an der Börse Leute bezeichnet, die kraft ihrer Tätigkeit über Vorgänge informiert sind, die Einfluß auf die Kursbildung haben könnten. Man stellt sich darunter besonders wichtige Unternehmensdaten vor, wie das Auftreten von Verlusten oder, im Gegenteil, ein besonders gutes Ergebnis. Wer solche Vorgänge kennt und deshalb, bevor (alle) anderen dies auch erfahren haben, bestimmte Transaktionen an der Börse vornehmen kann, erzielt – wenn sich der Markt später in der erwartenden Richtung entwickelt – einen Vorteil daraus, daß er dieses Wissen hatte und ausnutzte.

In der Bundesrepublik ist die Frage der Insider-Information immer wieder ein Diskussionsstoff. Nach vielen Jahren der Auseinandersetzung haben sich eine Reihe von Unternehmen, die Beziehungen zum Börsengeschehen haben, insbesondere Banken, freiwillig zu einer Regelung bereitgefunden, die das Ausnutzen von Insider-Wissen verbietet. Diese Regelung soll einer gesetzlichen Vorschrift zuvorkommen. Allerdings muß man sehen, daß niemand zur Einhaltung dieser Insider-Richtlinien gezwungen werden kann, und ferner, daß in diesen Richtlinien festgelegt werden muß, wer Insider ist und was Insider-Informationen eigentlich sind. Was nicht unter diesen Katalog fällt, stellt keinen Verstoß gegen die Richtlinie dar; aber auch dann könnte durch das spezielle Wissen ein Börsenvorteil erlangt werden. Die Richtlinien sind inzwischen ergänzt und erweitert worden. Die Spitzenverbände der deutschen Wirtschaft stehen nach wie vor auf dem Standpunkt, daß eine freiwillige Insider-Regelung besser sei als eine staatliche Aufsicht und erst recht besser als eine gemeinsame europäische Lösung. Auch noch so scharfe Vorschriften können freilich, das haben vor allem Vorgänge in den Vereinigten Staaten von Amerika Mitte und Ende der achtziger Jahre gezeigt, im Einzelfall nicht verhindern, daß Insider-Wissen mißbräuchlich ausgenutzt wird. Im Zusammenhang mit der Übernahme der Kapitalmehrheit am Elektrokonzern AEG durch die Daimler-Benz AG im Herbst 1985 ist sogar in der Bundesrepublik Deutschland ein Insider-Verstoß aktenkundig geworden. Freilich vermögen die wenigen hundert Aktien dieses Falles den Kursanstieg und die hohen Börsenumsätze vor dem Bekanntwerden des Daimler-Engagements nicht zu erklären. Eine Insider-Regelung, ob freiwillig oder gesetzlich, scheint ihre Tücken zu haben.

Man sollte sich über die Bedeutung von Insider-Information zwar klar sein, sich aber auch vor Augen halten, daß auch der Insider nicht wissen kann, wie die Börse reagiert. Er kann zwar eine bestimmte Reaktion auf eine Insider-Information erwarten, aber ob sie tatsächlich auch eintrifft, ist eine zweite Frage. All jene, die niemals Insider-Informationen erlangen werden, müssen sich damit trösten, daß der Insider mit seinem Wissensvorsprung auch schlechte Geschäfte machen kann. Wohl nicht ganz ohne Grund gibt es ein Börsensprichwort: »Information – Ruination.«

Der technischen Analyse wird gewöhnlich die fundamentale Analyse gegenübergestellt. Auch diese Art der Börsenbetrachtung hat viele Anhänger, wahrscheinlich noch mehr Anhänger, als sie die technische Analyse hat. Nach dem Urteil von Schmidt bringt auch die fundamentale Analyse nichts ein. Doch auch hier gilt: Wenn sich viele Leute danach richten, stimmt es doch. Bei dieser Theorie geht es darum, festzustellen, ob der heutige Börsenkurs über oder unter dem »eigentlichen« Wert der Aktie liegt. Wird dieser Wert unterschritten, muß man sie kaufen; die Aktie gilt als »unterbewertet«. Liegt der eigentliche Wert darüber, so muß man die Aktie verkaufen, denn sie ist »überbewertet«. Kernpunkt der Fundamentalanalyse ist, zu erkennen, was der eigentliche, der »innere« Wert der Aktie ist; er ergibt sich aus der Kenntnis oder – wirklichkeitsnäher – der Schätzung des »richtigen« Gewinns. Auch über dieses Gebiet gibt es zahlreiche Bücher. Alle diese Methoden haben eben nur den einen

52

Nachteil, daß sich die Börse an die theoretischen Erwartungen nicht halten muß.

Wissenschaftler sind der Börse nicht nur mit simplen Überlegungen der fundamentalen oder der technischen Analyse zu Leibe gerückt; sie haben auch die höhere Mathematik bemüht. Während Fundamentalisten und Techniker sich um den Nachweis bemühen, daß sie Kurse voraussagen könnten, geht eine andere Gruppe von Experten genau umgekehrt vor: Die »Random-Walk-These« besagt, daß die Kurse rein zufällig schwanken, daß kein Zusammenhang mit früheren Kursen besteht und daß deshalb auch Änderungen nicht vorhergesagt werden können. Schmidt hat sich auch mit diesen Fragen ausführlich beschäftigt. Ein sicheres Urteil ist aus den verschiedenen wissenschaftlichen Arbeiten nicht zu gewinnen; sicher scheint zu sein, daß diese These für kurze Zeiträume (ein Tag bis zu zwei Wochen) gilt. Daher hat Schmidt für längere Zeiträume zusätzliche Überlegungen angestellt, die aber nur Anregungen für bisher nicht verwirklichte Untersuchungen sind. Ob sich dabei überhaupt Lösungen finden lassen, ist zudem völlig offen.

So bleibt als Ergebnis der Beschäftigungen mit den vielen Börsendaten die Einsicht, daß der Börsenteilnehmer daraus zwar Erfahrungen gewinnt, daß er zwar ein Gespür für die Marktentwicklung bekommt und daß er Zusammenhänge (nachträglich) erkennt. Aber ob die Übertragung vergangenen Börsengeschehens auf die Zukunft zulässig ist, beantworten diese Theorien nicht. Wenn es dem Börsenbeobachter gelingt, die allgemeine Stimmung richtig einzuschätzen, dann ist er vielen Börsenteilnehmern ein gutes Stück voraus.

Die neueste Entwicklung in der Theorie der Börsenkurse bezieht die Psychologie stärker ein. Aufgrund des »Erscheinungsbildes« einer Aktie, ihres Rufes, »Charakters« und ihres allgemeinen Ansehens ordnet man ihr einen bestimmten Kreis von Besitzern zu, die sich in gewissen Situationen vorhersehbar verhalten könnten. Zum Beispiel gelten bestimmte Papiere als »Witwen- und Waisen-Aktien«. Sie sollen einen möglichst sicheren, laufenden Ertrag abwerfen. Wenn bei diesen Papieren die Dividende erhöht wird, steigt – theoretisch – die Nachfrage nach dieser Aktie und damit der Kurs. So wird eine direkte Beziehung zwischen Dividenden- und Kurshöhe hergestellt, weil angenommen wird, daß die Aktionäre selbst auf diesen Zusammenhang achten. Auch diese Theorie hat was für sich. Aber auch sie kann das gesamte Börsengeschehen allenfalls im nachhinein erklären. Was bleibt, ist die Erkenntnis, daß die Zukunft niemand kennt.

»Wissen Sie, wie man an der Börse zu einem kleinen Vermögen kommen kann?« _ ? _ »Indem man mit einem großen anfängt.«

Märkte im Börsenschatten

Der Optionsmarkt

Seite dem 1. Juli 1970 können an den deutschen Aktienmärkten wieder Termingeschäfte abgeschlossen werden. Nach einer Zwangspause von fast vierzig Jahren wurde damit deutschen Anlegern auch im Inland wieder eine spezielle Möglichkeit zum »Spekulieren« geboten. In der seither vergangenen Zeit hat sich der Optionshandel zwar gut eingespielt, eine große Bedeutung hat er jedoch (noch) nicht erlangt. Er hat sich als ein Randgebiet erwiesen, auf dem sich allenfalls Spezialisten tummeln. Schon die Kursangaben über diesen Markt sind eine Wissenschaft für sich. So eine Kursangabe lautet etwa: Hoesch K110-4.9/9.5/12 120-1.2/4.3/6.4 130-0/2.2/4 V110-2/3.4/0. Nach dem Namen des in den Optionshandel einbezogenen Papiers (beileibe nicht alle Aktien gehören dazu) folgt zunächst ein Buchstabe, »K« bedeutet »Kaufoption«, später folgt »V« gleich Verkaufsoption. Die Zahl vor dem Bindestrich (im Beispiel 110) ist der Basispreis, auf den sich die folgenden Optionspreise für die nächsten drei bevorstehenden Verfalltermine beziehen. Null (»0«) heißt, daß kein Preis vorlag; war die Option – ohne Umsatz – nur gesucht, wird der Zusatz »G« (Geld), war sie nur angeboten, der Zusatz »B« (Brief) angebracht.

Die bescheidene Rolle, die der Optionshandel an den deutschen Börsen spielt, geht in erster Linie darauf zurück, daß diese Spielart des Börsengeschäfts nur schwer verständlich ist. Da gibt es Kaufoptionen und Verkaufsoptionen und dabei jeweils einen Käufer und Verkäufer, so daß begriffliche Ungetüme wie etwa der Verkäufer einer Kaufoption oder der Käufer einer Verkaufsoption entstehen. Selbst mancher eingefleischte Börsianer kommt dabei leicht ins Stottern und muß sich erst einmal genau besinnen, was eigentlich gemeint ist. Der Wortsalat läßt sich jedoch leichter entwirren, als dies scheint.

Ausgangspunkt soll die Erwartung sein, daß der Aktienkurs eines bestimmten Unternehmens in der nächsten Zeit steigen wird. Nun könnte jedermann diese Aktie in der Hoffnung auf Kursgewinne er-

	Erstmarkt				Übertragungen	
	Optionsgeschäfte		vereinbarte Basispreise		Zahl der Geschäfte	Gesamt-basispreis Millionen DM
Zeit	insgesamt Zahl	davon Kauf-optionen Anteil in Prozent	insgesamt Millionen DM	davon Kauf-optionen Anteil in Prozent		
1978	73 763	75	496,1	72	–	–
1979	62 372	70	452,8	66	–	–
1980	64 940	73	438,1	68	–	–
1981	65 065	73	429,2	68	–	–
1982	72 891	75	431,3	72	–	–
1983	178 755	81	1493,5	80	30 051	271,5
1984	197 410	80	1868,1	80	61 310	584,9
1985	461 238	77	6479,8	75	248 402	3219,3
1986	501 240	84	9892,6	84	240 853	4491,4
1987	365 972	86	6471,0	86	178 364	3167,5

Quelle: Jahresberichte der Frankfurter Wertpapierbörse, Börsenstatistik 1987.

werben. Das erfordert allerdings eine relativ hohe Anlagesumme, denn für jede Aktie wäre der volle Börsenkurs zu zahlen. Am Optionsmarkt kann die Chance auf einen Kursgewinn mit einem geringeren Einsatz erkauft werden. In unserem Fall wäre eine Kaufoption zu erwerben.

Man wird also Käufer einer Kaufoption und sucht sich über die Börse einen Partner, der verspricht, eine bestimmte Anzahl von Aktien (in der Regel 50 Stück) eines bestimmten Unternehmens bis zu bestimmten festen Terminen – 15. Januar, 15. April, 15. Juli, 15. Oktober, von denen aber immer nur die nächsten drei gehandelt werden – zu einem bestimmten Preis (eben dem vereinbarten Basispreis) jederzeit auf Verlangen herauszugeben. Die Basispreise sind ebenso wie die Verfalltage genormt; sie können daher mehr oder weniger identisch mit dem aktuellen Kassapreis der Aktie sein. Ein solcher Partner sieht die zukünftige Kursentwicklung natürlich anders, deshalb ist er der Verkäufer einer Kaufoption; Fachleute sprechen auch vom »Stillhalter in Stücken«. Denn dieser Partner besitzt die Aktien, und er muß bis zum Ende der vereinbarten Frist warten (stillhalten), wie sich der Käufer entscheidet.

Der Käufer der Kaufoption erhält dieses Wahlrecht allerdings nur, weil er dafür schon bei Geschäftsabschluß einen Preis, die Optionsprämie oder den Optionspreis, an den Stillhalter gezahlt hat. Wie hoch diese Optionsprämie ist, hängt zunächst von der Laufzeit der Option und dann natürlich auch davon ab, wie die künftige Kursentwicklung in dieser Aktie an der Börse eingeschätzt wird. Grundsätzlich beträgt sie nur einen Bruchteil des jeweiligen Börsenkurses. War im Beispielfall dem Optionsgeschäft ein Aktienkurs von 200 DM je Stück zugrunde gelegt worden (Basispreis), und ist der Aktienkurs nach Zahlung der Optionsprämie von vielleicht 20 DM pro Stück während der vereinbarten Optionsfrist nicht gestiegen, sondern auf angenommen 160 Mark gefallen, dann wird der Käufer auf die Ausübung der Kaufoption verzichten. Denn er müßte ja, wie vereinbart, zusätzlich zum Optionspreis noch 200 DM zahlen, und das wäre bei einem Tageskurs von 160 DM ein schlechtes Geschäft.

Bei dem Verzicht auf die Option büßt er zwar die Optionsprämie ein, aber mehr auch nicht. Darin liegt die Begrenzung des Risikos. Bei einem Direktengagement hätte der Verlust je Aktie sogar 40 DM betragen und nicht nur 20 DM. Geht allerdings die Überlegung des Käufers der Kaufoption auf, steigt also der Kurs zum Beispiel auf 240 DM je Aktie, dann bringt die Ausübung der Option relativ hohen Gewinn. Denn die über die Option günstig zu erwerbenden Aktien können am Kassamarkt der Börse sofort mit Kursgewinn wieder verkauft werden; dem Einsatz von 20 DM je Aktie steht im Beispielfall ein doppelt so hoher Gewinn gegenüber. Der Direktkäufer dieser Aktien hätte zwar den gleichen absoluten Gewinn je Aktie erzielt (und die Optionsprämie gespart), aber relativ schneidet er schlechter ab. Denn für diesen Gewinn mußte er den vollen Aktienpreis aufwenden, der Optionskäufer jedoch nur die viel niedrigere Optionsprämie.

Im Prinzip gleich, nur mit umgekehrten Vorzeichen, sind Verkaufoptionen konstruiert. Der Käufer einer Verkaufsoption sichert sich gegen Zahlung einer bestimmten Optionsprämie das Recht, innerhalb der vereinbarten Optionsfrist eine bestimmte Anzahl bestimmter Aktien zu einem bestimmten, bereits festgelegten Kurs jederzeit an den Partner, den Verkäufer der Verkaufsoption (Stillhalter in Geld), zu verkaufen. Der Kauf einer Kaufoption erlaubt also eine Spekulation à la Hausse, der Kauf einer Verkaufsoption eine Spekulation à la Baisse.

In den Optionshandel sind nicht alle an den deutschen Börsen notierten Aktien einbezogen, sondern nur Standard-Aktien mit großem Markt. Neben der schwierigen Börsentechnik ist diese Beschränkung ein weiterer Grund für die relativ kleinen Umsätze am Optionsmarkt, abgesehen davon, daß manche möglichen Akteure offenbar von der Risikobegrenzung nichts halten und deshalb diesem Markt keine Beachtung schenken. Ein anderes Hindernis ist, nachdem einige Erfahrung mit Optionsgeschäften vorlag, verkleinert worden. Wer als Stillhalter in Aktien auftreten wollte, mußte den Besitz ebendieser Aktien voll nachweisen. Jetzt kann schon stillgehalten werden, wenn nur die Hälfte dieser Aktien vorhanden und der offene Teil anderweitig gedeckt ist. Für den Stillhalter (meist handelt es sich um Kreditinstitute) vergrößern sich dadurch die Verdienstchancen, aber entsprechend wächst auch das Risiko. Immerhin sind durch den Optionshandel geringere Summen eingefroren als seither.

Ein weiterer Hemmschuh für das Wachsen des Optionsmarktes ist mit der Standardisierung der Verfalltage und der Basistage beseitigt worden. Früher endeten die Optionen eines bestimmten Zeitraumes nicht an einem Tag. Standardisierte Verfallzeiten erlauben zusammen mit den standardisierten Basispreisen eine Übertragung von Optionen auf einem »Zweitmarkt«, schwebende Optionen können also gehandelt werden. Dadurch wird es zum Beispiel auch Stillhaltern möglich, früher als im Erstgeschäft vorgesehen sich von der Verpflichtung durch ein entsprechendes Geschäft zu lösen. Abgesehen von noch bestehenden gesetzlichen Hindernissen ist damit der Weg für die Teilnahme institutioneller Anleger frei.

Erfolgsbilanz eines jungen Spekulanten, erster Akt: Ich hatte das Geld, meine Geschäftspartner die reiche Erfahrung. Zweiter Akt: Heute habe ich die Erfahrung, und meine Partner haben das Geld.

Die Nachbörse

Wie der Makler arbeitet

Die Nachbörse ist die letzte Börsennachricht vom Tage. Wenn die Börsenteilnehmer nach der offiziellen Börsensitzung und der Mittagspause wieder im Büro sind, ergibt sich aus den telefonischen Kontakten bei Abwicklung alter oder der Anknüpfung neuer Geschäfte eine allgemeine Beurteilung der Lage, und oft sind neue Umsätze zu von der Mittagsbörse schon abweichenden Kursen zu melden. Die Nachbörse kann einen Hinweis geben auf die mögliche Eröffnungstendenz der Börsensitzung am nächsten Tag. Zu den wichtigsten Teilnehmern der Nachbörse gehören freie Makler. Maklerbüros sind meist Ein- bis Zwei-Mann-Betriebe mit ein bis zwei Angestellten. Die technische Abwicklung der Geschäfte läuft über die Banken und die Börsen-Daten-Zentrale.

Der Tag eines freien Maklers beginnt in der Regel mit einem ausführlichen Studium der Zeitung. Er muß über den Lauf der Welt möglichst umfassend informiert sein, zumindest soweit dieser Lauf die Stimmung an der Börse beeinflussen könnte. Danach beginnt um etwa halb zehn Uhr die praktische Arbeit. »Der Markt wird getestet«, sagen die Makler dazu. Sie rufen ihre Kunden an, fast zu hundert Prozent Banken, und loten zunächst einmal die allgemeine Lage aus. Wie ist die Kauflust? Oder neigt man mehr zu Abgaben? Oder hält es sich etwa die Waage? Allmählich werden erste Kurse gestellt. Diese Kurstaxen orientieren sich meist an den Schlußkursen der vorangegangenen Börsensitzung oder an den Kursen der Nachbörse vom Vortag.

Jeder Makler hat einen gewissen Kundenstamm, mit dem er überwiegend verhandelt. Aber die Bindungen zwischen Makler und Banken sind heute lockerer geworden. Persönliche Bekanntschaft und Kulanz spielen in den Geschäftsbeziehungen eine recht bedeutende Rolle. Ehe der Makler schließlich zur Börse geht, hat er meistens schon eine Reihe von Aufträgen notiert. An der Börse wird der »Telefonhandel« nun praktisch per Stimmband fortgeführt; die Nachbörse bildet wieder den Tagesausklang. Die meisten Geschäfte werden während der offiziellen Börsenzeit abgewickelt.

Hauptaufgabe eines Börsenmaklers ist es, »einen Kurs zu stellen«, das heißt, er nennt – durch Ausruf – den Kurs, zu dem er Geschäfte abschließen möchte. Er will jemand finden, der bereit ist, zu dem genannten Kurs zu verkaufen, und jemanden, der zu diesem Kurs kaufen will. Kann er zwei Partner zusammenführen, kommt ein Geschäft zustande. Für die Vermittlung kassiert der Makler eine Gebühr, die Courtage. Sie beträgt in der Regel ein Promille des Auftragsvolumens für jedes einzelne Geschäft.

Unter den Börsenmaklern – in Frankfurt gibt es für Wertpapiere fast hundert – müssen die Kursmakler von den freien Maklern streng unterschieden werden. Die Kursmakler stellen die amtlichen Kurse fest, sie vermitteln dabei in der Hauptsache Geschäfte, treten aber für Spitzenbeträge, wenn es die Kursbildung erleichtert, auch mal selbst ein.

Geregelter Markt und geregelter Freiverkehr der Frankfurter Wertpapierbörse

| Jahr | Anzahl der gehandelten Werte | | | |
| | Geregelter Markt | | Geregelter Freiverkehr | |
	Aktien und Genußscheine	festverzinsliche Wertpapiere	Aktien	festverzinsliche Wertpapiere
1976	–	–	18	615
1977	–	–	19	721
1978	–	–	18	838
1979	–	–	20	825
1980	–	–	22	805
1981	–	–	20	839
1982	–	–	23	884
1983	–	–	24	912
1984	–	–	33	873
1985	–	–	33	834
1986	–	–	41	638
1987	32	571	18	10

Quelle: Jahresberichte der Frankfurter Wertpapierbörse und Jahresstatistik 1987.

Die freien Makler dagegen können neben der Vermittlung auch selbst »auf eigene Rechnung« Aktien (oder Renten) kaufen und verkaufen. Das heißt, sie müssen nicht immer sofort zu jedem Kaufangebot auch ein entsprechendes Verkaufsangebot finden; sie sind also nicht nur auf die Vermittlung von Geschäften angewiesen. Sie können, falls sich Nachfrage oder Angebot aus dem Markt heraus nicht völlig decken, selbst einspringen, aus eigenen Beständen »geben« oder ihrem Portefeuille Titel hinzufügen. Allerdings sind diesem Eigenhandel gewisse Grenzen gesetzt. Die freien Makler sollen nicht zuletzt am Geregelten Markt und im sogenannten geregelten Freiverkehr operieren. Das heißt, es geht um Papiere, die zwar notiert sind und auch (in abgeschwächter Weise gegenüber dem amtlichen Handel) kontrolliert werden, die aber eben nicht amtlich gehandelt werden. Aber ein freier Makler handelt durchaus auch mit amtlich notierten Werten sowie mit Werten des ungeregelten Freiverkehrs, das sind Titel, die keinerlei Kontrolle unterliegen.

Am Aktienmarkt laufen nur etwa 20 bis 30 Prozent aller Umsätze über die freien Makler, der Rest über Direktgeschäfte unter den am Börsenhandel teilnehmenden Kreditinstituten und die amtlichen Kursmakler. Am Rentenmarkt liegt der Anteil der freien Makler höher. Der Geschäftsumfang ist entsprechend der Börsenstimmung jeden Tag sehr unterschiedlich. Fast alle freien Makler haben sich aus dem Kurszettel gewisse Spezialitäten herausgesucht, bei denen sie sich besonders gut auskennen. Der eine bevorzugt Bankwerte, der andere handelt am liebsten Chemieaktien, der dritte favorisiert den Maschinenbau. Doch das sind nur ganz grobe Richtlinien, gehandelt wird mit allen Werten. Die Frankfurter Makler halten es sich beispielsweise besonders zugute, daß sie vor Jahren den Handel mit ausländischen Aktien populär gemacht haben.

So unterschiedlich wie die Geschäftsentwicklung sind natürlich auch die Verdienstmöglichkeiten eines freien Maklers. Anders als die Kursmakler, die einen »Pool« gegründet haben (das heißt, sie werfen ihre Vermittlungsgebühren in einen Topf und gleichen damit Verdienstschwankungen für den einzelnen aus), machen die freien Makler ihre Geschäfte nur auf eigene Kappe. Der Beruf ist hart und voller Risiko; es hat auch schon Makler-Pleiten gegeben.

Riskant ist der Maklerberuf deshalb, weil er noch eine ganz besondere Gefahr aufgrund der Eigengeschäfte birgt. Die Kursstellung erfolgt nämlich in vielen Fällen immer doppelt: Zu einem bestimmten Kurs (Briefkurs) bietet der Makler Abgaben an, zu einem etwas darunter liegenden Geldkurs ist er Käufer. Wenn sich die Einschätzung der Marktteilnehmer plötzlich ändert, ohne daß der Makler schon seine Kurse korrigiert hat, kann er ganz schnell »auf der falschen Seite« Geschäfte abgeschlossen haben, die ihm womöglich Verluste bringen. Im Grunde kann daher nämlich ein freier Makler »immer nur schief liegen«. Die Erklärung für diese sicherlich überspitzte These liegt eben darin, daß der freie Makler eigentlich die Kurstendenz mehr als ahnen müßte; wenn er sich aber in seiner Erwartung irrt, hat er zuvor falsch disponiert. (Diese Sorgen hat ein Kursmakler nicht; bei ihm kommt ein Geschäft grundsätzlich nur zustande, wenn sich Angebot und Nachfrage deckungsgleich bei einem Kurs treffen.)

Ein freier Makler wird jedoch (und muß es, damit er im Geschäft bleibt) immer auch versuchen, den zeitlichen Verlauf von Kursschwankungen zu seinen Gunsten zu nutzen. Er hat nämlich das Recht, Papiere zu kaufen, ohne schon am selben Tag einen Käufer dafür zu nennen. Das muß er erst nach drei Tagen. Steigen die Kurse, hat er Glück gehabt, dann findet er nach drei Tagen sicher einen Abnehmer, der sie ihm (zu einem höheren als seinem Kaufkurs) abnimmt. Die Differenz ist sein Gewinn. Umgekehrt nennt man denselben Vorgang einen Leerverkauf, auf den das Börsensprichwort zutrifft: »Der Fixer (Leerkäufer) ist bei Gott beliebt, weil er nichts hat und dennoch gibt.« In diesem Fall verspricht er einem Käufer, Papiere zum augenblicklichen Kurs zu liefern, ohne bereits einen Verkäufer gefunden zu haben. Sinken die Kurse am nächsten Tag, und er findet jemand, der sie ihm auf dieser billigeren Basis überläßt, hat er wiederum Glück gehabt. Andernfalls muß er einen Verlust in Kauf nehmen, wenn er sich »eindeckt« (das heißt die versprochenen Papiere schließlich kauft), oder er gibt sie aus seinem eigenen Bestand ab. Im letzten Fall darf das Geschäft jedoch nicht länger als einen Tag in der Schwebe gehalten werden. Einer Baissespekulation sind deshalb in Deutschland schon juristisch sehr enge Grenzen gesetzt.

Damit ein Freimakler überhaupt Geschäfte vermitteln darf, ohne auf beiden Seiten einen direkten Kontrahenten zu haben, muß er gleichzeitig »Aufgabemakler« sein. Aber das ist mehr eine Zulassungsformalie. Die Frankfurter Freimakler sind sämtlich auch Aufgabemakler. Den »Spekulationen« der Freimakler sind gewisse Grenzen gesetzt. Er muß bei der Zulassung, die außerdem noch andere Bedingungen erfordert, eine Kaution von 200 000 DM stellen und einen Vermögensnachweis in derselben Höhe erbringen. Diese Sicherheiten werden gefordert, weil der Makler in gewissem Umfang sogenannte »offene Positionen« eingehen kann, wenn er als »Aufgabemakler« zugelassen ist. Die Kaution deckt dann – im äußersten Fall – etwa die kurzfristig maximal möglichen Verluste aufgrund von Kursschwankungen ab, die entstehen könnten, wenn er keinen Kontrahenten findet und die Position am Markt wieder auflösen muß.

Die Geschäfte der Makler und ihre ungedeckten Positionen werden laufend mit dem Börsencomputer überwacht. Der Computer gibt bereits ein Alarmsignal, wenn die zulässigen offenen Positionen noch bei weitem nicht erreicht sind. Jeden Tag ermittelt er die »Schieflage« jedes Maklers – und seinen Gewinn.

Mit solchen Geschäften haben die freien Makler während vieler Jahre aber kaum große Gewinne machen können. Dazu sind die Möglichkeiten zu begrenzt, und selbst in Haussezeiten sind Eigengeschäfte nicht das erste Ziel der Maklertätigkeit. Grundsätzlich sollte das Einkommen aus der Courtage entstehen, nicht aus der Kursdifferenz. Die Kursdifferenzen sollten sich normalerweise ausgleichen. Trotzdem erhöht sich der Anteil von Eigengeschäften in Baissezeiten, wenn die Umsätze, und damit auch die Courtage, immer geringer werden. »Und«, so meinte ein Freimakler achselzuckend, »von etwas muß man ja leben.«

Börsensprüche: Bankenvertreter vor der Maklerschranke: »Commerz-bank drei Brief.« – Kursmakler: »Ist das eine Order oder nur eine Drohung?« – Bankenvertreter: »Na, notiere mal.«

Großes und kleines Gemüse

Im Vorhof der Börse

Ziemlich versteckt im Kurszettel finden sich einige Angaben über einen Markt, des es – in den Augen der »richtigen« Börse – eigentlich gar nicht geben dürfte. Die »unnotierten« und »sonstigen« Werte, deren Kurse da veröffentlicht werden, gehorchen anderen Gesetzen als die etablierten, amtlich notierten Titel. Das soll nicht heißen, daß sie »schlechter« sind, sie zählen einfach zu einer anderen Kategorie von Wertpapieren. Manch einer der heute großen Namen am offiziellen Markt gehörte seinerzeit, bei den ersten geschäftlichen Schritten, zu den namenlosen, kleinen, weithin unbeachteten Titeln. Die meisten versinken wieder; auch an der deutschen Börse kamen und gingen sie.

Warum eigentlich das »U-Boot« – vor dem Börsenumbau ein Verbindungsraum im Frankfurter Börsengebäude zwischen Aktien- und Rentenmarkt – so hieß, wissen selbst erfahrene Börsianer nicht auf Anhieb zu erklären. Am wahrscheinlichsten ist, daß in diesem Namen die komplizierten Beziehungen zwischen der Börse als Institution und den Marktteilnehmern in ihrer Eigenschaft als Händler zum Ausdruck kommen. Wenn nämlich das Schrillen der Börsenglocke das Ende des offiziellen Börsenhandels angezeigt hatte, flüchtete von Fall zu Fall eine wechselnde Zahl von Börsenteilnehmern flugs in eben dieses besagte U-Boot, einen Raum, der seinen Namen durchaus der Bauform – niedrig und gewölbt – verdanken könnte. Doch die Börsianer veranstalteten hier einen Handel besonderer Art: den ungeregelten Freiverkehr, die erste Stufe allen Börsenhandels. Weit entfernt von den strengen Regeln der amtlichen Kursfeststellung wechselten hier Papiere den Besitzer, von denen nur Eingeweihte wissen, welcher Art eigentlich das Unternehmen war, dessen Anteile oder Titel hier Käufer und Verkäufer fanden. Für einen echten Händler freilich macht es keinen Unterschied, ob er die Aktie von Siemens oder die eines nahezu unbekannten ausländischen Unternehmens um eine kleine Spanne teurer wieder losschlagen kann. Dies erklärt die Beliebtheit auch solcher

Papiere, die erst am Anfang ihrer Entwicklung stehen, freilich auch oft genug über eben dieses Stadium nie hinausgelangen. »Richtig spekulieren« kann man jedoch ohne Zweifel mit den Sternchen besser als mit den Stars.

Der Treff der interessierten Händler kann natürlich an jedem beliebigen Platz und zu jedem beliebigen Zeitpunkt erfolgen und hat sich während des Börsenumbaus auch in Randzonen der Börsensäle verlagert. Wenn dazu gerade die an die offizielle Börsenzeit grenzenden Minuten gewählt werden, dient dies ebenso der Bequemlichkeit wie der Ort, an dem man sich ohnehin aufhält. Der Hausherr der Börse zeigt ein großes Entgegenkommen, wenn er die inoffiziellen nachbörslichen Aktivitäten übersieht. Denn die Institution Börse muß jedem Verdacht entgegentreten, der sie irgendwelcher Beziehungen zu diesen Vorgängen zieht; jedwede Aufwertung und jeder offizielle Anstrich müssen vermieden werden und werden es auch.

Als 1968 Aktien der damals noch aufstrebenden IOS-Management ausgegeben worden waren und sich weithin Aufmerksamkeit für dieses Papier zeigte, blieb, zumal auf dem Hintergrund schneller und umfangreicher Kurssteigerungen, ein reger Handel nicht aus. Ein typischer Fall für interessierte Banken- und Börsenkreise, sich das Geschäft zu erleichtern und mangels offizieller Börsenzulassung das Papier eben im ungeregelten Freiverkehr umzusetzen. Zeitweise traten aber die amtlich gehandelten Papiere so weit in den Hintergrund, daß Nebengeschäfte wie mit IOS-Titeln die Oberhand gewannen und auch ganz offen – nicht im U-Boot – abgewickelt wurden. Das ging freilich nicht lange gut: Alsbald hatte der Börsenvorstand auf die strengen Regeln verwiesen und diese Geschäfte auf offener Börsenszene untersagt.

An dieses eigentlich selbstverständliche Verbot hielt sich natürlich jedermann, schon im eigenen Interesse, aber ein kleines bißchen kam dann doch der Schalk zum Vorschein: Gelegentlich war auf dem Börsenparkett unüberhörbar und womöglich völlig sinnlos vom »großen Gemüse« und dem »kleinen Gemüse« die Rede.

Aber alle Eingeweihten wußten, was das bezweckte: Das Verbot, auf dem Börsenparkett laut und für Galeriebesucher vernehmlich den Namen IOS zu nennen, sollte unterlaufen werden. Die nähere Kennzeichnung des »Gemüses« als »großes« und als »kleines« war notwendig, weil es zu dieser Zeit zwei IOS-Titel gab: denjenigen der

Management-Gesellschaft, aber auch die Aktien ihrer Muttergesellschaft.

Die Sache mit dem »Gemüse« hat sich, wie man heute weiß, nicht lange gehalten: Die IOS-Titel stürzten buchstäblich ins Bodenlose. Warum freilich diese Papiere, die dann so dahinwelkten, schon lange zuvor von den Börsianern als »Gemüse« bezeichnet worden waren, das ist und bleibt eben eines der Rätsel dieses Marktes.

Eine beträchtliche Menge »Risikokapital« geht der Börse jedoch verloren. Viele Gründe haben dazu geführt, daß in der Bundesrepublik Aktiengesellschaften bei der Neugründung von Unternehmen praktisch keine Rolle spielen; vor allem das Steuerrecht ist daran schuld. Es bevorzugt andere gesellschaftsrechtliche Konstruktionen als gerade eine Aktiengesellschaft; wer im steuerlichen Sinne Mitunternehmer (Teilhaber einer Personengesellschaft) ist, fährt in gewisser Beziehung besser als ein Aktionär. Das liegt daran, daß der Mitunternehmer einen direkten Anteil an Gewinn und Verlust »seines« Unternehmens hat. Beim Aktionär ist dies nicht der Fall. Von Verlusten hat der Aktionär nichts, allenfalls einen Kursverlust. Bei Kommanditgesellschaften sollen angeblich die Kommanditisten von Verlusten auch noch Vorteile haben. Das ist der Witz der sogenannten Verlustzuzweisungen.

Leute, die nebenbei auch Unternehmer sein wollen und in solche Vorhaben Geld investieren, gibt es mehr, als man gemeinhin glaubt. Jedes Jahr werden Millionenbeträge mobilisiert, Gelder, die eigentlich auch an die Börse gelangen könnten. Doch für viele Neugründungen wird die Kommanditgesellschaft bevorzugt, und Kommanditanteile kann man nicht an der Börse handeln. Viele Leute verlieren durch ihre Beteiligung an solchen Vorhaben Geld, obwohl sie doch eigentlich Geld verdienen wollten. Nicht zuletzt liegt das daran, daß ihr Geld durch Steuervorteile dorthin gelockt wird.

Welche Argumente führen solche Gesellschaften zur Mobilisierung von Kapital ins Feld? Sie nutzen allgemeine und besondere steuerliche Vorschriften legal aus, obwohl der Fiskus den Spielraum hierfür immer wieder beschneidet. Wer im Wirtschaftsprozeß Produktionsmittel einsetzt, berücksichtigt den Umstand, daß diese nur eine begrenzte Nutzungsdauer haben, durch Abschreibungen. Insoweit sind die Einnahmen aus diesen Produktionsmitteln netto keine Erträge. Die aus dem Absatz »verdienten« Abschreibungen sollen nach Ablauf der Nutzungsdauer dem Anschaffungspreis (abzüglich Restwert) entsprechen. Bei diesen Abschreibungen gibt es viele Schwierigkeiten. Bei steigenden Preisen kann zum Beispiel die Summe der Abschreibungen auf den ursprünglichen Anschaffungsbetrag für die Wiederbeschaffung des gleichen Gutes nicht mehr ausreichen. Doch alle diese Schwierigkeiten können hier beiseite bleiben, weil es nur um das Prinzip geht.

Für bestimmte Investitionen hat der Staat sogar besondere Abschreibungsvorschriften erlassen. Das bedeutet, daß die Abschreibung eines Produktionsmittels auf eine kürzere Frist als der eigentlichen Nutzungsdauer zugelassen wird. Da Abschreibungen das steuerpflichtige Einkommen mindern, bedeuten hohe Abschreibungen eine hohe Ersparnis an Steuern. Deshalb heißen solche Unternehmen auch »Abschreibungsgesellschaften«.

Es kommt darauf an, daß die Abschreibung auf den Wert des abzuschreibenden Gegenstandes bezogen wird, unabhängig davon, wie er finanziert wird. Angenommen, eine Maschine kostet 100000,– DM und lasse sich 10 Jahre nutzen, dann beträgt die Abschreibung je Jahr 10000,– DM. Ist die Maschine zur Hälfte mit Kredit angeschafft worden, dann sind nur 50000,– DM Eigenkapital vorhanden. Bezogen auf dieses Eigenkapital macht die Abschreibung (10000,– DM) 20 Prozent aus. Kann die Maschine schon innerhalb von vier Jahren steuerlich abgeschrieben werden (die jährliche Abschreibungssumme beträgt dann 25000,– DM) und ist die Maschine nur mit 10 Prozent Eigenkapital finanziert, dann ergibt sich eine »Verlustzuweisung« von 250 Prozent.

Nach diesem Muster sind Abschreibungsgesellschaften aufgebaut. Hohe Abschreibungen oder andere, ebenfalls sogleich steuerlich absetzbare Beträge treffen mit einem relativ niedrigen Eigenkapital zusammen. Je höher also die Abschreibungen und je niedriger das Eigenkapital, desto höher ist die Verlustzuweisung.

Der Reiz solcher Verlustzuweisungen für viele Anleger besteht nun darin, daß sie die Verlustzuweisungen mit anderen steuerpflichtigen Einkünften verrechnen können. Sie sparen also (zunächst) die Steuern auf diesen Betrag. Bei entsprechender Ausgestaltung kann die eingesparte Steuer so hoch sein wie das Eigenkapital, mit dem man sich an einer solchen Gesellschaft beteiligt, oder noch höher.

Ist die Investition nicht von vornherein ein Verlustgeschäft, dann fehlen aber in späteren Jahren jene vorgezogenen Abschreibungsbeträge, die zu Beginn der unternehmerischen Betätigung zu der schönen Verlustzuweisung geführt haben. Später sind also dann entsprechend hohe Gewinne zu versteuern. Die Beteiligung an einem solchen Unternehmen bedeutet daher für sich allein genommen noch kein Geschäft. Allenfalls hat sich der Anleger eine Steuerstundung eingehandelt. Entscheidend ist allein, ob die Investition an sich rentabel ist, nicht ob bestimmte juristische Gestaltungsmöglichkeiten zu Verlustzuweisungen geführt haben.

Der Einfallsreichtum der Anbieter solcher Beteiligungen war und ist groß. Die Steuerverwaltung hat allerdings versucht, Auswüchse, die in ihren Augen entstanden sind, einzudämmen. Die Steuerreform 1975 brachte deshalb auch eine Bestimmung, daß Abschreibungsvergünstigungen nicht mehr zur Entstehung oder zur Vergrößerung eines Verlustes in dem Betrieb führen dürfen, zu dem die begünstigten Güter gehören. Daneben sind noch weitere Erschwernisse eingeleitet worden. In bestimmten Fällen sollen Kommanditisten kein negatives Kapitalkonto mehr haben dürfen, und die Finanzämter sind bei der Ausstellung von Verlustbescheinigungen strengeren Vorschriften unterstellt.

Doch die Vorstellung, daß man als Unternehmer leicht Geld verdienen könne, macht es unseriösen Anbietern immer wieder leicht, Kapitalgeber zu finden. Die Absicht des Staates, Mißbräuche zu verhindern, setzt an der falschen Stelle an; wenn es eben Möglichkeiten für Sonderabschreibungen gibt, dann werden sie auch wahrgenommen; sie sollen schließlich auch wahrgenommen werden. Da der Staat mit diesen Vorschriften bestimmte wirtschaftspolitische Ziele verfolgt, ist es schwierig, einen »Mißbrauch« nachzuweisen; volkswirtschaftlich kann es aufgrund der staatlichen Vorschriften zu Kapitalfehlleitungen kommen. Ob ein Verbot des »negativen Kapitalkontos« für Kommanditisten wirklich eine Wende ist, wird sich erst noch zeigen müssen.

Eine Bremse können nur die potentiellen Kapitalgeber selbst sein. Viele Enttäuschungen mit allen möglichen Unternehmungen haben aber offenbar noch nicht ausgereicht, die Vorsicht größer werden zu lassen. Es gibt zwar keine zuverlässigen Angaben darüber, wie viele der oftmals marktschreierisch angepriesenen Gewinnmöglichkeiten später zerronnen und womöglich in handfeste Verluste umgeschlagen sind. Nach jeder Pleite wird allerdings der Ruf nach dem Staat laut, und tatsächlich gibt es Überlegungen, eine umfassende Prospektpflicht gesetzlich zu verankern.

Ein Kaufprospekt, der vor Abschluß eines Vertrages über einen Anteil unaufgefordert auszuhändigen ist, soll umfassende, von einem Wirtschaftsprüfer kontrollierte Angaben enthalten. Selbst wenn dies Gesetzeskraft hat, darf man sich von solchen Vorschriften keine Wunderwirkungen erhoffen. Schon bisher hat es den Anschein, daß gerade die unseriösesten Angebote mit den aufwendigsten, buntschillerndsten und umfangreichsten Prospekten vertrieben worden sind. Freilich, »Kleingedrucktes« war in solchen Prospekten kaum enthalten, und wenn, dann nahm kaum einer der Interessenten, geblendet von mannigfaltig herausgestellten vermeintlichen Vorteilen, davon wirklich Notiz.

Der beste Schutz vor unseriösen Beteiligungsangeboten ist die eigene kritische Prüfung des Objektes. Ein gesetzlich vorgeschriebener Prospekt wird eine solche Prüfung ohne jeden Zweifel erleichtern, aber niemand, auch nicht ein Wirtschaftsprüfer, kann den Anleger von seiner Aufgabe entbinden, selbst zu prüfen und abzuwägen. Unternehmerische Chancen, das sollte niemals vergessen werden, gehen einher mit unternehmerischen Risiken. Geld zu verschenken hat sicher niemand, auch wenn dies noch so handgreiflich versprochen wird.

Dispositionsvokabeln: »Setzte, waren, wurde, gab, erreichte, erhöhte, hatten, gingen, waren, setzten, blieben, wurden, strahlte, waren...«

(Aus dem Börsenbericht einer Großbank)

Ein Börsentag in Wall Street

Wie es an der Leitbörse der westlichen Welt zugeht

Die New Yorker Börse, genauer gesagt die New York Stock Exchange, ist die Leitbörse der westlichen Finanzwelt. Was dort in sechs oder neuerdings sogar sechseinhalb Börsenstunden geschieht, ist von Bedeutung für die anderen Finanzplätze, und die Auswirkungen sind manchmal deutlicher, manchmal weniger deutlich auch in der Bundesrepublik zu spüren, wie sich besonders deutlich nach den großen Kurseinbrüchen im Oktober 1987 gezeigt hat. Mißlich für den deutschen Markt ist die Zeitverschiebung. Wenn hierzulande der Schwung erlahmt, dann erst eröffnet in New York die Börse den Reigen der Notierungen, Börsenschluß ist erst, wenn hier schon Nacht ist. So werden auch in der Frankfurter Allgemeinen Zeitung zum Beispiel die Börsenberichte aus New York immer wieder aktualisiert, bis der Schlußbericht für den Rest der Auflage vorliegt.

Fast kein Tageslicht fällt durch die sieben hohen, grün verglasten Fenster des großen Saales, der mit den Flaggen der Vereinigten Staaten und des Staates New York geschmückt ist. Viele, meist jüngere Männer haben sich darin versammelt; auch junge Damen sind nun häufiger zu sehen. Der gedeckte Tagesanzug überwiegt, aber es sind auch zahlreiche Träger einheitlich hellbrauner und, vereinzelt, grüner Arbeitsjacken zu sehen. Noch herrscht wenig Bewegung. Neun altmodische, mannshohe Rundtheken mit Aufbauten aus Holz beherrschen die Szene. Wie große einzelne Bienenwaben sind sie über den nicht ganz fußballfeldgroßen Raum verteilt. Aber (damals) Schlag 10 Uhr leuchtet ein Lichtband auf. In grüner Schrift verkündet es »market open«. Augenblicklich erhebt sich ein verwirrendes Getümmel: Für die New York Stock Exchange beginnt ein Alltag. Einige Dutzend Gäste erleben den Auftakt von der Besuchergalerie dieser Wertpapierbörse mit.

Für die kommenden (grundsätzlich sechs) Stunden wird es keine Pause an dieser führenden Weltbörse geben, die ihren Namen »Wall Street« der Tatsache verdankt, daß das Börsengebäude an eben diese

Straße grenzt. Aber dieser Name führt in die Irre. Weder die Börsenmitglieder noch die Börsenbesucher erreichen die Börse über einen direkten Eingang in der Wall Street. Die Börsenmitglieder benutzen immerhin noch die Ecke Wall Street/New Street, aber Besucher müssen sich schon um die andere Ecke in die Broad Street bemühen. Trotzdem ist Wall Street, der Straßenname im unteren Manhattan, zum Inbegriff von Vorgängen in der Finanzwelt geworden.

Jeder Börsianer schmunzelt beziehungsvoll, wenn er den Standort – »Einen besseren könnte die unberechenbare Börse gar nicht haben« – erklärt: Eingerahmt von einem Friedhof und in anderer Richtung von den glucksenden Fluten des East River, werden die auch für internationale Finanzmärkte wichtigen Geschäfte abgewickelt.

In einer Zeit, da nicht nur die Kurse, sondern vor allem das Geschäft in Wall Street zurückgegangen war, berichten amerikanische Zeitungen von einem bemerkenswerten Vorgang. Trinity Church, im Herzen dieses Finanzdistriktes gelegen, wird in der Mittagszeit von doppelt soviel Geschäftsleuten zur Andacht aufgesucht als früher. Kirchliche Würdenträger schließen nicht aus, daß eine Beziehung bestehen könnte zwischen der wirtschaftlichen Entwicklung und dem wachsenden Kirchenbesuch während der Woche. Wägt man die Stimmung, die nicht nur in amerikanischen Börsenkreisen in Baissezeiten typisch sein dürfte, so scheint der Glaube an noch tiefere Aktienkurse einfach unausrottbar. Das könnte den Kirchenbesuch, wie man meint, sogar noch verstärken. Aber selbst die verdoppelte Besucherzahl füllte die Kirche erst zu einem Drittel. Welchen Weg freilich die Börsianer wählen, wenn die Börsenzeichen auf Hausse stehen, darüber schweigen sich die Berichte aus.

Täglich wechseln viele Millionen von Aktien allein an dieser Börse ihren Besitzer. Die Entwicklung der Kurse, oft zusammengefaßt in der Veränderung des weltberühmten »Dow-Jones-Index«, findet nicht nur im eigenen Land, sondern überall Beachtung. Daran denken aber wohl nur wenige der Leute, die hastig über das Börsenparkett eilen. Für sie gilt es allein, das Geschäft des heutigen Tages abzuwikkeln. Die Börsenkurse ergeben sich nicht wie in Deutschland unter Mitwirkung eines amtlichen Maklers. Der Partner des vom Kunden beauftragten Wertpapierhändlers (Broker) auf dem Börsenparkett in New York ist ein freier privater Unternehmer, der sich auf Geschäfte in bestimmten Aktien spezialisiert hat und deshalb folgerichtig »Specialist« heißt. Er verkauft dem Broker die gewünschten Aktien oder nimmt sie ihm ab. Nur selten findet der Specialist sogleich ein passendes Gegengeschäft, so daß er (vorübergehend) seinen eigenen Bestand an Aktien erhöht oder vermindert. Die Specialists leben vom Unterschied zwischen dem (niedrigeren) Geld-(Nachfrage-)Kurs und dem (höheren) Brief-(Angebots-)Kurs, den sie für eine Aktie nennen; sie erheben keine besonderen Gebühren zusätzlich. Üblich ist, daß nur Wertpapiergeschäfte über mindestens 100 Aktien (»round lot«) oder einem mehrfachen davon auf diese Art und Weise abgeschlossen werden. Aufträge über weniger als 100 Aktien, die man als »odd lots« bezeichnet, werden von anderen Specialists bearbeitet. Für solche Aufträge verlangen diese speziellen Specialists einen Aufschlag – oder Abschlag – gegenüber dem letzten abgeschlossenen Geschäft mit einem »round lot«.

Wenn ein Specialist ein Geschäft abgeschlossen hat, vermerkt er die Zahl der Aktien und den Kurs auf einem Zettel. Früher drehte er in Kopfhöhe an der Rundtheke, dem »trading desk«, einige Rädchen, die ein Zählwerk bewegen und mit denen für die unmittelbar Umstehenden der Kurs angezeigt wurde. Das ist längst vorbei. Inzwischen überzieht ein häßliches Geflecht von gelben Röhren die Börse – Ergebnis der »Computerisierung«. Immerhin gibt es noch das »tape«, das die Kursangaben auf einem endlosen Papierstreifen ausdruckt. Eine Reproduktion dieses Streifens erscheint an zwei Seiten des Börsensaales, ergänzt durch ein anderes Wiedergabegerät mit grüner Leuchtschrift – jenes, das den Startschuß gab. Aus diesen am Auge vorbeihuschenden Informationen eine Marktübersicht zu gewinnen ist für den Außenstehenden schwer, wenn nicht unmöglich. Denn jeder Geschäftsabschluß wird in willkürlicher Reihenfolge – so wie die Daten eben eingegeben werden – und je nach dem Umfang des gesamten Börsengeschäftes mit noch wachsender Geschwindigkeit auf dem Wandtransparent sichtbar. Es kommt aber auch vor, daß das »tape« in Rückstand gerät: Trotz höchster Geschwindigkeit beim Ausdrucken des Bandes ist das Börsengeschäft so umfangreich, daß gleichzeitig mehr neue Börsengeschäfte eingetippt werden, als ausgedruckt werden können. An Tagen mit Umsatzrekorden wird der Rückstand nicht mehr in Minuten gemessen.

Internationale Börsenstatistik

| Zeit | Gesamtzahl der notierten Werte am Jahresende | | | | | | | | Wertpapierumsätze in Milliarden DM (insgesamt) | | | |
| | insgesamt | | | | davon Aktien | | | | | | | |
	Frankfurt	New York	Paris	Tokio	Frankfurt	New York	Paris	Tokio	Frankfurt	New York	Paris	Tokio
1960	1544	2719	1915[1]	–	300	1528	2285[1]	–	–	–	–	–
1970	3085	3569	1455[1]	1485	315	1840	1023[1]	1381	–	–	–	–
1978	4958	5091	2573	1899	398	2194	1043	1408	40	384	37	362
1979	5123	5131	2542	1947	406	2192	976	1418	32	431	41	272
1980	5335	5285	2557	1951	406	2228	975	1424	39	759	53	393
1981	5619	5329	2564	2012	416	2220	947	1440	41	891	58	575
1982	5780	5458	2566	2088	405	2225	840	1447	67	1159	76	440
1983	5843	5907	2754	2117	408	2307	899	1458	94	2105	104	847
1984	6027	6070	2862	2199	420	2319	851	1463	122	2429	163	1328
1985	6079	6156	3350	2364	433	2298	879	1510	219	2411	296	1834
1986	6438	5868	3335	2536	453	2257	947	1557	319	2688	621	3632
1987	6612	5590	–	2813	522	2244	–	1621	1359	2979	886	5015

[1] Zahl der Emittenten. – Quelle: Jahresberichte der Frankfurter Wertpapierbörse.

Die Börse ist aber dadurch keineswegs ein Nadelöhr, das den Fluß der zigtausend Transaktionen hemmt. Schwierigkeiten ergeben sich vielmehr eher aus der Struktur und der Art der Abwicklung des amerikanischen Wertpapiergeschäftes. So gerät der Handel, wenn die Umsätze besonders hoch sind, gelegentlich ins Stocken. Vor einigen Jahren mußte sogar die Börse einen Werktag geschlossen bleiben, und dann wurde die tägliche Börsenzeit verkürzt, damit die Arbeit in den Büros der Börsenhändler bewältigt werden konnte. Wenn in den nächsten Jahren nicht grundlegende Änderungen eintreten, so ist überall in Wall Street zu hören, könnte es zu einem Chaos kommen – freilich ist es bis jetzt ausgeblieben. Über 45 Millionen Amerikaner, also etwa jeder fünfte Bewohner des Landes, besitzt Aktien; die Zahl der Aktionäre wuchs vor allem zu Beginn der achtziger Jahre parallel zur Börsenhausse. Bei dem Volumen dieses Geschäftes (Börsenumsätze in Aktien und Obligationen zusammen 1987 rund 1880 Milliarden Dollar) verwundert es nicht, wenn das Wertpapiergeschäft eine eigene »Industrie« ist, die Tausenden Arbeit gibt.

Für den amerikanischen Aktienkunden ist, wie erwähnt, der Partner nicht wie hierzulande eine Bank, sondern ein speziell auf diese Geschäfte ausgerichteter Makler (Broker). Der Broker vermittelt – mit Hilfe der Specialists – den Kauf und Verkauf von Aktien. Ein Broker kann aber auch »dealer« (Händler auf eigene Rechnung) sein. Die Securities and Exchange Comission, die staatliche Börsenaufsichtsbehörde SEC in Washington, verlangt in jedem Fall vom Broker, gegenüber dem Kunden offenzulegen, ob der Broker das Geschäft nur vermittelt oder ob er selbst Geschäftspartner des Kunden sein will. Das ist nur eine der vielen Regeln, die die SEC zur Sicherheit der Anleger aufgestellt hat und unnachsichtig überwacht. Die amerikanische Bundesregierung läßt sich diesen Sparerschutz im Jahr einige Millionen Dollar kosten. Den Ausgaben der SEC mit über 1 000 Mitarbeitern allein in der Zentrale in Washington und gut 400 Fachleuten in vielen regionalen Büros stehen jedoch auch beträchtliche Einnahmen aus Gebühren gegenüber.

Die SEC wacht darüber, daß alle Wertpapiergeschäfte den Börsenregeln entsprechend abgewickelt werden. Jede Ausgabe von Wertpapieren muß zur Registrierung gemeldet werden, doch findet eine »Qualitätsprüfung« nicht statt; die Fülle der Emissionen verbietet das von selbst. Gut 5000 Broker und Dealer in den Vereinigten Staaten unterliegen den Vorschriften der Wertpapiergesetzgebung. Fast 90 Prozent sind der National Association of Securities Dealers Inc. angeschlossen. Dieser Verband überwacht den Freiverkehrshandel (over-the-counter securities business). Denn die Börsen erfassen nur einen kleinen Teil des gesamten Aktienangebotes. Am »Big Board«, der New York Stock Exchange, sind nur rund 2300 Aktien der größten Gesellschaften zum Handel zugelassen; insgesamt gibt es aber über 50000 Gesellschaften. Etwa 800 Aktien werden an der zweitgrößten Börse des Landes, an der American Stock Exchange (Amex), notiert; diese Börse hat nur einen Steinwurf von Wall Street entfernt ihren Sitz.

Die amerikanischen »Provinzbörsen«, die freilich jeden Vergleich mit europäischen Handelsplätzen aushalten, spielen gegenüber dem »Big Board«, der New York Stock Exchange, die etwa 80 Prozent der Börsenumsätze (dem Wert nach gerechnet) auf sich vereinigt, nur eine untergeordnete Rolle. Aber ihre Bedeutung wächst, und eine wachsende Konkurrenz für die Börsen ist der Freiverkehr (»over the counter«). Die am Freiverkehr teilnehmenden etwa 5000 Wertpapierhändler sind über das Nasdaq-System (»National Association of Securities Dealers Automated Quotations System«) miteinander verbunden. Es ist ein leistungsfähiges elektronisches Informations- und Handelssystem mit einer Handelskapazität, die der am »Big Board« nicht nachsteht. Dieses System wird nicht nur zum Handel mit grob geschätzt über 25000 verschiedenen Aktien genutzt, sondern es dient auch der Abwicklung von größeren außerbörslichen Aktiengeschäften und dem Handel in festverzinslichen Wertpapieren.

Die Rationalisierung des Börsengeschäftes ist aber allgemein stark vorangetrieben worden. Damit stört auch eine Eigenart des amerikanischen Marktes immer weniger: die in Europa vorherrschende Inhaberaktie ist in den Vereinigten Staaten unbekannt. Dort lauten die Aktien gewöhnlich auf den Namen, und der Aktionär ist im Aktienbuch seiner Gesellschaft mit Namen und Anschrift sowie der Höhe seiner Beteiligung eingetragen. Dies ist erforderlich, weil die Gesellschaft sonst nicht wüßte, wem sie den vierteljährlichen Dividendenscheck senden sollte. Zwar ist im Fall von Namensaktien der Kontakt zwischen Aktionär und Gesellschaft besonders eng, so daß sich dieses

System viele Freunde erworben hat. Aber die Nachteile für einen reibungslosen Handel werden immer offenkundiger. Denn jeder Wechsel von Aktien unter Aktionären löst einen heillosen Rattenschwanz von Umschreibungen aller möglichen Unterlagen aus.

Da sich die Tagesumsätze in wenigen Jahren am »Big Board« vervielfacht haben – am 19. Oktober 1987, als die Kurse um 22,6 Prozent stürzten, wurden 607,1 Millionen Aktien gehandelt und am Tag danach sogar 614 Millionen Aktien – ist der Aufwand für die Abwicklung der Geschäfte entsprechend hoch. Trotzdem sieht man die Boten, die Aktentaschen voller Wertpapiere mit Millionenwert – früher sogar in fahrbaren Koffern – von einem Haus ins andere schleppen, immer seltener. Die Reduzierung der Wertpapierübertragung auf eine Buchung, so wie dies in Deutschland die Girosammelverwahrung schon seit Jahrzehnten erlaubt, wird auch von der amerikanischen Wertpapierindustrie propagiert. Die amerikanischen Aktionäre sind es allerdings noch gewohnt, ihre Aktien, versehen mit ihrem Namen, zu Hause oder wenigstens im selbst gemieteten Banksafe aufzubewahren. Eine Änderung des Systems der Namensaktie muß daher mit eingefleischten Traditionen brechen.

Die ganze Branche weiß, wie schwer dies ist, und deshalb wurde bei Beibehaltung des Systems der Namensaktie vorerst das Handelssystem verbessert. Hierzu wird die elektronische Datenverarbeitung mit Erfolg eingesetzt. Daneben werden natürlich die Versuche nicht aufgegeben, das nun einmal vorhandene elektronische System noch nutzbringender einzusetzen. Am liebsten wäre es vielen Börsenmitgliedern, wenn die Wertpapiere einfach durch eine Computer-Abrechnung ersetzt werden könnten. (In der Bundesrepublik ist das sogenannte Wertrecht ein solcher Ersatz.) Dagegen sprechen sich aber heute nicht nur die Wertpapierdruckereien aus. Kaum ein amerikanischer Aktionär, der ohnehin an seiner Namensaktie hängt, ist bislang bereit, statt einer kunstvoll gestalteten Aktie ein unpersönliches Stückchen Papier entgegenzunehmen.

Sicherlich denkt jedoch kaum einer von jenen, die da oft so hastig über das Börsenparkett eilen, an solche weitreichenden Dinge. Denn noch nicht einmal alle Börsenteilnehmer haben an einem turbulenten Börsentag Gelegenheit, in einem der Börse angeschlossenen Restaurant oder gar in einem der umliegenden Lokale Mittag zu essen. Das

Ende des Börsenhandels kündigt sich später schließlich sehr augenscheinlich an: Der Boden ist mit Papierfetzen übersät, denn die Notizzettelchen, von denen der Ticker die Abschlußdaten aufsaugt, werden unmittelbar danach achtlos zu Boden geworfen. Der Börsensaal gleicht so früher oder später einer der großen Avenuen nach einer Konfetti-Parade. Erst ein Geschwader hilfreicher Hände richtet das Parkett Wall Streets für die Schlacht am nächsten Tag wieder her. Ein neuer Börsentag kann beginnen.

Wenige Mitarbeiter sorgen dafür, daß etwas geschieht, viele Mitarbeiter sorgen dafür, daß nichts geschieht, und die überwältigende Mehrheit hat keine Ahnung, was überhaupt geschehen ist.

(Privater Aushang an der Frankfurter Börse)

Substanzausschüttungen sind das Übel

Mißverständnisse beim Investmentsparen

Investmentzertifikate, obwohl für den »kleine Mann« gedacht, sind keine einfach zu verstehende Anlageform. Selbst jahrelange Aufklärung trägt nur wenig Früchte. Wahrscheinlich waren die Hoffnungen – und in manchen Fällen wohl auch die Versprechungen – zu groß. Denn auch ein Investmentfonds kann keine besseren Ergebnisse vorweisen als die in ihm enthaltenen Wertpapiere. In der Baisse werden also auch die Preise für Investmentzertifikate fallen. Ganz sicher wird beim Kauf eines Investmentanteils vermieden, gerade eine Aktie zu erwerben, die als Ausnahme in einer Haussebewegung Kursverluste macht. Wenn diese Aktie auch in einem Fonds enthalten ist, sorgt doch die Verteilung des weit überwiegenden restlichen Vermögens auf andere Titel dafür, daß die Einbuße in Grenzen bleibt. Gleichwohl muß aber auch der Fonds, in den der Sparer sein Geld einzahlt, genau ausgewählt werden. Die gesetzlichen Vorschriften garantieren noch keinen Anlageerfolg.

Eine unerschöpfliche Quelle steten Ärgers und mancher Mißverständnisse sind Angaben über die Wertentwicklung von Investmentanteilen. »Nach Ihrer Tabelle hätten meine Anteile in den letzten fünf Jahren eine Wertsteigerung von 32,2 Prozent erfahren«, schreibt zum Beispiel ein Leser zu einer Veröffentlichung in der Frankfurter Allgemeinen Zeitung. Und er fügt seine Ankaufsabrechnung bei, aus der hervorgeht, daß er seinerzeit die Anteile zu einem höheren Preis gekauft hat, als er heute gilt. Eine solche negative Differenz in den Ausgabepreisen, gleichwohl verbunden mit der Angabe einer Wertsteigerung, trifft vielfach auf Unverständnis und Widerspruch.

Ähnlich wie bei Aktien vermindert die Ausschüttung bei einem Investmentfonds am Tage der Fälligkeit der Ausschüttung den Anteilpreis. Aber im Gegensatz zu Aktien, bei denen Dividendenzahlungen auch bei der Berechnung von Indizes wie Kursverluste behandelt werden, würde die gleiche Handhabung bei den Investmentanteilen im Laufe der Zeit zu einer undurchschaubaren Verwirrung führen. Bei einem Investmentfonds kann die Ausschüttung grundsätzlich nicht nur aus laufenden Erträgen, sondern auch aus Substanz bestehen. Realisierte Kursgewinne und Erlöse aus dem Verkauf von Bezugsrechten sind zusätzlich zu vereinnahmten Dividenden und Zinsen die Quellen, aus denen die Fondsausschüttung gespeist werden kann.

Wenn nun die Fonds unterschiedlich hohe Anteile an Substanz ausschütten – und das ist die Regel –, müssen sich die Fondspreise im Lauf der Zeit verzerren. Aus diesem Grund lassen sich untereinander vergleichbare Investment-Wertentwicklungen nur dann berechnen, wenn die unterschiedliche Ausschüttungspolitik der einzelnen Fondsverwalter korrigiert wird. Dies geschieht dadurch, daß die Ausschüttungen wieder eingerechnet werden. So spielt es dann keine Rolle, ob der eine Fonds mehr Substanz ausschüttet als der andere.

Der Pferdefuß dieser Methode liegt freilich auf der Hand: Der Vergleich mit anderen Anlagearten wird erschwert, weil es sonst – etwa beim Vergleich der Entwicklung von Aktienkursen – nicht üblich ist, ausgeschüttete Erträge einzurechnen. Deshalb verzichtet zum Beispiel die Frankfurter Allgemeine Zeitung (und der »Blick durch die Wirtschaft«) grundsätzlich darauf, die Wertentwicklung von Fondsanteilen mit dem F.A.Z.-Aktienindex zu vergleichen. Dies würde ein unzutreffender und unzulässiger Vergleich sein: Bei den Fonds gehen auch die noch nicht ausgeschütteten und (absichtlich) die bereits ausgeschütteten Erträge in die Wertberechnung ein, beim F.A.Z.-Aktien-Index bleiben sie, wie erwähnt, unberücksichtigt.

Am Beispiel der Wertentwicklung von Arideka-Anteilen, eines Fonds, den die Investmentgesellschaft der Sparkassen verwaltet, sollen die Zusammenhänge einmal dargelegt werden. Es waren gerade Arideka-Anteile, die in den fünf Jahren bis zum 30. September 1975 eine Wertsteigerung von 32,2 Prozent aufgewiesen haben, während der Ausgabepreis in der gleichen Zeit von 38,00 auf 33,40 DM gesunken ist.

Eine Tabelle mit allen Einzelheiten gestattet es, jene 32,2 Prozent Wertsteigerung genau nachzurechnen. Zu Beginn der Periode hatten Arideka-Anteile einen Anteilwert von 36,03 DM. Es gab fünf Ausschüttungen unterschiedlicher Höhe, die jeweils am Tag der Ausschüttung zu dem dann geltenden Wiederanlagepreis als in neue

Anteile angelegt gelten. Auf diese Weise wuchs der Besitz von anfänglich 1,0 Anteil auf 1,504 Anteile. Bei einem Rücknahmepreis von 31,67 DM je Anteil am Ende der Berechnungszeit ergibt sich ein Gesamtwert des Besitzes von 47,63 DM; bezogen auf den Ausgangswert von 36,03 DM, sind das exakt 32,2 Prozent Wertsteigerung. Sinnvoll ist diese Wertsteigerungszahl freilich nur im Vergleich zu anderen Fonds. Der Anleger selbst hat schlechter abgeschnitten; er konnte Anteile nämlich nicht zum Anteilwert von 36,03 DM erwerben, sondern mußte den Ausgabepreis (Anteilwert plus Ausgabekostenzuschlag) von 38,00 DM zahlen. Auf den Ausgabepreis bezogen, schmilzt der Anlageerfolg des Anlegers schon auf 25,3 Prozent (47,63 DM, bezogen auf 38,00 DM).

Der Anlageerfolg des Anlegers wird im Vergleich zur abstrakten Wertentwicklung eines Fondsanteils noch ungünstiger, wenn der Anleger höhere Wiederanlagepreise entrichten muß, als dem Anteilwert entspricht. (Der Bundesverband Deutscher Investment-Gesellschaften unterstellt in seinen Wertberechnungen Ertragswiederanlage zum Anteilwert.) Bei Arideka-Anteilen beispielsweise können nur jene Investmentanleger, die ein sogenanntes »Deka-Zuwachskonto« unterhalten, nach einer Ausschüttung zu Anteilwerten (also ohne Ausgabekostenzuschlag) zusätzliche Anteile erwerben. In allen anderen Fällen ist die Wiederanlage nur zu ungünstigeren Konditionen möglich; es werden nicht die gesamten, sondern nur Teile der Ausgabekosten erlassen. Am Tag der Arideka-Ausschüttung vom 17. Februar 1975 lag der Ausgabepreis bei 30,50 DM. Darauf ist allgemein ein Wiederanlagerabatt von 3 Prozent eingeräumt worden, so daß außer bei Deka-Zuwachskonten statt mit 28,95 DM (siehe Tabelle) mit einem Wiederanlagepreis von 29,59 DM je Anteil (und in gleicher Art und Weise bei allen früheren Wiederanlageterminen) zu rechnen wäre. Entsprechend ungünstiger gestaltet sich der Anlageerfolg eines »normalen« Fondsteilhabers.

Aus einer zweiten Tabelle läßt sich ersehen, welche Wertentwicklung eingetreten wäre, wenn nur die außerordentlichen Erträge (nicht die gesamte Ausschüttung), also nur die ausgeschütteten Substanzteile, jeweils wieder in neue Anteile umgewandelt worden wären. Auf diese Weise erhöht sich der ursprüngliche Besitz von 1,0 Anteil auf 1,180 Anteil. Das entspricht einem Endwert von 37,37 DM und

Wertentwicklung von Arideka-Anteilen

Datum	Ausgabe-preis	Anteil-wert/ Rücknah-mepreis	Ausschüt-tung je Anteil	Anteile in Besitz	Summe der Aus-schüttung	Wiederanlage Preis je Anteil	Anteile dafür	Gesamt-zahl der Anteile
30. 9. 1970	38,00	36,03		1				1
15. 2. 1971	.	.	2,90	1	2,9000	35,74	0,081	1,081
15. 2. 1972	.	.	2,90	1,081	3,1349	35,69	0,088	1,169
15. 2. 1973	.	.	2,90	1,169	3,3901	34,30	0,099	1,268
15. 2. 1974	.	.	2,90	1,268	3,6772	28,28	0,130	1,398
17. 2. 1975	.	.	2,20	1,398	3,0756	28,95	0,106	1,504
30. 9. 1975	33,40	31,67		1,504				

Wiederanlage nur der außerordentlichen Erträge

Datum	Ausgabe-preis	Anteil-wert/ Rücknah-mepreis	ausgeschüt-tete a.o. Erträge je Anteil	Anteile in Besitz	wieder-anzulegende Summe	Teil-Wiederanlage Preis je Anteil	Anteile dafür	Gesamt-zahl der Anteile
30. 9. 1970	38,00	36,03		1	0,024			1
15. 2. 1971	.	.	0,85	1	0,85	35,74		1,024
15. 2. 1972	.	.	1,30	1,024	1,3312	35,69	0,037	1,061
15. 2. 1973	.	.	1,45	1,061	1,5385	34,30	0,045	1,106
15. 2. 1974	.	.	1,36	1,106	1,5042	28,28	0,053	1,159
17. 2. 1975	.	.	0,52	1,159	0,6027	28,95	0,021	1,180
30. 9. 1975	33,40	31,67		1,180				

gegenüber dem Ausgangswert 36,03 DM einer Wertsteigerung von 3,7 Prozent. In der gleichen Zeit hat sich der allgemeine Aktienindex der FAZ, der in einem solchen Fall (in dem laufende Erträge außer Betracht bleiben) als Vergleich geeignet ist, von 205,13 auf 211,24 Punkte erhöht, das ist eine Steigerung um 3,0 Prozent. Arideka hat also in diesen fünf Jahren eine bereinigte Wertentwicklung aufzuweisen gehabt, die der allgemeinen Tendenz entsprach.

Erst in jüngster Zeit wird allgemein der Anteil realisierter Kursgewinne an der Ausschüttung zurückgeführt. Warum haben aber die Fondsgesellschaften früher nicht nur die laufenden Erträge, sondern auch Teile der Substanz ausgeschüttet? Auf diese Frage ist von den Experten keine einheitliche Antwort zu erhalten. Wahrscheinlich hängt dies damit zusammen, daß die Käufer der Fondsanteile offenbar eine hohe Ausschüttung wünschen. Waren die Dividenden- und Zinserträge nicht entsprechend hoch, wurde mit Substanzanteilen nachgeholfen. Nur laufende, entsprechend hohe und dauerhafte Kurssteigerungen könnten eine Politik der Substanzausschüttung in den Anteilpreisen spurlos untergehen lassen. Leider gibt es aber auch Perioden, in denen Börsenkurse fallen. Substanzausschüttungen führen daher grundsätzlich zur Auszehrung des Anteilpreises und damit zu Mißverständnissen. Aber offenbar waren lange Zeit die Wünsche der Kunden nach optisch hohen Erträgen so stark, daß alle Bedenken überspielt wurden. Immerhin können die Fondsverwalter darauf verweisen, daß Fonds, die gar keine Erträge ausschütten (thesaurierende Fonds), beim Publikum nicht ankommen; ihre Anteile sind nicht gefragt.

So wird es denn noch auf absehbare Zeit bei den Mißverständnissen über die Ausschüttungen bleiben. Weit verbreitet ist der Irrtum, die Qualität eines Fonds sei an der absoluten oder relativen Höhe der Ausschüttung abzulesen. Das ist jedoch nicht der Fall. Maßstab kann allein die Wertentwicklung je Anteil sein. Doch bei der Kundschaft herrscht offenbar unerschütterlich die Meinung vor, daß der Erfolg einer Investmentanlage viel eher an der Zahl der Anteile, die ein Sparer besitzt, gemessen wird als an ihrer Wertentwicklung; und Ausschüttungen, die man reinvestieren kann und die dann die Zahl der Anteile erhöhen helfen, kommen dieser Ansicht entgegen. Die Vernachlässigung, die nicht ausschüttende (»thesaurierende«) Investmentfonds in der Bundesrepublik erfahren, war sicherlich auch auf eine durch die Einkommensteuer bedingte Liquiditätsfrage zurückzuführen. Denn die von einem Thesaurierungsfonds einbehaltenen Erträge waren vom Besitzer des Zertifikates gleichwohl wie sonst Barausschüttungen zu versteuern. Zwar besteht die Steuerpflicht noch heute, doch ist ihre Erfüllung durch die Reform der Körperschaftssteuer erleichtert worden. Auch hier gibt es nun ein anrechenbares Steuerguthaben von $^9/_{16}$ der steuerpflichtigen Dividenden, so daß besondere Liquiditätsüberlegungen zumeist nicht mehr angestellt werden müssen.

Die gesetzlichen Vorschriften stellen es den Fonds frei, ob sie Erträge überhaupt ausschütten wollen und ob sie in die Ausschüttung auch Veräußerungsgewinne einbeziehen wollen. Wenn allerdings außerordentliche Erträge wie realisierte Kursgewinne und Bezugsrechtserlöse ausgeschüttet werden sollen, muß dies in den Vertragsbedingungen ausdrücklich vorgesehen sein. Über den Anteil allerdings, den solche außerordentliche Erträge an der Gesamtausschüttung nun am besten haben sollten, wird seit langer Zeit in Fachkreisen eine rege Diskussion geführt. Mittlerweile hat sich dabei die Ansicht durchgesetzt, möglichst nur laufende Erträge auszuschütten. Denn gerade in Baissezeiten sind Substanzausschüttungen besonders mißlich. Sie beeinträchtigen womöglich den Ausgleich der eingetretenen Wertminderung in einer nachfolgenden Erholungsphase.

Wenn die Anleger jedoch die erhaltenen Ausschüttungen sogleich wieder in neuen Fondsanteilen anlegen, bedeutet dies, daß die Auswirkungen einer allfälligen Substanzausschüttung in einer Baissezeit bei einer sich anschließenden Erholung der Aktienkurse aufgefangen werden. In solchen Fällen sind vielmehr »nur« noch gewisse Hemmnisse in der Anlagepolitik wirksam. Es handelt sich dabei um die Notwendigkeit, vereinnahmte Erträge bis zum Ausschüttungstermin kurzfristig anlegen zu müssen bis hin zu der Bevorzugung von Aktien mit hohen Dividendenrenditen. Solche Aktien haben sich aber im Kurs häufig längerfristig unterdurchschnittlich entwickelt, abgesehen davon, daß ein Fondsmanagement Bezugsrechtserlöse lediglich mit Blick auf die Erwirtschaftung der Ausschüttung verkaufen könnte und Kursgewinne nicht dann realisiert, wenn dies nach Börsengesichtspunkten ratsam wäre, sondern dann, wenn dies vom Ausschüttungszeitpunkt diktiert wird.

Absatz der Investmentfonds

Zeit	Mittelaufkommen					Absatz bei den deutschen Spezial- fonds
	insge- samt[1]	deutsche Publikumsfonds			Netto- Erwerb ausl. Fonds- anteile durch Inländer	
		Aktien- fonds[2]	Renten- fonds	Offene Immobi- lienfonds		
	Millionen DM					
1970	1 526	992	395	120	18	241
1975	1 690	975	511	163	41	1 407
1976	4 475	1 489	2 783	242	− 36	1 333
1977	7 616	1 080	6 263	292	− 17	2 105
1978	6 283	613	5 170	511	− 10	2 284
1979	2 225	− 163	2 236	191	− 40	2 189
1980	− 1 271	− 902	− 493	195	− 70	2 230
1981	− 2 522	− 1 105	− 1 339	− 86	7	2 553
1982	934	− 672	1 335	335	− 63	3 809
1983	3 853	574	1 719	1 522	38	3 706
1984	4 101	− 1 128	4 536	758	− 65	4 590
1985	8 188	− 957	8 489	749	− 91	7 360
1986	12 847	− 530	12 142	1 323	− 89	12 291
1987	15 150	755	10 977	3 025	393	17 068

[1] Ohne Absatz der Spezialfonds. − [2] Einschließlich »gemischter Fonds« (Aktien und Renten).
Quelle: Deutsche Bundesbank.

Ein Ausweg sollten die von einer Gesellschaft erstmals 1977 eingeführten »Bonus«-Anteile sein. Die Ausschüttung von Kursgewinnen erfolgte hier getrennt von den »normalen« Erträgen. Allerdings wird in diesem Modell die Auszehrung des Anteilpreises auch nicht vermieden, doch wächst der Besitz an Anteilen in der Hand des Investmentanlegers. Diese Variante der Ausschüttungspolitik hat sich freilich nicht durchsetzen können.

85

Börse musikalisch: An freundlichen Tagen bietet sich der Frühlings-stimmenwalzer von Johann Strauß an. Eine kräftige Hausse sollte vielleicht von Händels »Halleluja« begleitet werden. An schwachen Tagen empfiehlt sich der Gefangenenchor aus »Fidelio« mit sonoren Bässen. Eine ausgesprochene Baisse ließe sich durch die Wahnsinns-arie aus »Lucia di Lammermoor« ausdrücken. Bei Gewinnmitnahmen setzt das Orchester zu Rossinis Ouvertüre »Diebische Elster« an.

Geschäfte mit Atmosphäre

Handel am Rentenmarkt

Oft genug zu Unrecht wird der Rentenmarkt als das Stiefkind der Börse angesehen. Das mag daran liegen, daß der Handel dort in ruhigeren Bahnen verläuft. Mit Ausnahme der Wandel- und Optionsanleihen ist ein variabler Börsenhandel von Festverzinslichen unbekannt. Für jedes Rentenpapier gibt es daher an jedem Börsentag nur einen einzigen Kurs. Wird nach der amtlichen Notiz irgend etwas Wichtiges bekannt, kann sich dies erst im Kurs des nächsten Tages auswirken, allerdings auch noch bei jenen Papieren, die noch nicht notiert worden sind. Diese Bescheidenheit am Rentenmarkt hat ihren Grund: In Frankfurt werden gut ein dutzendmal so viele Rentenpapiere notiert wie Aktien – rund 6100 gegenüber 522. Nicht nur der Zahl der notierten Emissionen nach ist der Rentenmarkt bedeutender als der Aktienmarkt; in vielen Jahren ist auch das Börsengeschäft in diesem Teilbereich umfangreicher als bei Aktien. Trotzdem wird an der Börse nur die Spitze des Rentengeschäftes sichtbar. Der direkte Handel vor und nach der Börse der Kreditinstitute untereinander mit oder ohne den freien Makler, meist am Telefon und kaum direkt auf dem Börsenparkett, das ist der eigentliche Rentenmarkt.

Zum Händler, allzumal zum Börsenhändler, wird man geboren. Man braucht dazu ganz bestimmte Charaktereigenschaften, die einem schon in die Wiege gelegt sein müssen und dann später nur noch geweckt zu werden brauchen. Haupteigenschaften des Händlers sind Entschlußfreude und Risikoneigung. Wenn diese Eigenschaften in seinem Charakter nicht vorweg angelegt sind, wird er vielleicht ein leidlich guter Komponist oder ein allgemein beliebter Standesbeamter, aber nie und nimmer ein erfolgreicher Händler. Das ist die eine Seite. Aber dazu kommt noch mehr. Dies betrifft seinen äußeren Habitus, sein Auftreten, auch seine Denk- und Sprechweise. Bestimmend dafür ist der Gegenstand seines Handels. Es macht nämlich einfach einen Unterschied, ob der Händler mit »Oldenburger Ananas« (Fachjargon für Kartoffel) oder mit Immobilien Geschäfte macht. Was aber keineswegs heißt, daß er nicht das eine genausogut könnte wie das andere. Im Grunde bestimmt das, womit er handelt, der Zufall: Anstatt im Goldhandel ist der Banklehrling eben in der Börsenabteilung gelandet. Das wird ihn später natürlich nicht hindern, nebenher privat auch ein bißchen mit Gold zu spekulieren; schon wegen der Risikostreuung.

Doch die Börse ist kein einheitlicher Markt. Wie viele Teilbereiche auch gefunden werden mögen, die grundlegende Unterscheidung ist die in Aktien- und in Rentenmarkt. Dies scheidet auch die Händler. Begeben wir uns (vor dem Umbau der Börse Ende der achtziger Jahre) zur Verdeutlichung an einem ganz gewöhnlichen Tag an die Frankfurter Wertpapierbörse. Aus den zwei hohen Saaltüren schlägt uns das Geschrei des Aktienmarktes entgegen. Wir kümmern uns nicht weiter darum und schlagen nach einem schnellen Blick auf die Kursanzeigetafel – im Verlauf deutlich gebessert – die Richtung zum Rentenmarkt ein. Erst durchschreiten wir die nur zimmerhohe Verbindungspassage: das sogenannte U-Boot, früher »Ankerplatz« nach den offiziellen Börsenstunden für den ungeregelten Freiverkehr. Dann schließlich stoßen wir auf den Rentensaal. Er hat, gemessen an den Dimensionen der Aktienbörse, höchstens das Format eines kleinen Hinterzimmers. Obwohl die Umsätze in letzter Zeit in der Regel viel größer als bei Aktien sind, geht es hier ausgesprochen ruhig zu. Die Atmosphäre ist zwar nicht ganz so gepflegt wie in einem englischen Klub – dazu ist es immer noch zu betriebsam –, aber man benimmt sich äußerst gesittet. Niemand rennt, niemand schreit, niemand gestikuliert wild in der Gegend herum. Während sie am Aktienmarkt oft die Ärmel hochgekrempelt haben und mit dem Stimmband-Säbel aufeinander loshauen, herrschen am Rentenmarkt Distinguität und Zurückhaltung. Der Rentenhändler zählt unter den Börsenmaklern eher zum Typ des gesetzten, weltgewandten Herrn als zur raueren Sorte der gejagten Aktienhändler, die dauernd auf dem Sprung sind, weil sich der Wind ständig dreht.

Ohne Aufregung blättert der Rentenhändler in seiner Braess-Tabelle (nach den Verfasser benannte Rendite-Tabellen im Taschenformat), vergleicht die Renditen und trifft dann kühl seine Dispositionen. Er weiß genau, soundsoviel Zinsen bringt das Papier, und die sind ihm – oder seinem Kunden – sicher, es sei denn, der Schuldner kann nicht mehr zahlen; aber wer denkt schon daran. Im übrigen kauft man heute oft genug öffentliche Anleihen, und der Staat wird wohl hoffentlich nicht nur vorläufig allen seinen Verpflichtungen peinlich genau nachkommen. Anders als am Aktienmarkt ist dem Rentenhändler das kurzfristige »Rein und Raus« in Anlagen weitgehend unbekannt. Das Wort »Gewinnmitnahmen« hört man am Rentenmarkt selten.

Der Rentenhändler denkt in der Regel längerfristig. Das gilt allerdings nur in »normalen« Zeiten. In außergewöhnlichen Hochzinsphasen beispielsweise, wie man sie Anfang der achtziger Jahre erlebt hat, wird auch der Rentenmarkt häufiger von Hektik ergriffen. Dann werden auch kurzfristige Arbitragegeschäfte gemacht, Kursgewinne »mitgenommen«. Insgesamt aber paßt die kurzfristige Spekulation von heute auf morgen nicht zu diesem Markt. Meist zeigt die Zinsentwicklung einen verhältnismäßig einschätzbaren mittel- bis längerfristigen Trend. Der Händler weiß im Vergleich zum Aktienmarkt eher, woran er ist. Die täglichen Kursveränderungen betragen überwiegend nur fünf, zehn oder zwanzig Pfennig je 100 DM Nennwert.

Die wachsende Verflechtung des deutschen Kapitalmarktes mit den internationalen Märkten hat freilich ebenso wie die zunehmende Verwendung der D-Mark als Reservewährung die Bedeutung der Dispositionen ausländischer Anleger für den Rentenmarkt vor allem seit Mitte der achtziger Jahre stark steigen lassen. Bestimmte Erwartungen über die Entwicklung der Währungskurse können umfangreiche Käufe beziehungsweise Verkäufe in deutschen Festverzinslichen hervorrufen. Diese Geschäfte konzentrieren sich vornehmlich auf den Börsenplatz Frankfurt, weil hier die Deutsche Bundesbank, die die Marktpflege für die Bundes- und die Postanleihen betreibt (die Anleihen der Bundesbahn werden von der Deutschen Verkehrs-Kredit-Bank betreut), ihren Sitz hat und vor allem an der Frankfurter Börse als wichtiger Handelspartner zur Verfügung steht.

Manche Börsianer behaupten, der Rentenmarkt sei als Wirtschaftsbarometer sehr viel sensibler und zuverlässiger als der oft völlig unberechenbare Aktienmarkt. Sicher ist, daß der Rentenmarkt auf die Wirtschafts-, Geld- und Zinspolitik von Regierung und Bundesbank zwar häufig nicht direkt reagiert, aber dafür längerfristig und deshalb zuverlässiger. Dementsprechend spielt die „große Politik", die über den Tag hinausgeht, am Rentenmarkt eine sehr viel größere Rolle als

Absatz, Tilgung und Umlauf festverzinslicher Wertpapiere
(in Millionen DM Nominalwert)

Zeit	Festverzinsliche Wertpapiere					
	inländische Emittenten [1]				D-Mark-Auslands-anleihen [4]	
	Brutto-absatz	Tilgun-gen	Netto-absatz	Umlauf [3]	Brutto-absatz	Umlauf [3]
1970	20 816	5 757	15 059	158 005	2 705	19 371
1975	76 080	27 154	48 924	316 863	7 540	35 941
1976	73 757	25 396	48 361	365 224	8 700	42 592
1977	80 512	30 041	50 474	416 894 [5]	13 170	52 886
1978	95 422	50 801	44 620	461 515	15 285	63 168
1979	106 493	64 359	42 134	503 648	11 591	70 120
1980	137 453	92 457	44 997	548 645	14 945	79 188
1981	186 244	119 100	67 142	615 787	5 740	80 317
1982	211 623	137 148	74 474	690 302	12 868	83 624
1983	226 655	139 083	87 572	777 874	16 976	87 603
1984	227 394	155 285	72 111	849 985	19 072	96 269
1985	261 153	181 785	79 368	929 353	31 146	117 387
1986	257 125	168 756	88 370	1 017 723	37 577	141 243
1987	245 370	152 411	92 960	1 110 682	25 087	150 011

[1] Von 1969 an ohne Bank-Namensschuldverschreibungen. – [2] Kleinere statistische Korrekturen berücksichtigen. – [3] Stand am Jahresende. – [4] D-Mark-Anleihen ausländischer Emittenten, die unter deutscher Konsortialführung begeben wurden. – [5] Von September 1977 an einschließlich börsenfähiger Schuldverschreibungen.
Quelle: Deutsche Bundesbank.

bei den Dividendenpapieren. Ein Beispiel dafür ist, wie schnell der Markt mit einer Differenzierung der Renditen auf die geplante Einführung einer Quellensteuer auf Zinserträge inländischer Anleihen reagiert hat. Wenn sich Rentenhändler auf dem Parkett unterhalten, und das geschieht jeden Tag ausgiebig, deuten ihre Gespräche meistens die längerfristigen Aspekte der Wirtschaftspolitik aus. Ob die Kurse jetzt zufällig einen Groschen rauf oder runter gehen, ist im Grunde nicht so entscheidend. Wichtig ist zu wissen, wohin der Zug auf absehbare Zeit fährt, das heißt, welche wirtschaftspolitischen Zielsetzungen verwirklicht werden sollen.

Ein ganz besonderes Kapitel sind die Börsenbeziehungen zwischen Rentenhandel und Bundesbank. Sie sind durchaus zwiespältig. Einerseits ist die Bundesbank für den Rentenhändler eine politische Institution, die versucht, politische Ziele durchzusetzen. Je nach dem kann ihm die eingeschlagene Richtung passen oder nicht. Andererseits trifft der Rentenhändler jeden Tag am Markt im Rahmen der Kurspflege oder der Offen-Markt-Politik als Kontrahent auf die Bundesbank. Genauso wie jede andere Bank hat auch die Zentralbank im Rentensaal eine Box, von der aus ihre angestellten Händler agieren. Sie kaufen und verkaufen öffentliche Anleihen genauso wie jeder andere Marktteilnehmer auch. Nur daß der Maßstab ihres Handels nicht Rentabilitätsgesichtspunkte sind (es jedenfalls auch gar nicht sein sollten), sondern Ziel ist es, über den Markt Wirtschaftspolitik, vor allem Zinspolitik, zu verwirklichen. Diese gegenüber dem restlichen Markt grundverschiedene Zielsetzung sorgt natürlich immer wieder für Konflikte. Im Grunde betrachten die Rentenhändler die Bundesbank insoweit als eine Art gemeinsamen Gegner, dem es gilt, ab und zu auch einmal eins auszuwischen; und sei es nur aus reinem Sportsgeist. Mit spitzen Seitenhieben versucht man eine kleine Rache dafür zu nehmen, daß an diesem Markt jemand teilnimmt, der, wie man meint, dort eigentlich nichts zu suchen hat. Denn schließlich geht die Bundesbank weder ein Risiko ein, noch muß sie Gewinne erzielen. Am bittersten aber ist es, daß der Rentenhandel mit der Zeit gezwungen war einzusehen: Er sitzt am kürzeren Hebel.

Die Bundesbank hat fast immer den längeren Arm, und meistens geschieht, entgegen allem Sträuben des Marktes, schließlich doch, was sie will. In manchem Marktscharmützel muß die Zentralbank jedoch oft zunächst einmal spürbare Schläge einstecken. So zum Beispiel im Sommer 1975, als sie gezwungen war, innerhalb doch recht kurzer Zeit einige Milliarden DM öffentlicher Anleihen zur Kursstützung aus dem Markt zu nehmen.

Ein bißchen Schadenfreude versüßt den Rentenhändlern dann die an sich traurige Tatsache, daß der Markt wieder einmal »nicht läuft«. Allerdings, und das unterstreicht die nonchalante Haltung am Rentenmarkt, bleibt man dabei persönlich im Rahmen von Höflichkeit und Souveränität, niemand verliert den Überblick. Ein kurzer trockener Witz oder ein nachsichtiges Wort der Kritik, darüber geht es wirklich nur selten hinaus. Ort des verbalen Schlagabtauschs ist meist der Platz unmittelbar vor der Box der Bundesbank. Im übrigen wissen die Rentenhändler durchaus, was sie an der Bundesbank haben: nämlich einen Geschäftspartner, der immer Gewehr bei Fuß steht, der jederzeit wenigstens kauft oder verkauft, wenn man nicht auf die Kurse sieht. Und wer erfahren hat, wie schwer es manchmal ist, überhaupt einen Partner am Markt zu finden, der weiß das zu schätzen.

So steht der Rentenhändler dann auf dem blankgewienerten Börsenparkett, sein Notizbüchlein mit den Kaufabschlüssen in der Hand, Gelassenheit im Herzen. Wie mit einem nachsichtigen Lächeln um die Mundwinkel blickt er in Gedanken voller Mitleid auf den Aktienmarkt, auf dem gerade mal wieder ein kleiner Orkan losgebrochen ist. Was, so fragt sich der Rentenhändler, was soll denn das nun schon wieder?

Der Rentenmarkt ist ein Bereich für Leute, die mit spitzem Bleistift rechnen. Schon mikroskopisch kleine jährliche Renditeunterschiede summieren sich nämlich durch die Kraft des Zinseszinses auf ansehnliche Beträge. Was macht es denn schon aus, so mag der Privatmann denken, ob ein festverzinsliches Wertpapier nun 7,0 oder 7,1 Prozent Rendite jährlich bringt. Nach zehn Jahren Anlagedauer hat der eine Anleger dabei aber aus 1000 DM rund 1967 DM, der andere jedoch 1985 DM gemacht. Das ist ein Unterschied von etwa einem Prozent. In der Tat mag diese Differenz, zumal erst in zehn Jahren erwirtschaftet, dem Privatmann vernachlässigbar erscheinen – und vielleicht ist es auch so. Institutionelle Anleger denken da anders. 0,1 Prozent sind von 100 Millionen DM immerhin 100 000 DM – Jahr für Jahr. Für ein Versicherungsunternehmen ist es durchaus bedeutsam, ob seine Vermögensanlagen eine um 0,1 Prozentpunkte höhere Rendite bringen oder nicht.

Ein ungeschriebenes »Gesetz« professioneller Anleger lautet denn auch bei Verkäufen: »Donnerstags nie«. Auch dies hängt mit dem Ertrag der Rentenanlage zusammen. Der Grund für die Zurückhaltung der Abgeber am Donnerstag liegt einzig daran, daß ein Verkäufer an einem Donnerstag Zinsnachteile in Kauf nehmen muß: Er verkauft am Donnerstag, einschließlich der bis zu diesem Tage seit der letzten Zinszahlung aufgelaufenen Stückzinsen. Die Stückzinsen teilen den am nächsten Zinstermin fälligen Zinsbetrag, der in einer

Brutto-Absatz von festverzinslichen Wertpapieren inländischer Emittenten nach Laufzeiten und Zinssätzen

	Zeit			
	1984	1985	1986	1987
Gesamtabsatz in Millionen DM Nominalwert	227 394	261 153	257 125	245 370
davon mit einer längsten Laufzeit gemäß Emissionsbedingungen von . . . Jahren (Anteil in Prozent)				
bis unter 2 Jahren	22 (22)	18 (18)	5 (5)	2 (2)
2 bis einschl. 4 J.	21 (43)	19 (37)	18 (23)	18 (20)
über 4 bis unter 6 J.	30 (73)	32 (69)	34 (57)	36 (56)
6 bis unter 10 J.	10 (83)	11 (80)	13 (70)	18 (74)
10 bis unter 15 J.	17 (100)	20 (100)	27 (97)	26 (100)
15 und mehr Jahren	0 (100)	0 (100)	2 (100)	0 (100)
dav. mit einer Nominalverzinsung von . . . Prozent (Anteil in Prozent)				
bis unter 6 Proz.	10 (10)	21 (21)	52 (52)	63 (63)
6 bis unter 7 Proz.	26 (36)	45 (66)	43 (95)	35 (98)
7 bis unter 8 Proz.	40 (76)	33 (99)	3 (98)	1 (99)
8 bis unter 10 Proz.	24 (100)	1 (100)	0 –	0 –
10 und mehr Proz.	0 (100)	0 (100)	– –	0 –

Prozentzahlen in Klammern: Kumulierte Zahlen. – Quelle: Deutsche Bundesbank.

Summe an denjenigen gezahlt wird, der an jenem Tag im Besitz des Titels und damit des Zinsscheins ist, auf die Besitzer auf. Der Donnerstag-Verkäufer erhält den Gegenwert wie üblich zwei Börsentage später, das ist der Montag; er verzichtet aber wegen des Wochenendes auf vier Tage Stückzinsen. Würde er die Papiere erst am Montag verkaufen, dann bliebe ihm diese Einbuße an Zinstagen erspart. Freilich kann eine solche Überlegung nur dann sinnvoll sein, wenn zwischen Donnerstag und Montag keine Kursverluste befürchtet werden müssen. Solche Situationen hat es durchaus schon gegeben; etwa im Bereich öffentlicher Anleihen, wenn der Bundesbank daran gelegen war, den Kapitalzins auf einem bestimmten Niveau zu halten, und deshalb laufend Stützungskäufe vorgenommen worden sind.

Heißt bei stabilem Kursniveau die Devise für den Verkäufer also »Donnerstags nie«, so sollte gerade der Kaufwillige an einem solchen Tag zugreifen. Er kann schon Stückzinsen verdienen, bevor die Papiere bezahlt sind.

Die Boden- und Kommunalkreditinstitute, die als Daueremittenten festverzinsliche Wertpapiere mit zum Teil noch sehr langen Restlaufzeiten in Umlauf gegeben haben, laden ein. Auf der vorfrankierten Rückantwortkarte springt der Briefmarkentext sogleich ins Auge: »Befiehl du deine Wege.«

Das Renditen-Phantom

An die Kosten denken

Fußangeln gibt es auf dem Rentenmarkt genug, selbst bei eigentlich eindeutig erscheinenden Daten.

Die »Börsen-Daten-Zentrale« errechnet zum Beispiel für ihre Kunden periodisch die Renditen für festverzinsliche Wertpapiere. Der Spitzenreiter in einer der Listen war einmal die fünfprozentige BP-Anleihe von 1959. Sie brachte sage und schreibe 17,94 Prozent Rendite, das Doppelte des Üblichen, vom Computer unzweifelhaft richtig errechnet. Wer allerdings, ohne näher hinzuschauen, sogleich danach getrachtet hätte, diese Anlagerosine zu erwerben, würde eine herbe Enttäuschung erlebt haben. Abgesehen davon, daß die Rendite auf Grund eines »Geld«-Kurses errechnet wurde, es also gar nicht feststand, ob man das Papier zu dem genannten Börsenkurs überhaupt hätte erwerben können, lag der Pferdefuß in der Laufzeit. Die Superrendite ergab sich nämlich nur deshalb, weil die Anleihe schon zwei Monate später endgültig zurückgezahlt wurde. Da der Computer die Renditen aber ohne Berücksichtigung der Kosten feststellt, handelte es sich deshalb (leider) nur um eine Phantom-Rendite. Denn ein Bankkunde müßte an die Bank Provision, an den Makler Courtage und an den Staat Börsenumsatzsteuer zahlen. Durch diese Kosten, gerechnet auf die verbleibenden zwei Monate Laufzeit, verringert sich die Rendite sehr erheblich auf fast die Hälfte und hat daher mit Recht keinen Privatmann mehr angelockt.

Für Renditejäger ist neben dem Achtgeben auf die Kosten und dem Blick auf die Wertstellung von Börsengeschäften oft eine generelle Betrachtung nützlich. Immer wieder ist zu beobachten – und bei weiter fallendem Kapitalzins verstärkt sich diese Erscheinung zumeist noch –, daß der Kursgewinn jener Anleihen, die über ihrem Nennwert notieren, relativ schwächer als der von Anleihen ausfällt, die darunter notieren. Oder, anders ausgedrückt, Rentenpapiere mit Kursen von über 100 Prozent bieten eine höhere Rendite als Papiere mit Kursen von unter 100. Der Grund für den Bremseffekt der Kurse,

Bundesschatzbriefe
(Staffel und Fälligkeit der Nominalzinssätze für ausgewählte Emissionen)

Wertpapier-Kenn-Nr.	End-rendite (%)	End-fälligkeit	– Nominalzinssatz / Fälligkeitsjahr –						
			1988	1989	1990	1991	1992	1993	1994
113830	8,28	1. 9.89	8,75	9,00	9,00				
113831	6,88	1. 1.89	7,25	7,75	8,50	8,50			
113832	7,21	1. 1.90	7,25	7,75	8,50	8,50			
113833	6,23	1. 4.89	7,00	7,50	8,25	–			
113834	6,63	1. 4.90	7,00	7,50	8,25	8,25			
113835	6,50	1. 5.89	7,50	8,00	8,50	–			
113836	6,92	1. 5.90	7,50	8,00	8,50	8,50			
110739	7,93	1. 9.89	8,50	8,50	10,00	–			
110740	8,35	1. 9.90	8,50	8,50	10,00	10,00			
113841	7,69	1. 1.90	8,00	8,25	8,25	9,50	–		
113842	8,06	1. 1.91	8,00	8,25	8,25	9,50	9,50		
113847	7,48	1. 9.90	7,75	8,00	8,25	8,50	–		
113848	7,71	1. 9.91	7,75	8,00	8,25	8,50	8,50		
113851	6,77	1. 1.91	6,50	7,00	7,25	7,50	8,00		
113852	7,03	1. 1.92	6,50	7,00	7,25	7,50	8,00		
113853	7,25	1. 3.91	7,00	7,50	8,00	8,25	8,50		
113854	7,53	1. 3.92	7,00	7,50	8,00	8,25	8,50		
113860	6,74	1. 8.92	6,25	6,50	7,00	8,50	–		
110747	5,84	1. 9.91	6,00	6,25	6,50	8,00	8,00		
110748	6,24	1. 9.92	6,00	6,25	6,50	8,00	–		
110749	6,57	1.11.91	6,75	7,00	7,50	8,50	–		
110750	6,95	1.11.92	6,75	7,00	7,50	8,50	8,50		

113861	6,20	1. 1.92	5,50	6,00	7,00	7,50	8,00	–	
113862	6,56	1. 1.93	5,50	6,00	7,00	7,50	8,00	8,00	
113863	5,70	1. 3.92	5,00	5,50	6,00	7,00	8,00	–	
113864	6,13	1. 3.93	5,00	5,50	6,00	7,00	8,00	8,00	
113865	5,21	1. 5.92	4,50	5,00	5,50	6,50	7,50	–	
113866	5,70	1. 5.93	4,50	5,00	5,50	6,50	7,50	8,00	
113867	5,53	1. 8.92	4,50	5,00	6,00	7,00	8,00	–	
113868	5,99	1. 8.93	4,50	5,00	6,00	7,00	8,00	8,00	
113869	5,70	1.11.92	5,00	5,50	6,00	7,00	8,00	–	
113870	6,13	1.11.93	5,00	5,50	6,00	7,00	8,00	8,00	
113871	5,28	1. 3.93	3,00	4,50	5,00	5,50	6,50	8,00	–
113872	5,77	1. 3.94	3,00	4,50	5,00	5,50	6,50	8,00	8,00
113873	4,89	1. 6.93	3,00	4,00	4,50	5,00	6,00	7,50	–
113874	5,35	1. 6.94	3,00	4,00	4,50	5,00	6,00	7,50	7,50
113875	5,19	1. 7.93	3,00	4,00	5,00	5,50	6,50	8,00	–
113876	5,70	1. 7.94	3,00	4,00	5,00	5,50	6,50	8,00	8,00
113877	5,61	1. 8.93	3,00	5,00	5,50	6,00	7,00	8,00	–
113878	6,06	1. 8.94	3,00	5,00	5,50	6,00	7,00	8,00	8,00
113879	6,12	1.11.93	4,00	5,50	6,00	6,50	7,50	8,00	–
113880	6,49	1.11.94	4,00	5,50	6,00	6,50	7,50	8,00	8,00
110759	5,63	1.12.93	3,50	5,00	5,50	6,00	7,00	7,50	–
110760	5,99	1.12.94	3,50	5,00	5,50	6,00	7,00	7,50	7,50
113881	5,55	1. 2.94	–	3,50	5,00	5,50	6,00	6,50	7,50
113882	5,92	1. 2.95	–	3,50	5,00	5,50	6,00	6,50	7,50

Quelle: Informationsdienst für Bundeswertpapiere.

Entwicklung des »Realzinses«

Jahr	Kapitalzins[1]	Teuerungsrate[2]	Realzins[3]
1969	6,8	1,9	4,9
1970	8,3	3,4	4,9
1971	8,0	5,3	2,7
1972	8,0	5,5	2,5
1973	9,3	6,9	2,4
1974	10,2	7,0	3,2
1975	8,6	6,0	2,6
1976	7,9	4,5	3,4
1977	6,3	3,9	2,4
1978	6,0	2,6	3,4
1979	7,5	4,1[4]	3,4
1980	8,5	5,5[4]	3,0
1981	10,2	5,9[4]	4,3
1982	8,9	5,3[5]	3,6
1983	7,9	3,3[5]	4,6
1984	7,7	2,4[5]	5,3
1985	6,9	2,2[5]	4,7
1986	6,1	−0,2[5]	6,3
1987	5,9	+0,2[5]	5,7

[1] Durchschnittliche Emissionsrendite aller festverzinslichen Wertpapiere in Prozent. – [2] Steigerungsrate des Preisindex für die Lebenshaltung aller privaten Haushalte (1970 gleich 100) in Prozent. – [3] Differenz zwischen Kapitalzins und Teuerungsrate. – [4] 1976 gleich 100. – [5] 1980 gleich 100.

Quelle: Deutsche Bundesbank und Deutsche Pfandbriefanstalt.

den die Pari-Grenze offenbar einleitet, liegt wohl darin, daß ein Erwerbskurs über dem Nennwert allseits unbeliebt ist. Denn der Erwerber »kauft« sich damit einen Abschreibungsbedarf ein. Den damit verbundenen höheren laufenden Zinsertrag gegenüber einer anderen vergleichbaren Anlage betrachten die Anleger offenbar nicht als vollwertigen Ausgleich. Die meisten gehen allen steuerlichen und bilanzrechtlichen Überlegungen einfach aus dem Weg, indem sie Anleihen erwerben, die reichlich unter dem Nennwert notieren. Sie nutzen damit nicht nur gegebenenfalls eine Zinssenkungstendenz voll aus, son-

dern sorgen gleichzeitig auch dafür – nicht zuletzt durch Tausch-
operationen –, daß der Bremseffekt bei den Hochverzinslichen erst
eintritt. Anleger, die Kursrisiken nicht eingehen wollen, gleichzeitig
aber auch einen relativ hohen Ertrag wünschen, erwerben mit Vorliebe den »Bundesschatzbrief«, ein nicht an der Börse notiertes Wertpapier mit gestaffelter, steigender Verzinsung und vorzeitiger Rück-
gabemöglichkeit zum Nennwert.

Der Bundesschatzbrief hat allerdings seit dem 3. Dezember 1979
einen Konkurrenten aus dem gleichen Hause bekommen. Seit dieser
Zeit bietet der Bund als Daueremittent »Bundesobligationen« im
Nennwert von 100 DM oder einem Mehrfachen davon an. Sie haben
eine Laufzeit von 5 Jahren und werden an der Börse – jeweils in
Serien nach Nominalzinssätzen zusammengefaßt – amtlich notiert.
Der Ausgabepreis kann (und wird) der jeweiligen Marktlage schnell
angepaßt; bei größeren Marktschwankungen wird eine neue Serie mit
einem anderen Nominalzins aufgelegt. Bundesobligationen unterscheiden sich, abgesehen von der festen Laufzeit, nicht von anderen
festverzinslichen Wertpapieren. Das erklärt ihren raschen Vormarsch.
Außerdem kamen Bundesobligationen in einer Zeit neu an den Rentenmarkt, in der eine »inverse Zinsstruktur« herrschte. Kapital (und
Geld) mit kurzen Laufzeiten wies einen höheren Zins auf als Kapital
mit einer längeren Laufzeit. Da paßten Bundesschatzbriefe, die gerade
umgekehrt anfänglich relativ sehr niedrige Renditen bieten, nicht
mehr so recht in die Zinslandschaft.

Kann eine Anleihe zu einem Emissionskurs verkauft werden, der
an der Börse gar nicht notiert werden kann? Das gibt es. Das Land
Schleswig-Holstein hat einmal eine Emission zum Kurs von 99 7/8
Prozent angeboten. Doch Börsennotierungen in Brüchen gibt es nicht
mehr; die Börse rechnet mit Dezimalstellen. So ist festgelegt, daß die
Kurse der Anleihen auf durch fünf teilbare zweistellige Dezimalen
ohne Rest zu lauten haben. (Ausnahmen gelten erst von 1985 an für
Anleihen mit variablen Verzinsungen und solche ohne laufende Zinszahlung). Ein Kurs von 99,875 (eben 99 7/8 als Dezimalzahl geschrie-
ben) kann also nicht notiert werden. Sicher, es ist kein Beinbruch,
wenn ein Börsenkurs immer vom Emissionskurs abweichen muß,
selbst dann, wenn man berücksichtigt, daß der Emissionskurs bei den
Regeln über die Rückbelastung von Bonifikationen eine wichtige

Rolle spielt. Das Durcheinander mit Emissions- und Börsenkurs ist aber ein Schönheitsfehler, der vermeidbar gewesen wäre.

Börsenrätsel: Die Stimmungsbesserung am Rentenmarkt müsse erst noch daraufhin untersucht werden, ob es sich um eine Morgenröte oder eine Abendröte handele. Entscheidend sei nämlich, ob es danach heller oder dunkler werde.

(Kommentar eines mißtrauischen Börsianers nach einer überraschenden Kursentwicklung)

Das Ende der Geldillusion

Geldmenge und Geldmengenpolitik

Schon immer haben die Menschen gewußt: Preissteigerung, Teuerung oder Inflation, soweit diese nicht durch äußere Umstände, wie etwa Mißernten, ausgelöst waren, hatten etwas damit zu tun, daß zuviel Geld im Lande war – einmal etwas primitiv ausgedrückt. Wenn die Leute immer mehr Geld zum Ausgeben haben und das Angebot an Waren, die sie zu kaufen wünschen, weniger schnell zunimmt, dann steigen die Preise. Es mag so scheinen, als habe man diesen Zusammenhang erst in den letzten Jahren wieder – neu – entdeckt. Denn in einigen Ländern, wie auch in der Bundesrepublik, verkünden die Notenbanken ein bestimmtes Geldmengenziel, etwa für das kommende Jahr. Selbstverständlich wußten die verantwortlichen Herren der Notenbanken auch früher schon, daß eine Ausweitung des Geldes, die ein bestimmtes Maß übersteigt, dazu führt, daß das Preisniveau steigen muß, das heißt – im Durchschnitt – alle Preise. Aber bis in die siebziger Jahre hinein hat keine Notenbank ein bestimmtes Wachstum der Geldmenge zum Ansatzpunkt ihrer Geldpolitik gemacht. Vielmehr orientieren sie sich mehr oder weniger an der allgemeinen Entwicklung der Wirtschaft und der Preise. Sie versuchten, durch die Steuerung der Zinssätze die Konjunktur anzuregen oder zu dämpfen.

Diese »diskretionäre«, das heißt auf die jeweilige wirtschaftliche Situation abgestellte Geldpolitik wollte über die Zinssätze Einfluß nehmen auf die Kredite der Banken. Da Bankkredite aber zugleich neues Geld schaffen, zielte diese Politik indirekt auf die Geldmenge; aber diese war nicht ein festgelegtes Ziel.

Unter dem Einfluß von Professor Milton Friedman, dem Nobelpreisträger für Wirtschaftswissenschaften 1976, rückte die Geldmenge stärker in den Mittelpunkt der Geldpolitik. Friedmann hatte aufgrund von historischen Studien nachgewiesen, daß ein sehr enger Zusammenhang zwischen der Ausweitung der Geldmenge und der Entwicklung des Preisniveaus besteht. Insbesondere hat er gezeigt, daß einer kräftigeren Zunahme der Geldmenge erst nach Monaten eine Beschleunigung der Inflation folgt. Daher hat Friedmann empfohlen, die Notenbanken sollten ihre Politik so anlegen, daß die Geldmenge entweder überhaupt nicht oder mit einem konstanten Prozentsatz steigt, ohne Rücksicht auf die jeweilige wirtschaftliche Situation. Der Prozentsatz des Geldmengenwachstums könnte sich etwa danach richten, um wieviel das Bruttosozialprodukt real künftig wachsen kann. Dann werde, so ist vielfach die Ansicht, das Preisniveau einigermaßen stabil bleiben. Man will die Geldmenge danach also nur in dem Maß wachsen lassen, in dem sich das Angebot von Gütern und Dienstleistungen erhöht.

Die erste Frage, die hier auftaucht, ist: Was ist die Geldmenge oder das Geldvolumen? Geld sind zunächst die Banknoten und die Münzen, kurz gesagt das Bargeld. Da die Geldmengenthese auf jedes Geld abstellt, das vor allem zur Bezahlung von Gütern und Dienstleistungen benutzt wird, kommt eigentlich nur der Bargeldumlauf außerhalb der Banken in Betracht; Bargeld halten Banken im Grunde nur, um Abhebungen von Konten ihrer Kunden auszahlen zu können. (Der Bargeldumlauf außerhalb der Kreditinstitute wird statistisch erfaßt). Sichtguthaben bei einer Bank können ohne weiteres in Bargeld umgetauscht werden; man kann von ihnen auch durch Überweisung oder durch Scheck Zahlungen leisten. Folglich werden Sichteinlagen völlig zu Recht ebenfalls zum Geldvolumen gerechnet. (Um bei den folgenden Ausführungen Mißverständnisse zu vermeiden, soll der Begriff des »Geldvolumens« verwendet werden.) Bargeldumlauf und Sichteinlagen bei Kreditinstituten stellen demnach den Teil der Geldvermögen dar, der ohne Schwierigkeiten zum Kauf von Gütern und Dienstleistungen, aber auch von Wertpapieren und dergleichen verwendet werden kann. Es handelt sich um das Geldvolumen mit der Bezeichnung M_1.

Unternehmen, Privatpersonen und staatliche Stellen (»öffentliche Hand«) unterhalten aber bei Banken auch Konten, über die sie nur nach entsprechender Kündigung oder nach Ablauf einer vorher festgelegten Zeit verfügen können (Termingelder). Bei diesen Termingeldern muß damit gerechnet werden, daß sie nach Ablauf der entsprechenden Fristen in Sichteinlagen umgewandelt und zum Kauf von Gütern oder Dienstleistungen benutzt werden. Man spricht daher von »Quasigeldbeständen«. Addiert man diese zu Bargeldumlauf und

Sichteinlagen hinzu, so ergibt sich ein Geldvolumen mit der Bezeichnung M_2.

Schließlich sind noch jene Spareinlagen in Betracht zu ziehen, über die in gewissem Umfang relativ schnell verfügt werden kann: die Spareinlagen mit gesetzlicher Kündigungsfrist. Fügt man diese dem Geldvolumen M_2 hinzu, so ergibt sich das Geldvolumen M_3.

Beispiel: Geldvolumen der Bundesrepublik Deutschland

Bargeld-umlauf[1]	Sicht-einlagen	M_1 (1 + 2)	Termin-gelder[2]	M_2 (3 + 4)	Spar-einlagen[3]	M_3 (5 + 6)
1	2	3	4	5	6	7
in Milliarden DM						
124,1	261,1	385,2	260,5	645,6	466,8	1112,4

[1] Bargeldumlauf außerhalb der Kreditinstitute. – [2] Mit Befristung bis unter 4 Jahren (Quasigeldbestände). – [3] Mit gesetzlicher Kündigungsfrist.

Welche Kombination soll nun die Notenbank für ihre Geldpolitik im Auge behalten, auf welche soll sie Einfluß nehmen, auf M_1, M_2 oder M_3? Man muß immer bedenken, daß die Notenbank direkt weder alles, was man unter »Geldvolumen« oder Geldbeständen verstehen mag, steuern kann, noch die Leute veranlassen kann, ihr Geld in dieser oder jener Form zu halten. Man kann allerdings davon ausgehen, daß eine Zunahme von Bargeldumlauf und Sichteinlagen eher eine Tendenz zu Preissteigerungen ankündigt als die Zunahme der anderen Formen der Geldhaltung. Jedoch können Umbuchungen von Sichteinlagen auf kürzerfristige Termingelder, die in absehbarer Zeit wieder frei werden, das Bild verfälschen. Auch zwischen Termingeldern und Spareinlagen können größere Fluktuationen einsetzen. Eine Notenbank, die einen engen oder weiteren Begriff der Geldbestände zum Ansatzpunkt ihrer Politik macht, wie etwa die amerikanische, muß daher jeweils die Veränderungen, die sich zeigen, unter Heranziehung weiterer Statistiken bewerten.

Die Deutsche Bundesbank beobachtet selbstverständlich auch die

Entwicklung des Geldvolumens in den obenerwähnten drei Abgrenzungen; sie berichtet darüber auch monatlich. Bis zu Beginn des Jahres 1988 hat die Bundesbank ihre Geldpolitik an einer speziellen Größe, der »Zentralbankgeldmenge«, ausgerichtet. Die Zentralbankgeldmenge war definiert als Bargeldumlauf plus Reserve-Soll auf Inlandseinlagen (mit konstanten Reservesätzen – Basis Januar 1974 – berechnet). Seit 1988 richtet sich die Bundesbank jedoch aus praktischen Gründen an der Geldmenge M3 aus.

Die Geldmenge M3 und die Zentralbankgeldmenge sind eng miteinander verwandt; sie haben sich deshalb auch über lange Jahre hinweg etwa parallel zueinander entwickelt. In der Zentralbankgeldmenge hat jedoch der Bargeldumlauf nach Meinung der Bundesbank ein zu hohes Gewicht. Ende der achtziger Jahre ist der Bargeldumlauf wegen der relativ niedrigen Zinsen und der Aufwertungstendenzen der D-Mark überdurchschnittlich stark gewachsen. Die Zentralbankgeldmenge hat daher die monetäre Entwicklung überzeichnet. Es ist, mit den Worten der Bundesbank, zu »Mißweisungen« gekommen.

Durch die Änderung der Meßlatte soll sich an den Grundsätzen der Geld- und Kreditpolitik der Bundesbank nichts ändern. Ziel der Bundesbank bleibt es nach wie vor, durch eine Kontrolle und Dosierung der Geldmenge – nicht zu viel, aber auch nicht zu wenig – ein reibungsloses Wachstum der Wirtschaft zu ermöglichen. Unmittelbaren Einfluß auf die Geldversorgung nimmt die Bundesbank freilich nur über die Bereitstellung beziehungsweise den Entzug von »Zentralbankgeld«. Zentralbankgeld sind Bargeld und Notenbankguthaben. Letztere sind außerhalb des Banksystems vor allem nur bei den öffentlichen Haushalten sowie bei Post und Bahn und in bescheidenem Umfang bei Wirtschaftsunternehmen anzutreffen. In einer engeren Abgrenzung des Begriffes gehören zum Zentralbankgeld der Bargeldumlauf und die Notenbankguthaben der Kreditinstitute. Bis auf eine kleine Überschußreserve stellen diese Notenbankguthaben der Kreditinstitute die sogenannten Mindestreserven dar, die bei der Bundesbank zu halten sind. Die Höhe dieser Mindestreserve richtet sich – für jedes einzelne Kreditinstitut – nach den Verbindlichkeiten gegenüber der Nicht-Banken-Kundschaft. Für die verschiedenen Arten der Verbindlichkeiten sind unterschiedliche Prozentsätze festgesetzt, wobei für Sichteinlagen der höchste Prozentsatz, für Termineinlagen ein mittlerer Prozentsatz und für Spareinlagen der niedrigste Prozentsatz gilt. Es besteht also ein enges Verhältnis zwischen den Verbindlichkeiten der Banken, deren Höhe und deren Zusammensetzung auf der einen Seite und dem Betrag, den die Banken bei der Bundesbank als Mindestreserve halten müssen.

Nun können die Banken nicht etwa in ähnlicher Weise, wie sie durch Kreditgewährung Einlagen produzieren, sich auch Notenbankguthaben besorgen. Notenbankguthaben können die Banken insgesamt nur von der Bundesbank erhalten; die Ausweitung ist von Bedingungen abhängig, die die Bundesbank setzt. Wenn die Kreditinstitute knapp an Notenbankguthaben werden und ihre Mindestreserveverpflichtung nicht erfüllen können, so können sie sich bei der Bundesbank welche beschaffen: sie können Wechsel an die Notenbank verkaufen (rediskontieren), sie können Wertpapiere an die Notenbank verpfänden und so einen Lombardkredit aufnehmen. Als noch feste Wechselkurse, vor allem gegenüber dem Dollar galten, konnten die Banken auch Guthaben bei ausländischen Banken, die sie hatten oder sich durch Kreditaufnahmen beschafften, der Notenbank verkaufen, sobald diese zur Kursstützung intervenieren mußte.

Die Bundesbank setzt die Bedingungen fest, unter denen sie bereit ist, den Kreditinstituten Notenbankguthaben zu geben. Diskontsatz und Lombardsatz stellen die Zinskosten für die Leihe von Notenbankguthaben dar. Aber die Bundesbank setzt auch den Rahmen für ihre Zusage, Wechsel zu diskontieren oder Wertpapiere zu beleihen; sie setzt für jede Bank ein Rediskontkontingent fest, und für den Lombardkredit hat sie Regeln, die je nach der Situation schwanken können. Die Bundesbank kann auch am Rentenmarkt Anleihen von Bund, Bahn und Post ankaufen und den Gegenwert in Notenbankguthaben zur Verfügung stellen; andererseits kann sie solche Titel auch verkaufen; sie verknappt damit die Notenbankguthaben.

Die Bundesbank kann schließlich auch die Prozentsätze auf die verschiedenen Arten von Einlagen herauf- oder herabsetzen; sie verändert die »Mindestreservesätze«. Die Kreditinstitute müssen sich dann zusätzlich Notenbankguthaben beschaffen, oder es werden Notenbankguthaben aus der Mindestreserve frei.

Je nachdem, ob die Beschaffung von Notenbankguthaben durch die Kreditinstitute durch die Bundesbank erschwert oder erleichtert wird, werden die Banken zögernder oder großzügiger in der Schaffung ihres eigenen Geldes, nämlich von Bankeinlagen; diese entstehen durch Kreditgewährung. Die Ausweitung von Krediten und damit auch der Einlagen ist zugleich auch zum Teil bestimmend dafür, wieviel mehr an Bargeld gebraucht wird, das sich die Banken für die Auszahlung an ihre Kunden ebenfalls nur bei der Bundesbank beschaffen können, und zwar durch Abbuchung des Gegenwertes von ihrem Notenbankguthaben.

Für die »Feinsteuerung« der Geldversorgung der Kreditinstitute reichen der Bundesbank die Instrumente Diskontsatz und Lombardsatz und die sich daran knüpfenden Dispositionen der Kreditinstitute nicht mehr aus. Sie hat nach Wegen gesucht, die ihr die Initiative überlassen. Deshalb bedient sich die Bundesbank heute mit Vorliebe der »Offenmarktpolitik«. Darunter wird der Kauf und Verkauf von Wertpapieren durch die Zentralbank für eigene Rechnung am offenen Markt verstanden.

Für den Geldmarkt bedeutsam sind die Ende der siebziger Jahre entwickelten Offenmarktgeschäfte mit Rückkaufsvereinbarung über lombardfähige festverzinsliche Wertpapiere. Diese Geschäfte, die auch »Pensionsgeschäfte« genannt werden, bietet die Bundesbank zudem seit 1980 in Ausschreibungsverfahren (»Tender«) an, so daß sie die Dauer der Liquiditätsbereitstellung, deren Höhe und deren Preis fest in der Hand hat. Die Kreditinstitute reichen Gebote ein und erhalten entsprechend dem Verhalten aller anderen Bieter und den Vorstellungen der Bundesbank Zentralbankgeld.

Die beiden möglichen Ausschreibungsverfahren sind sehr verschieden. Es gibt einen »Mengentender« und einen »Zinstender«. Bei einem Mengentender legt die Bundesbank den Zinssatz fest, zu dem sie Liquidität bereitstellen will. Diese Variante wird mit Bedacht dann gewählt, wenn die Bundesbank bestimmte Zinsvorstellungen am Geldmarkt durchsetzen will. Kommt es ihr nicht so sehr auf einen bestimmten Geldmarktzinssatz an, wählt sie den Zinstender. Dabei wird lediglich ein Mindestgebotssatz (Mindestzinssatz) vorgegeben.

Der Bundesbank stehen daneben noch andere Instrumente für die Feinsteuerung am Geldmarkt zur Verfügung. Sie hat auch schon Handelswechsel und Devisen »in Pension« genommen, ferner Devisenswapgeschäfte abgeschlossen und Guthaben öffentlicher Kassen nicht auf Zentralbankkonten gehalten und dadurch dem Geldkreislauf entzogen, sondern diese Mittel bewußt auf Konten bei Kreditinstituten verlagert. Das heißt dann »Verlagerung von Bundesmitteln nach Paragraph 17«, womit gemeint ist, daß eine im Bundesbankgesetz vorgesehene Möglichkeit genutzt wurde.

Die Bundesbank erklärt in aller Regel vor Beginn eines neuen Jahres ihre Absicht, in welchem Ausmaß sie es zulassen wird, daß die Geldmenge im Durchschnitt oder im Verlauf des kommenden Jahres über den entsprechenden Werten des verflossenen Jahres liegt. Das Geldmengenziel wird entweder als eine bestimmte Zahl oder mit der Spanne »von – bis« vorgegeben; dabei orientiert man sich zum Beispiel daran, um wieviel im Durchschnitt des neuen Jahres wahrscheinlich die Wirtschaft wachsen wird. Die Bundesbank hat in ihre Überlegungen auch manchmal mit einbezogen, um wieviel sich das Preisniveau unvermeidlich erhöhen wird und um wieviel das Geld schneller oder langsamer umgesetzt werden wird. Die Einzelheiten sind hier nicht so wichtig.

Offen ist aber noch die Frage, ob das Wachstumsziel der Geldmenge unabhängig von der allgemeinen Wirtschaftslage festgesetzt werden soll oder ob es Elemente zur Dämpfung oder Anregung der Konjunktur enthalten soll. Friedman neigt zu einer konstanten Festlegung der Wachstumsrate, die Notenbanken bringen gewisse »diskretionäre«, das heißt auf die jeweilige wirtschaftliche Situation bezogene Elemente ein.

Der Kampf gegen die Inflation gleicht einer Operation, bei der man sich dauernd narkotisiert, aber nie schneidet.

108

Das Geld als solches

Aus dem Leben der Banknoten

Das Geld, das in der Theorie eine so große Rolle spielt, das am Geldmarkt gehandelt wird, das gibt es eigentlich gar nicht – jedenfalls nicht in dem Sinne, wie sich der Bürger Geld vorstellt – in Münzen und Noten, schön zum Anfassen. »Geld hat man, aber man spricht nicht darüber«, diese Feststellung des Schriftstellers Heinrich Spoerl würden gerade Italiener weit von sich weisen. Aber aus ganz anderen Gründen: Es gab Zeiten, Mitte der siebziger Jahre, da zahlten die Italiener mit einer Ersatzwährung: Karamel-Bonbons. Der Mangel an Zehn-Lire-Münzen war so groß geworden, daß bei vielen Einzelhandelsgeschäften, vor allem auf dem Lande, zwei bis drei Fächer der Ladenkasse bis zum Rand mit Karamellen vollgestopft waren – Karamel in der Kasse. Bei Wechselgeld unter 50 Lire legte die Kassiererin dem verdutzten Touristen ganz selbstverständlich ein, zwei, drei oder vier Bonbons dazu. Lamentieren half nichts – es gab einfach keine kleinen Münzen mehr. Wo waren sie geblieben? Keiner wußte es. Wurden sie als »Glückspfennige« von hoffnungsvollen Bräuten für den Hochzeitsschuh gehortet? Oder hatte sie, wie einige vermuteten, die Mafia eingesackt, um den Bonbon-Absatz zweier mittelitalienischer Süßwarenhersteller voranzubringen? Wie auch immer, irgendwann jedenfalls begannen auch die italienischen Münzanstalten wieder zu prägen. Heute ist der Mangel behoben. Das damalige »Ersatzgeld«, von den Banken ausgegebene 100- oder 200-Lire-Scheine, etwa von der Größe einer Scheckkarte, erfreut heute die Sammler.

Diese Art Geldsorgen kennt die Bundesrepublik nicht. Obwohl auch hier die »Kupferlinge« gelegentlich Mangelware sind, es gibt doch immer wieder Nachschub und keine ernsthaften Störungen des Zahlungsverkehrs wie in Italien. Der Münzumlauf je Kopf der deutschen Bevölkerung hat mit dem Wachstum der Papiergeldmenge in den letzten Jahren allerdings nicht ganz Schritt gehalten. Etwa acht Prozent des deutschen Bargeldumlaufs sind Münzen. Die dominierende Münze ist das Fünf-Mark-Stück, das etwa zwei Fünftel des Münzumlaufs auf

sich vereinigt. Ein Teil der Fünf-Mark-Münzen, nämlich die Sonderprägungen, sind praktisch aber nicht im Umlauf. Das gilt übrigens auch
für die Sonderprägungen von Münzen im Nennwert von 10 DM. Die
ersten Zehn-Mark-Münzen waren die »Olympia-Münzen«. Von ihnen
wurden in den Jahren 1969 bis 1972 in sechs Serien 100 Millionen Stück
hergestellt und ausgegeben; man sucht sie heute vergeblich im Zahlungsverkehr. Nicht besser wird es den neuen Zehn-Mark-Münzen gehen, die die Tradition der früher mit einem Nennwert von 5 DM ge-
prägten Silber-Gedenkmünzen fortsetzen sollen. Sie werden ebenfalls
kaum in Umlauf bleiben, sondern wohl auch in den Schatullen der
Sammler und den Tresoren der Händler verschwinden. »Richtiges«
Geld sind aber auch nicht die Münzen, sondern die Scheine, die schönen Banknoten, für die in der Bundesrepublik die Bundesbank zustän-
dig ist.

An die Qualität der Banknoten stellt die Bundesbank hohe Ansprüche. Die bislang in Umlauf befindlichen Geldscheine – sie stammen

Münzumlauf

Münzen zu DM	Stand am Jahresende					
	1984	1985	1986	1987		
	Anteile in Prozent				Millionen DM	Münzen (Stück) je Einwohner
10,–	11	11	10	11	1 134	2
5,–	41	42	42	42	4 323	14
2,–	13	13	13	13	1 311	11
1,–	17	17	16	16	1 653	27
0,50	8	8	8	8	774	24
0,10	6	6	6	6	653	107
0,05	2	2	2	2	212	69
0,02	1	1	1	1	105	86
0,01	1	1	1	1	127	207
Zusammen*	100	100	100	100	10 293	547

* Abweichungen durch Rundung. – Quelle: Deutsche Bundesbank.

aus den Jahren 1961 bis 1965 – genügen den Anforderungen nicht mehr. Deshalb wird von 1990 an eine neue Serie von Geldscheinen ausgegeben. Die alten Scheine behalten vorerst und bis auf weiteres ihre Gültigkeit; niemand ist gezwungen, die alten Scheine sogleich umzutauschen. Die Bundesbank weist freilich in ihrer Vorankündigung über die neuen deutschen Banknoten vom 24. März 1988 bereits darauf hin, daß eines späteren, freilich noch nicht festgelegten Tages, die alten Noten durchaus außer Kraft gesetzt werden könnten. Die Bundesbank hat für diesen Fall bereits eine Umtauschfrist angekündigt, die so reichlich bemessen sein werde, »daß jedermann – innerhalb und außerhalb der Grenzen der Bundesrepublik Deutschland – genügend Zeit haben wird, seine Noten alter Art bei jeder Bank gegen die neuen Geldscheine umzutauschen«. Die Bundesbank fügt zur Beruhigung der Bevölkerung noch an: »Und selbst nach Ablauf dieser Umtauschfrist wird die Deutsche Bundesbank ihre Banknoten der jetzigen Ausgabe auf unbefristete Zeit auch weiterhin einlösen.«

Anlaß zur Unruhe und zur Sorge wegen der Ausgabe neuer Geldscheine besteht nicht. Am Wert des Geldes ändert sich nichts, auch wenn es künftig anders aussehen wird. Das äußere Erscheinungsbild der Banknoten soll moderner werden. Die Geldscheine sollen darüber hinaus möglichst fälschungssicher sein. Offenbar hat sich die Bundesbank über die bereits eingebauten Hürden für Fälscher hinaus weitere Feinheiten überlegt. Die Scheine werden sich besser zur Verwendung in Automaten eignen. Sie werden auch schneller und besser automatisch gezählt und geprüft werden können. Gleichwohl werden die Noten unterschiedlich groß sein und sich um jeweils drei Millimeter in der Höhe und um acht Millimeter in der Länge unterscheiden. Die Noten werden speziell ertastbare Kennzeichen tragen. Dies soll Blinden und Sehbehinderten den Umgang mit Geld erleichtern. Vor allem ist bemerkenswert, daß die Bundesbank eine neue Banknote im Nennwert von 200 DM einführen wird.

Der erste neue Geldschein soll der Hundertmarkschein sein. Er wird das Bildnis von Clara Schumann-Wieck tragen. Auf den anderen Noten werden abgebildet: Bettina von Arnim (5 DM), Carl Friedrich Gauß (10 DM), Annette von Droste-Hülshoff (20 DM), Balthasar Neumann (50 DM), Paul Ehrlich (200 DM), Maria Sibylla Merian (500 DM) und schließlich Jacob und Wilhelm Grimm (1000 DM).

Auch wenn die bisher umlaufenden Geldscheine vom Motiv und der Ausstattung her aus den sechziger Jahren stammen, so sind die einzelnen Scheine drucktechnisch durchaus jünger. Denn eine Banknote kann nur eine gewisse Zeit in Umlauf sein. Auch die neuen Scheine werden immer wieder durch druckfrische Exemplare ersetzt werden müssen. Am längsten lebt der »Riese«. Ein »Riese«, das ist der volkstümliche Audruck für einen Tausendmarkschein, wird im Durchschnitt 5,7 Jahre alt; so genau hat das die Bundesbank berechnet. Für eine deutsche Banknote ist dies ein recht stattliches Alter. Wird doch der Schein mit der zweitlängsten Lebensdauer, der volkstümliche »Blaue«, nämlich der Hundertmarkschein, bereits nach 3,8 Jahren dem Zahlungsverkehr wieder entzogen. Am kürzesten lebt die Zehnmarknote. Nach durchschnittlich 15 Monaten und 18 Tagen beendet sie ihr Dasein als offizielles Zahlungsmittel, und auch die Zwanzigmarknote wird im Schnitt nur ganze 38 Tage älter. Demgegenüber bringt es der Geldschein mit dem niedrigsten Wert, der Fünfmark-

Banknotenumlauf

Noten zu DM	Stand am Jahresende					
	1984	1985	1986	1987		
	Anteile in Prozent				Millionen DM	Noten (Stück) je Einwohner
1000	19	21	22	24	30 244	0,5
500	12	12	13	13	16 286	0,5
100	49	48	47	46	57 802	9
50	12	11	11	10	12 840	4
20	5	4	4	4	5 114	4
10	3	3	3	3	3 171	5
5	0	0	0	0	152	0,5
Zusammen*	100	100	100	100	125 608	25

* Abweichungen durch Rundung. – Quelle: Deutsche Bundesbank.

schein, immerhin auf über 19 Monate Lebensdauer. Der Fünfziger lebt 2,2 Jahre und die Fünfhundertmarknote 3,6 Jahre. Wem diese Zehlen noch nicht reichen, für den hat die Bundesbank auch noch ausgerechnet, wie lange, im Durchschnitt aller Wertzeichen, eine Banknote in Gebrauch ist: 2,3 Jahre.

Eine Statistik darüber, wie oft eine Banknote in ihrem kurzen Leben den Besitzer wechselt, gibt es leider nicht. Nur Anfang und Ende ihres sicher wechselvollen Daseins wird statistisch erfaßt. Auf ihrer Wanderung von Hand zu Hand, von Brieftasche in Brieftasche oder wo sonst auch immer Leute ihr Geld aufbewahren, kann sie der Statistiker nicht begleiten. Er kann nur hoffen, daß ihr Weg einmal wieder zum Schalter eines Kreditinstituts führt. Nur dann schließt sich der statistische Kreis.

Da die Banken bemüht sind, ihren eigenen Notenbestand so gering wie möglich zu halten, landen fast alle Banknoten irgendwann einmal wieder bei einer der Landeszentralbanken, wo sich dann entscheidet, ob sie weiterleben dürfen oder nicht. Falls sich ihr Zustand noch als verkehrsfähig erweist, kommen sie über die erneute Ausgabe an Kreditinstitute wieder in den Umlauf. Sind sie aber eingerissen, zerfleddert, verschmutzt, beschrieben, oder tragen sie andere Narben von ihrem Umgang im rauhen Wirtschaftsleben, dann werden sie ersetzt. Im Durchschnitt wird jede siebte Banknote aussortiert. An ihre Stelle tritt ein blütenreiner unbenutzter Schein aus den Kellern der Bundesbank. Die alten Noten kommen, nachdem ihre Nummer gelöscht wurden, in einen Sack und werden unter strengsten Sicherheitsmaßnahmen zur Bundesbank transportiert, die eigens zur Vernichtung dieser Banknoten einen Ofen betreibt. Während der Überprüfung werden die Noten auch auf ihre Echtheit untersucht. Erfreulicherweise ist der Umfang des dabei auftauchenden Falschgeldes äußerst gering. Auf drei- bis vierhunderttausend echte deutsche Noten kommt schätzungsweise höchstens eine »Blüte«. Doch da die Geldprüfung personalintensiv und daher teuer ist, wird Abhilfe geschaffen. Die deutschen Banknoten werden, äußerlich unsichtbar, »automationsgerecht« gemacht und können dann durch Maschinen gezählt, geprüft und gebündelt werden.

Aber zurück zur Statistik! Wie setzt sich der Notenumlauf zusammen? Seit der Währungsreform hat sich die Zahl der Banknoten von Jahr zu Jahr erhöht; das Wachstum der Wirtschaft erforderte dies. Heute übersteigt der Banknotenumlauf schon 100 Milliarden DM; verbrieft in über 1,3 Milliarden einzelnen Scheinen. Bemerkenswert ist daran, daß die rund 600 Millionen Scheine von 1962 nur einen Wert von rund 24 Milliarden DM repräsentieren. Der Umlauf von höherwertigen Noten hat sich also überdurchschnittlich erhöht. Daß die Bürger heute mehr »Großes« in der Tasche haben, ist sowohl ein Zeichen für das wachsende Wirtschaftsvolumen, aber leider auch für die fortschreitende Geldentwertung.

Zwei Geldzeichen sind in den letzten Jahren neu hinzugekommen: der Tausend- und der Fünfhundertmarkschein. Die häufigste Banknote ist der Hundertmarkschein (1962 war es noch der Fünfzigmarkschein). Dem Wert nach macht er knapp die Hälfte des Gesamtwerts aller Banknoten aus. Absolut vernachlässigt wurde die Produktion von Noten zu fünf Mark; der Umlauf nahm in den letzten Jahren sogar laufend ab. Dem Wert nach macht der gedruckte »Heiermann« nur rund ein halbes Prozent vom Gesamtwert aller umlaufenden Banknoten aus. Das »Aschenbrödel« unter den Banknoten verliert durch den zunehmenden Automatenhandel immer mehr an Bedeutung. Schon heute sind siebzehn mal mehr Fünf-Mark-Münzen im Umlauf.

Um auch größeren Bargeldanforderungen gewachsen zu sein, lagert in den Tresoren der Bundesbank nochmals derselbe Wert an verkehrsfähigen Banknoten, wie er im Umlauf ist. Zur Zeit sind diese bedruckten Papierchen allerdings noch keine Geldzeichen. Das werden sie erst, wenn sie über Barabhebungen von Banken bei der Bundesbank in den Zahlungsverkehr gelangen. Abgesehen von diesen vorläufig noch nicht zu Zahlungsmitteln erweckten Scheinen, ruhen aber in den schwerbewachten Bundesbankkellern an der Frankfurter Miquelallee noch weitere Tonnen bedruckten Papiers. Bei diesen geheimnisvollen Noten, deren Stückelung und Aussehen sowie ihre Menge nur wenige Eingeweihte kennen, handelt es sich um das sogenannte Ersatzgeld. Ob es jemals in Umlauf kommen wird, vermag niemand zu sagen. Damit ist Vorsorge geschaffen worden für den Fall, daß unsere augenblicklichen Banknoten einmal funktionsunfähig werden, zum Beispiel durch umfangreiche Fälschungen. Aber dies alles ist so geheim, daß hier der nüchterne Statistiker es Phantasiebegabteren überlassen muß, darüber Betrachtungen anzustellen.

Ecu, die Schlange und der Tunnel

Devisenmärkte und ihre Geheimnisse

Seit der Freigabe des Wechselkurses der deutschen Währung gegenüber wichtigen Währungen in der Welt, voran gegenüber dem amerikanischen Dollar, ist der Devisenbericht für viele die täglich aufregendste Lektüre. Wie wird der Dollar eingeschätzt und gehandelt? Das kann über Gewinn und Verlust von Exportgeschäften, aber auch bei Wertpapiertransaktionen entscheiden.

An den Devisenbörsen ist seitdem immer wieder etwas los: Diesmal geht es um den ersten neuen Dollarkurs, nachdem über das Wochenende im Europäischen Währungssystem Kursänderungen beschlossen worden waren. Früher hieß das Europäische Währungssystem (»EWS«) im Fachjargon »Schlange«, weil die Notenbanken die Devisenkurse durch Eingriffe in das Marktgeschehen in einem schmalen Bereich (eben der »Schlange«) festhalten. Das Europäische Währungssystem hat seinen Ursprung in den Plänen für den Ausbau der Europäischen Wirtschaftsgemeinschaft zu einer Wirtschafts- und Währungsunion. Im Dezember 1969 war auf einer Gipfelkonferenz in Den Haag der »Werner-Plan« des damaligen luxemburgischen Ministerpräsidenten und Finanzministers Werner diskutiert worden. Er sah vor, für die Mitglieder der Gemeinschaft ein eigenständiges Wechselkurssystem zu entwickeln, in dem die Bandbreiten für die Wechselkursschwankungen zwischen den Währungen der Mitgliedsländer schrittweise beseitigt werden sollten. Der Ministerrat schloß sich dem Werner-Plan an und ersuchte die Zentralbanken, »durch eine abgestimmte Aktion gegenüber dem Dollar die Wechselkursschwankungen schon zu Beginn der ersten Stufe versuchsweise innerhalb engerer Bandbreiten zu halten, als sie sich aus den für den US-Dollar geltenden Bandbreiten ergeben«.

Als erste Etappe auf dem Weg der Bandbreitenverengung hatten die Notenbanken ursprünglich vorgesehen, die maximale Schwankungsbreite durch aufeinander abgestimmte Dollarinterventionen von bis dahin rund 1,5 Prozent nach oben und nach unten auf 1,2 Prozent herabzusetzen. Dazu sollte durch gegenseitige Abstimmung laufend ein gemeinsames Kursniveau gegenüber dem Dollar festgelegt werden.

Doch bevor dieser erste Schritt verwirklicht werden konnte, wurde im Frühjahr 1971 das gesamte Währungssystem in Frage gestellt. Eine Reihe von Ländern gab die feste Bindung an den Dollar auf und ließ ihre Währungen frei schwanken, »floaten«. Im Dezember endete die Phase floatender Wechselkurse mit der Rückkehr zu festen Paritäten gegenüber dem Dollar, nun mit einer vergrößerten Schwankungsbreite von 2,25 Prozent nach oben und nach unten. In diesem neuen System wäre es möglich gewesen, daß sich bei den europäischen Währungen Wechselkursveränderungen untereinander von bis zu 9 Prozent hätten ergeben können. Damit wurde wieder eine Sonderregelung für die Europäische Gemeinschaft notwendig. Am 24. April 1972 trat aufgrund des »Baseler Abkommens« eine neue Währungsordnung zwischen den Ländern der Gemeinschaft in Kraft, die die Schwankungsbreite innerhalb des europäischen Währungsblocks auf 2,25 Prozent nach oben und nach unten begrenzte. Die europäischen Währungen schwankten nun untereinander in einem festgelegten Band, der sogenannten »Schlange«, und dieses Band konnte sich wiederum gegenüber dem Dollar mit einer festgelegten Schwankungsbreite bewegen. Diese Bandbreite nannte man »Tunnel«.

Es erwies sich jedoch sehr bald, daß die Voraussetzungen für ein System fester Wechselkurse, selbst wenn es regional begrenzt war, fehlten. Die Wirtschaftsentwicklung sogar innerhalb des Währungsblocks, der Schlange, war zu verschieden.

So mußte sich Großbritannien, das der Schlange im Mai 1972 zusammen mit Dänemark und Norwegen beigetreten war, zurückziehen. Das britische Pfund »floatet« seit dieser Zeit wieder gegenüber dem Dollar. Dänemark schied von Juni bis Oktober 1972 aus der Schlange aus. Italien war im Februar 1973 ebenfalls zu freien Wechselkursen übergegangen.

Am 19. 3. 1973 wurde das gemeinsame Floaten der Europäer im Tunnel aufgegeben. Frankreich, die Niederlande, Belgien, Dänemark, Norwegen, Schweden und die Bundesrepublik fanden sich in der »kleinen Schlange« zusammen und floateten gemeinsam gegenüber den übrigen Währungen der Welt. Die Deutsche Mark wurde gleichzeitig um 3 Prozent aufgewertet.

In der Folgezeit war die Entwicklung innerhalb der Schlange immer wieder stärkeren Spannungen ausgesetzt. Die überaus feste Haltung der D-Mark, aber damals auch noch des holländischen Gulden und der norwegischen Krone verlangte mehrmals eine Neufestlegung der Wechselkurse innerhalb des Floatingblocks. Frankreich trat aus, wieder ein und verließ dann (am 14. März 1976) endgültig die »Schlange«, die ziemlich genau sieben Jahre lebte. Am 13. März 1979 ist sie vom »Europäischen Währungssystem« (EWS) abgelöst worden. Dem EWS gehören die Länder der Europäischen Gemeinschaft – mit Ausnahme Großbritanniens und Griechenlands – an, doch sind deren Währungen in der »Europäischen Währungseinheit«, dem (oder der) »Ecu« (gesprochen Ehkü, Abkürzung von *European Currency Unit*), vertreten. Wie bei der Schlange gibt es im EWS untereinander feste Wechselkurse; Interventionen, der Ausgleich von Interventionssalden und die finanziellen Beistandssysteme sind neu geregelt. Es gibt einen »Indikator«, der auf Spannungen im Wechselkursverbund frühzeitig aufmerksam machen soll. Der Ecu, der eine Schlüsselrolle spielt, wird als eine Kunstwährung (siehe Seite 131) an der Devisenbörse nicht gehandelt; nach wie vor spielt der amerikanische Dollar die erste Geige.

An der Frankfurter Devisenbörse werden mittags zwischen 13 und 14 Uhr die amtlichen Kurse der einzelnen Währungen festgestellt. In dem kleinen Saale der Devisenbörse herrscht wieder Studiostimmung. Ein Feuerwerk von ein paar tausend Watt brennt für das Fernsehen und die Fotografen ab. Im Hintergrund drängen sich andere Schaulustige zusammen: ein paar Besucher, eine Handvoll Journalisten und Händler und Makler aus dem benachbarten großen Saal der Aktienbörse und vom Rentenmarkt. Freilich: An die brodelnde Erregung während der großen Dollarkrise 1973 reicht die Stimmung diesmal bei weitem nicht heran. Eine Wechselkursänderung im EWS ist eben keine Dollarkrise, und wirkliche Währungsunruhen hat es seit 1973 schon mehrere gegeben. Auch daran kann man sich gewöhnen.

Zu sehen gibt es wie immer wenig. Zumindest nichts, was es an anderen Tagen nicht auch zu sehen gäbe. An einem breiten Katheder sitzt der amtliche Makler, flankiert von einigen Damen, und spricht in irgendwelche Telefone, manchmal in gleichzeitig zwei. Auch die Damen telefonieren. Am anderen Ende der Leitung heißt jemand »Hamburg« oder »Düsseldorf«. Davor sitzen die Bankenvertreter an ihren Tischen, wie Schulbuben, nur daß auch sie ein Telefon haben. Sie haben die Devisenabteilungen ihrer Banken an der Strippe. Die Banken heißen »Chase« oder »BfG« oder »Commerz«, und so heißen auch die Herren an den Tischen. Vorne rechts sitzt der Primus, der heißt Bundesbank. Er hält sich möglichst zurück. Nur wenn es gar nicht klappt mit der Kursfeststellung wie zum Beispiel an diesem Tag beim belgischen Franc – weil den keiner will –, dann meldet sich die Bundesbank und kauft die überschüssigen Franc. Das muß sie tun, damit der belgische Franc im EWS bleibt.

Der Umgangston zwischen Makler und Banken ist salopp. An solchen Tagen vielleicht noch eine Spur salopper als sonst; schließlich hören ja die Mikrophone des Fernsehen mit. Ein bißchen Schau ist da erlaubt. Den Vorsitz am Markt führt der Devisenmakler, routiniert wie immer: »Wer will groß ins Dollargeschäft einsteigen?« Keiner will. Nur »Peanuts«, Erdnüsse, werden gehandelt, womit zu deutsch Kleckerbeträge gemeint sind. Nach dem Dollar kommt das englische Pfund an die Reihe, dann der kanadische Dollar, der holländische Gulden, der Schweizer Franken und so weiter, immer schön der Reihe nach. Wer das Zahlenkauderwelsch nicht entschlüsseln kann, muß sich eigentlich langweilen. Zum Beispiel dann, wenn der Makler zum Auftakt zu zwei Telefonhörern gleichzeitig greift und meint: »Wir beginnen mit 47 zu 53«. Davor muß man sich freilich noch eine 1,76 denken, 1,76 DM, jene Basis, die sich im Handel unter Banken schon vor der Devisenbörse für den amerikanischen Dollar herausgebildet hatte. Jetzt geht es um die Feineinstellung des Kurses an den hinteren Kommastellen.

»Ich kaufe eine Billige«, ruft einer der Bankenvertreter. »Eine Billige« heißt eine Million Dollar. Ein fast unmerkliches Nicken des Maklers, während ins Telefon gesprochen wird. »Düsseldorf, Sie kaufen jetzt weniger und geben mehr Dollar . . .« Plötzlich die Worte des Maklers: »Jetzt 9 zu 3.« Und dann: »Heinz, bei dir noch was?« Heinz macht »fünf Komma sieben fünfzig«, und die Zuhörer können raten, ob das ein Kauf oder Verkauf ist. Neue Basis: »50 zu 3.« – »Wir kaufen fünf.« Das heißt, eine Bank will fünf Millionen Dollar haben.

»Ich gehe jetzt raus«, sagt der Makler, was aber nur heißt, daß er den Telefonhörer hinlegt. Stille; es wird gerechnet. Dann, in die Spannung hinein, die Stimme des Maklers: »51 Geld für 21,3.« Übersetzt heißt das: Der Makler kauft beim Kurs von 1,7651 DM für den Dollar noch 21,3 Millionen Dollar. Aber so schnell hat er sie nicht zusammen. »Drei an dich.« Jetzt sind nur noch 18,3 Millionen Dollar gesucht. Der Makler legt im Kurs noch eine »Stelle«, das ist ein hundertstel Pfennig, zu. Das macht einer weitere Million Dollar locker. »Die Ware geht langsam ein«, sagt der andere Makler wunderbar doppeldeutig. »Also 17,3.« Und dann noch eine »Stelle« im Kurs hinauf: »3 Geld.« Wieder atemlose Stille, dann, wie eine Erlösung, ruft ein Bankenvertreter: »An Sie.« Im gleichen Augenblick steht fest: Der Dollarkurs lautet heute 1,7653 DM.

Aber noch ist die Spannung nicht vorbei. »Ich hab' sie bekommen«, ruft der Makler ins Telefon; offenbar wollte jemand von einem der anderen Börsenplätze, die über Telefon mit Frankfurt verbunden sind, auch verkaufen. Aber zu spät. Auch ein Nachzügler, der noch zwei Millionen Dollar kaufen will, geht leer aus. »So, bitte, wie sind die Pfunde?« Der Devisenmarkt wendet sich der nächsten Währung zu. Während sich die Makler und Bankenvertreter mit dem Pfund beschäftigen, wird für die Leute vom Fernsehen eine Dollar-Banknote malerisch auf den Auftragsbüchern der Makler drapiert. Wenn es auch um Kursveränderungen im Europäischen Währungssystem gegangen ist, so ist doch mit der neuen Dollarnotiz »alles gelaufen«. Denn der Dollar ist die Leitwährung – trotz Sonderziehungsrechten und Ecu. Was die in der Liste der notierten Währungen viel weiter hinten stehende Dänen-Krone eigentlich macht – sie war nämlich im EWS abgewertet worden –, darauf wartet kaum jemand, schon gar nicht im Scheinwerferlicht.

*»Die D-Mark ist auf dem Bauch des europäischen Währungs-
verbundes.«*

Dr. Hans Apel als Bundesfinanzminister

Die Technik einer Mark-Aufwertung

Anleitung für Tüftler

Viele Jahre lang nach den Zweiten Weltkrieg herrschte eine Periode fester Wechselkurse, entsprechend internationalen Vereinbarungen, die 1944 in dem amerikanischen Ort Bretton Woods getroffen worden waren. Leitwährung der westlichen Welt war der amerikanische Dollar, an ihm wurden alle anderen Währungen gemessen. Gegenüber dem Internationalen Währungsfonds erklärte jeder Staat eine »Parität«, sozusagen den Preis für seine Währung gegenüber dem amerikanischen Dollar. Das geschah auch für die D-Mark, für die seit dem 28. September 1949 festgelegt war, daß 4,20 DM gleich einem Dollar sein sollten. Dieser Wechselkurs wurde, solange es noch keine freien Devisenmärkte gab, von Amts wegen angewandt; später war die Deutsche Bundesbank verpflichtet, durch entsprechende Interventionen auf den Devisenmärkten dafür zu sorgen, daß sich der D-Mark-Kurs nur um die erlaubte, ziemlich kleine Spanne (plus und minus 0,75 Prozent) von dem erklärten Paritätskurs entfernte.

Doch feste Wechselkurse können auf die Dauer nur dann fest bleiben, wenn sich die grundlegenden wirtschaftlichen Daten in den Ländern, deren Kurse aneinandergekettet sind, nicht ändern. Das haben auch die Väter des Systems von Bretton Woods erkannt und deshalb schon Regeln vorgesehen, nach denen die festen Wechselkurse geändert werden konnten. Diese Regeln für Auf- und Abwertungen sahen je nach dem Umfang der Wechselkursänderung lediglich Informationspflichten oder aber Genehmigungen des Internationalen Währungsfonds vor. Weitaus die häufigsten Wechselkursänderungen betrafen Abwertungen. Für eine fremde Währung gibt es nach einer Abwertung mehr heimische Währung; umgekehrt ist die eigene Währung, gerechnet in Fremdwährung, weniger in deren Einheiten wert. Aufwertung ist genau das Entgegengesetze: Der Preis in heimischer Währung für die Fremdwährung sinkt; die eigene Währung kostet (oder bringt) mehr Einheiten der Fremdwährung. War ein neuer Paritätskurs bestimmt, dann galten wieder die alten Vereinbarungen: fester Kurs (bis zur nächsten Änderung) und Verteidigung dieses Kurses auf den Märkten. Nach diesen Regeln wurde die D-Mark gegenüber dem Dollar einige Male aufgewertet, zum Beispiel 1961 von 4,20 auf 4,00 DM je Dollar und 1969 von 4,00 auf 3,66 DM, 1971 von 3,66 auf 3,2225 DM, 1973 nochmals kurzfristig von 3,225 auf (rechnerisch) 2,9003 DM.

Das System fester Wechselkurse hatte eine Begleiterscheinung, die zunehmend als störend empfunden wurde: Erwartete Änderungen von Währungsparitäten führten zu umfangreichen spekulativen Geldbewegungen. Die zunächst immer von den betroffenen Notenbanken entsprechend den Vereinbarungen bezogene Verteidigungsposition konnte in manchen Fällen die Märkte beruhigen, in anderen jedoch nicht. Vor allem die D-Mark war mit wachsender deutscher Wirtschaftskraft zunehmend die Zielscheibe spekulativer Gelder. Eine Aufwertungsspekulation lief darauf hinaus, daß die Bundesbank amerikanische Dollar ankaufen mußte, damit der D-Mark-Kurs ihm gegenüber innerhalb der erklärten Bandbreite des Wechselkurses blieb. Dollarkäufe lassen jedoch den Geldumlauf in D-Mark anschwellen; die Wirtschaftspolitik bei offenen Grenzen und einströmenden Auslandsgeldern geriet außer Kontrolle. Deshalb ist im Februar/März 1973, nach einer Reihe von dramatischen Währungskrisen, das System fester Wechselkurse endgültig aufgegeben worden.

Seither bestimmen sich die Preise für Währungen auf dem Devisenmarkt grundsätzlich nach Angebot und Nachfrage, sie »floaten«; die wichtigste Ausnahme ist das Europäische Währungssystem (EWS), das für die Gemeinschaft an den früheren Regeln fester Kurse mit Interventionspflicht festgehalten hat. Allerdings entfiel der bisherige Maßstab für die Währungen, da der Dollar jetzt gegenüber jeder Währung einen unterschiedlichen Wert einnehmen konnte. Unausgesprochen war zuvor angenommen worden, der Wert des amerikanischen Dollar selbst verändere sich nicht; das ist aber aus vielerlei Gründen nicht der Fall. Tatsächlich ist der Dollar, der lange Zeit fest an das Gold gebunden war, unter dem Eindruck einer scharfen Währungskrise vom 15. August 1971 an vom Gold gelöst worden (Aufhebung der Goldeinlösungspflicht) und später auch gegenüber dem Gold abgewertet worden. Auf- oder Abwertungen sind in Zeiten

Brutto-Währungsreserven
Mitglieder des Internationalen Währungsfonds
(zuzüglich Schweiz und Taiwan; Milliarden amerikanische Dollar)

Land/Ländergruppe	Bestand am Jahresende		Veränderung	
	1985	1987ᵖ	1986	1987ᵖ
A. Industrieländer[1]				
Vereinigte Staaten von Amerika	43,2	45,8	+ 5,3	− 2,7
Japan	27,7	82,0	+15,5	+ 38,7
Kanada	3,4	8,1	+ 0,7	+ 4,0
Bundesrepublik Deutschland	48,4	82,8	+ 7,4	+ 27,0
Frankreich	30,0	36,5	+ 4,9	+ 1,6
Großbritannien	13,7	42,5	+ 5,6	+ 23,3
Italien	18,4	33,0	+ 4,4	+ 10,2
Übrige Industrieländer	98,2	154,9	+10,8	+ 45,9
Insgesamt	283,0	485,6	+54,6	+148,0
B. Entwicklungsländer				
Afrika	9,6	10,3	− 0,5	+ 1,3
Europa	11,8	16,6	+ 1,9	+ 3,0
Lateinamerika	41,8	39,0	− 8,0	+ 5,2
Naher Osten[2]	64,5	64,6	− 6,0	+ 6,1
Sonstiges Asien	74,6	137,0	+24,9	+ 37,5
darunter: Taiwan	22,8	74,3	+23,8	+ 27,7
Nachrichtlich:				
15 Hauptschuldnerländer[3]	41,0	38,4	− 6,5	+ 3,9
Insgesamt	202,3	267,6	+12,3	+ 53,0
C. Alle Länder (A + B)	485,2	753,1	+66,9	+201,0

Gold wurde mit 42,22 amerikanische Dollar je Unze bewertet. − [1] OECD-Länder ohne Griechenland, Portugal und Türkei. − [2] Ägypten, Bahrain, Irak, Iran, Israel, Jemen, Volksrepublik Jemen, Jordanien, Katar, Kuwait, Libanon, Oman, Saudi-Arabien, Syrien, Vereinigte Arabische Emirate. − [3] Länder, auf die sich die „Baker-Initiative" in erster Linie bezieht (Argentinien, Bolivien, Brasilien, Chile, Côte d'Ivoire, Ecuador, Jugoslawien, Kolumbien, Marokko, Mexiko, Nigeria, Peru, Philippinen, Uruguay, Venezuela). − [4] Das den ECU-Guthaben zugrundeliegende Gold wurde wieder den übrigen Goldbeständen zugerechnet. − ᵖ Vorläufig. − Differenzen in den Summen durch Runden der Zahlen. − Quellen: Internationaler Währungsfonds und Europäischer Fonds für Währungspolitische Zusammenarbeit, zitiert nach Deutscher Bundesbank.

floatender Kurse Selbstverständlichkeiten, die der Markt hervorbringt (oder die am Markt von interessierter Seite — etwa den Regierungen oder den Notenbanken — durchgesetzt werden). Früher wurde das Verhältnis der jeweiligen Währung zum Gold geändert, unter der Bretton-Woods-Regel auch das Verhältnis zum Dollar; heute sind eine Reihe von Währungen an sogenannte Sonderziehungsrechte gebunden. Im EWS gilt als Bezugspunkt eine ähnliche künstliche Währung, der »Ecu«.

Aber selbst dann, wenn es keine einheitlichen Maßstäbe gäbe, wären »Aufwertungen« und»Abwertungen« möglich; sie müßten dann allerdings gegenüber jeder einzelnen anderen Währung erklärt und festgelegt werden. Offizielle »Aufwertungen« oder »Abwertungen« haben allerdings nur zwischen Währungen einen Sinn, bei denen anschließend aufgrund von Vereinbarungen die neuen Wechselkurse — in einer bestimmten Bandbreite nach beiden Seiten vom »offiziellen« Mittelkurs — gehalten werden sollen. Solche Vereinbarungen bestehen zwischen den Ländern des Europäischen Währungssystems. Wenn die Bundesrepublik zu den Währungen dieses Währungsblocks beispielsweise um fünf Prozent offiziell aufwerten wollte, so könnte sie einfach erklären, daß eine D-Mark, gerechnet in ausländischer Währung, entsprechend um fünf Prozent teurer wird. Die Notenbanken des Währungsblocks wären dann verpflichtet, an den durch die Erhöhung des Mittelkurses veränderten Interventionspunkten (Endpunkte der Bandbreite) den Kurs zu verteidigen. Allerdings würde sich mit einer »Aufwertung« der D-Mark oder »Abwertung« einer anderen Partnerwährung an der Situation nichts ändern, daß alle anderen Währungen »floaten«, das heißt keine Mittelkurse und Bandbreiten festgelegt sind und daher unbegrenzte Kursbewegungen eintreten können.

Eine offizielle Wechselkursänderung für die EWS-Währungen ist aber »technisch« nicht durch eine solche einfache Erklärung zu vollziehen. Durch die Vereinbarung von bilateralen Leitkursen, die über den Ecu errechnet worden sind, hängen die Leitkurse eng miteinander zusammen. Die Änderung des Ecu-Wertes einer Währung ändert auch jenen der anderen. Seit dem 12. Januar 1987 gilt jedenfalls die Beziehung, daß 1 D-Mark gleich 0,485784 Ecu sind, beziehungsweise 1 Ecu gleich 2,05853 DM.

Als die Sonderziehungsrechte noch als eine bestimmte Menge Gold definiert waren (nämlich genau 0,888671 Gramm Feingold, dem Goldgehalt des »alten« amerikanischen Dollar entsprechend), fiel es

Entwicklung der Deutschen Mark

Gültig ab	Ecu oder Sonderziehungsrechte je D-Mark (Leitkurs)	D-Mark je Sonderziehungsrecht oder Ecu	Währungsparität zum	
			amerikanischen Dollar	Gold
21. 6. 1948	–	–	3,33 333	–
19. 9. 1949	–	–	4,20 000	–
30. 1. 1953	–	–	(4,20 000)	0,211 588
6. 3. 1961	–	–	4,00 000	0,222 168
27. 10. 1969	–	–	3,66 000	0,242 806
21. 12. 1971	0,285 819	3,49 872	3,2 225	–
14. 2. 1973	0,285 814	3,49 877	2,9 003	–
19. 3. 1973 [1]	0,294 389 [1]	3,39 687 [1]	– [1]	–
29. 6. 1973	0,310 580	3,21 979	–	–
18. 10. 1976	0,316 792	3,15 665	–	–
16. 10. 1978	0,329 463	3,03 524	–	–
Europäisches Währungssystem (Ecu):				
13. 3. 1979	0,398 305	2,51 064	–	–
24. 9. 1979	0,402 322	2,48 557	–	–
30. 11. 1979	0,402 888	2,48 208	–	–
23. 3. 1981	0,392 924	2,54 502	–	–
5. 10. 1981	0,414 957	2,40 989	–	–
22. 2. 1982	0,413 539	2,41 815	–	–
14. 6. 1982	0,428 488	2,33 379	–	–
21. 3. 1983	0,451 437	2,21 515	–	–
18. 5. 1983	0,446 062	2,24 184	–	–
22. 7. 1985	0,446 748	2,23 840	–	–
7. 4. 1986	0,467 652	2,13 834	–	–
4. 8. 1986	0,473 747	2,11 083	–	–
12. 1. 1987	0,485 784	2,05 853	–	–

[1] Übergang zu frei schwankenden Wechselkursen. – Quelle: Statistische Beihefte zu den Monatsberichten der Deutschen Bundesbank, Reihe 5, Die Währungen der Welt.

leicht, sich die Bindung einer Währung an sie vorzustellen. Beim Ecu, der mit Gold nichts zu tun und keinen Wert an sich hat, sondern aus einer bestimmten Menge verschiedener Währungen besteht, ist dies wohl kaum der Fall.

Aus der Festlegung, daß 1 DM gleich 0,485784 Ecu sind, ergibt sich, was eine Aufwertung der deutschen Währung bedeutet: Ihr Gehalt an Ecu würde durch eine Aufwertung erhöht. Aber nochmals: Diese Änderung des Wertes der D-Mark hätte nur für die Handvoll anderer Währungen unmittelbar eine Bedeutung, die mit ihr zusammen das Europäische Währungssystem (EWS) bilden. Gegenüber allen anderen, gegenüber dem EWS floatenden Währungen, insbesondere gegenüber dem Dollar, hätte eine Änderung des Gehalts an Ecu der deutschen Währung gar keine unmittelbare Wirkung.

Nach jeder Änderung der Leitkurse im EWS ergeben sich unter den Partnerwährungen andere obere und untere Interventionspunkte, die die einzelnen Notenbanken gesondert bekanntgeben.

Im Verhältnis zwischen zwei Währungen, die miteinander über feste Wechselkurse verbunden sind, spielt es grundsätzlich keine Rolle, ob die eine Währung aufgewertet oder die andere abgewertet wird. Der belgische Franc ist zum Beispiel dadurch definiert, daß 42,4582 Franc einem Ecu entsprechen. Da gleichzeitig auch 2,05853 DM einem Ecu gleich sind, läßt sich das Verhältnis zwischen belgischem Franc und D-Mark leicht bestimmen: 100 belgische Franc sind 4,84837 DM (Leitkurs). Soll nun der belgische Franc gegenüber der D-Mark eine Abwertung erfahren, so könnte einmal der Gehalt an Ecu des belgischen Franc herabgesetzt werden. Eine Aufwertung der D-Mark bewirkt jedoch den gleichen Effekt. Im System der EWS kann jedoch nicht einfach die D-Mark-Parität um 10 Prozent von 2,05853 DM je Ecu auf nur noch 1,85268 DM herabgesetzt werden. Da die D-Mark mit rund einem Drittel Gewicht im Ecu-Korb enthalten ist, die Ecu-Kurse jedoch untereinander verbunden sind, darf auch ihre Ecu-Parität nur entsprechend ihres Gewichts verändert werden. Die anderen Ecu-Kurse müssen entsprechend neu berechnet werden. Es genügt, wenn der Leitkurs des belgischen Franc gegenüber der D-Mark von bisher 4,84837 DM um 10 Prozent auf noch 4,36353 DM fallen soll, daß die D-Mark-Parität zum Ecu auf 1,924581 DM je Ecu festgesetzt wird, also um rund 7 Prozent niedriger. Denn das Gleichgewicht

126

der EWS-Kurse wird nur aufrechterhalten, wenn gleichzeitig der belgische Franc einen neuen Ecu-Leitkurs von 44,1061 belgische Franc je Ecu erhält. Daraus ergibt sich dann (1,924581 geteilt durch 44,1061 mal 100) ein Kurs von 4,36353 DM für 100 belgische Franc. Auch alle anderen EWS-Korbwährungen müssen entsprechend dem Änderungssatz beim belgischen Franc berichtigt werden, damit das System wieder »stimmt«. Berechnet man danach den neuen Paritätskurs der D-Mark, erhält man exakt jene 1,924581 DM je Ecu, die im Zusammenwirken mit den anderen Leitkursänderungen eine Aufwertung der D-Mark um 10 Prozent bewirken.

Ob jedoch der belgische Franc abgewertet oder die D-Mark aufgewertet wird, ist im Verhältnis zu den anderen Währungen – wie das Beispiel eben zeigte – bedeutsam. Bei einer Aufwertung der D-Mark

Der Tag, als der US-Dollar erstmals die 2-DM-Marke nach unten passierte: 1. März 1978. Tageskurs aus der Zeitung.

Devisen

Frankf. Devisen- markt	Kassa-Markt				Termin-Markt*)		
	28.2.78		1.3.78			1.3.78	
	G	B	G	B	1 Mt.	3 Mte.	6 Mte.
Amsterdam .	93.29	93.51	92.88	93.10	—17.0	—53.0	—98.0
Athen	—	—	—	—	—	—	—
Brüssel	6.417	6.437	6.396	6.416	—1.3	—6.0	—14.0
Helsinki ...	48.69	48.89	48.39	48.59	—	—	—
Kopenh. ...	36.38	36.50	36.12	36.24	—41.0	—121.0	—228.0
Lissabon .	5.030	5.070	5.030	5.070	—	—	—
London	3.930	3.950	3.874	3.894	—1.30	—4.50	—9.90
Madrid	2.525	2.545	2.500	2.520	—1.5	—5.8	—12.8
Mailand** .	2.376	2.396	2.343	2.363	—1.9	—6.1	—12.0
Montreal ..	1.8215	1.8315	1.7850	1.7950	—0.57	—1.92	—4.17
New York .	2.0310	2.0410	1.9870	1.9970	—0.63	—2.17	—4.70
Oslo	38.24	38.36	38.14	38.36	—31.0	—84.0	—155.0
Paris	42.60	42.80	42.29	42.49	—35.0	—106.0	—193.0
Stockholm .	44.04	44.20	43.69	43.85	—25.0	—84.0	—184.0
Tokio	0.8515	0.8545	0.8410	0.8440	+0.12	+0.13	—0.05
Wien	13.870	13.910	13.860	13.900	—7.3	—21.6	—37.4
Zürich	109.03	109.23	111.70	111.90	+32.0	+85.0	+148.0

* Swaps. Mittelwerte in Pf.; + = Aufschlag; — = Abschlag; ** = 1000 Lire

Frankfurter Sorten:	1.3.78			1.3.78	
	G	B		G	B
			Italien	0.230	0.245
Belgien	6.27	6.52	Kanada* ....,	1.75	1.85
Brasilien*	0.10	0.16	Norwegen	37.25	39.25
Dänemark	35.50	37.25	Österreich	13.78	14.02
England*	3.85	4.03	Portugal	4.00	5.75
Finnland	47.25	49.50	Schweden	42.75	44.75
Frankreich . .	41.75	43.75	Schweiz	110.50	113.25
Griechenland .	5.20	6.20	Spanien	2.46	2.61
Holland	92.25	94.00	USA*	1.97	2.06

* = 1 Einheit, alles andere für hundert Einheiten

ändert sich das Austauschverhältnis zwischen belgischem Franc und den anderen EWS-Währungen nicht (deren Ecu-Leitkurse haben sich jeweils um die gleiche Spanne verschoben, so daß in Währungseinheiten ausgedrückt das gleiche Niveau bestehen blieb); bei einer Abwertung des belgischen Franc würde sich das Austauschverhältnis zwischen der D-Mark und den Partner-Währungen nicht ändern.

Da die D-Mark im EWS eine starke Stellung einnimmt, ist auch gegenüber den »floatenden« Kursen, insbesondere also gegenüber dem amerikanischen Dollar, bedeutsam, ob die D-Mark aufwertet oder andere Währungen abwerten. Die D-Mark bestimmt sozusagen das Niveau der EWS-Währungen gegenüber den frei schwankenden Devisenkursen. Für die Änderungen der Leitkurse im EWS kommt es also vielleicht weniger auf die Beziehungen (oder Spannungen) innerhalb des Systems an als vielmehr auf die Wirkungen außerhalb des Währungsblocks. Wegen dieser äußeren Wirkungen sind in der Vergangenheit, schon zu Zeiten der »Schlange«, vom Ausland oft (nur) Aufwertungen der D-Mark gefordert worden. In einem solchen Falle ergibt sich trotz frei schwankender Wechselkurse zumeist nur eine Verschlechterung der deutschen Position, während die anderen Währungen untereinander auf dem gleichen Niveau bleiben.

Es gibt Menschen, die die Kunst beherrschen, Schulden mit Schulden zu bezahlen. Vor allem in gehobenen Finanzkreisen.

Giscard d'Estaing, als er noch Finanzminister war

Die zwei Gesichter der Sonderziehungsrechte

Eine »künstliche Währung« und ihre Aufgaben

An den Devisenbörsen wird eine »Währung« nicht notiert, geschweige denn gehandelt, die immer häufiger in den Spalten der Tageszeitung auftaucht. »Sonderziehungsrechte« heißt dieses Medium, mit dem der Internationale Währungsfonds seinen Mitgliedern finanziell wieder auf die Beine hilft. Im Grunde genommen handelt es sich um nichts anderes als eine internationale Kreditvereinbarung, bei der freilich offenbar kaum jemand daran denkt, wie diese Sonderziehungsrechte eines Tages wieder aus der Welt zu schaffen sind, wie diese Kredite eines Tages wieder getilgt werden sollen. Am Rande einer der jährlich stattfindenden Weltwährungskonferenzen scheint doch wenigstens auf diesem wenig verheißungsvollen Hintergrund ein bißchen Humor geblüht zu haben. Wenn es nicht wahr sein sollte, daß man sich dort überlegt habe, ob man den Sonderziehungsrechten künftig den Namen »Schweitzers« geben könnte, so wäre es doch gut erfunden. Das krampfhafte Bemühen, den Zungenbrecher Sonderziehungsrechte wenigstens sprachlich loszuwerden – Special Drawing Rights ist auch nicht besser –, löste sich dort offenbar in Fröhlichkeit auf, als man meinte, man sollte dem früheren Fonds-Direktor Pierre Paul Schweitzer ein Denkmal setzen. Allerdings kamen dann doch Bedenken auf; für Amerikaner läge dann die Assoziation »Hamburgers« doch zu nahe, für Europäer vielleicht der Schweizer Käse. Dies nun wollte man dem verdienten Mann dann doch nicht antun. Das Wall Street Journal, dem diese Geschichte zu verdanken ist, schlägt selbst – nicht ohne humorigen Einschlag – den Namen »Codpiece« vor, nämlich »Composite Objectively Defined Parity Interrelator and Exchange and Currency Evaluator«, zu deutsch etwa »Objektiv definierter wechselseitiger Paritätsverband und Devisen- und Währungsmaßstab«.

Seit Anfang Juli 1974 werden die Sonderziehungsrechte, so hat der Internationale Währungsfonds mitgeteilt, nach einer neuen Methode bewertet. Nunmehr wird für die Ermittlung des Wertes der Sonderziehungsrechte die »Standardkorb«-Technik angewandt. Aufgrund dieser Maßnahme schwankt der Wert eines Sonderziehungrechtes je nachdem, wie sich die Kurse der in dem Korb enthaltenen 5 Währungen verändern. Da nun aber gleichzeitig Sonderziehungsrechte dazu dienen, den Wert von Währungen festzulegen, sind Unklarheiten über die Bedeutung der neuen Bewertung aufgetreten.

Die D-Mark, die früher an den amerikanischen Dollar gekoppelt war, konnte seit der Wechselkursfreigabe für den Dollar nicht mehr an diesem selbst schwankenden Maßstab gemessen werden. Deshalb war der Wert einer D-Mark in Sonderziehungsrechten festgelegt worden. Bis zum 31. März 1978 galt die Beziehung, daß 0,316792 Sonderziehungsrechte gleich einer D-Mark sind. Umgekehrt bedeutet dies, daß 3,156645 D-Mark einem Sonderziehungsrecht entsprachen. Eine praktische Bedeutung hatte diese Bewertung der D-Mark aber nur gegenüber jenen Währungen, für die innerhalb des europäischen Währungsblocks noch feste Wechselkurse galten. Heute ist die D-Mark an die Europäische Währungseinheit, den »Ecu«, gebunden, der im Prinzip ähnlich aufgebaut ist wie ein Sonderziehungsrecht. Wie aber kann man eine Währung in einer Einheit – Sonderziehungsrecht oder Ecu – definieren, die offenbar selbst schwankend ist? Muß nicht der Wert einer Währung schwanken, weil sich auch die Werte eines Sonderziehungsrechts oder eines Ecu verändern können? Solche Befürchtungen sind unbegründet. Zunächst soll dies für das Sonderziehungsrecht erläutert werden.

Das Sonderziehungsrecht hat nämlich seit dem 1. Juli 1974 zwei Gesichter. Es ist Währungsmaßstab und Transaktionseinheit zugleich. Die erste Funktion besteht darin, daß an dem Sonderziehungsrecht Währungen (wie die D-Mark) gemessen werden können. Was ein Sonderziehungsrecht eigentlich ist, spielt für seine Eignung als Maßstab gar keine Rolle. (Früher war ein Sonderziehungsrecht definiert als eine Menge von 0,888671 Gramm Feingold, wie der amerikanische Dollar. Nach dessen beiden Abwertungen hatte sich bis zur Lösung der Sonderziehungsrechte vom Gold die Relation auf 1,20635 amerikanische Dollar je Sonderziehungsrecht verschoben.)

Bis zur Jahresmitte 1974 hat nun der Internationale Währungsfonds, wenn er unter den Mitgliedsländern Transaktionen in Sonderziehungsrechten vornahm und damit die zweite Funktion, das zweite

Gesicht dieses künstlich geschaffene Reservemediums nutzte, den Wert der Sonderziehungsrechte wie folgt bestimmt: Man ging davon aus, daß 1 Sonderziehungsrecht der Definition nach gleichbedeutend war mit 1,20635 amerikanische Dollar. Dann brauchte man nur noch den Kurs einer Währung gegenüber dem amerikanischen Dollar festzustellen, und schon war festgelegt, welchen Gegenwert in einer bestimmten Währung eine bestimmte Anzahl Sonderziehungsrechte darstellte. Da nun die allermeisten Währungen gegenüber dem Dollar keinen festen, sondern einen frei schwankenden Wechselkurs hatten (und haben), ergab sich auf diese Art und Weise für die gleiche Menge von Sonderziehungsrechten je nach den Währungskursschwankungen eine unterschiedliche Menge in Einheiten einer Landeswährung.

Auch heute kann sich der Wert eines Sonderziehungsrechts, ausgedrückt in einer bestimmten Währung, verändern, aber dies geschieht auf eine andere Art und Weise. Am 28. Juni 1974, beim Übergang der Wertberechnung für das Sonderziehungsrecht auf die neue »Korb-Methode«, entsprach der Dollar-Marktwert der in dem Korb enthaltenen Währungen genau der bis dahin geltenden Relation von 1 Sonderziehungsrecht gleich 1,20635 amerikanische Dollar. In dem Währungskorb, nach dem ein Sonderziehungsrecht bewertet wurde, waren 16 Währungen enthalten; dieser Korbinhalt wurde vom 1. Januar 1981 an geändert. Die Zahl der im Korb enthaltenen Währungen wurde auf fünf verringert; neben dem Dollar sind es D-Mark, Yen, französische Franc und britische Pfund Sterling. Diese Zusammensetzung wurde zuletzt mit Wirkung vom 1. Januar 1986 geprüft. Es blieb bei den fünf Währungen. Allerdings ist die Zusammensetzung des Währungskorbes leicht verändert worden, wobei die Umstellung so erfolgte, daß die Berechnung des Sonderziehungsrechts, in dem jetzt 0,527 DM nach zuvor 0,46 DM enthalten sind, am 31. Dezember 1985 nach alter und nach neuer Berechnung zu demselben Wert führte. Der Währungsfond ermittelt jeden Tag für die im Korb enthaltenen Währungen ihren Marktkurs in amerikanischen Dollar. Die Summe der Dollar-Gegenwerte jedes Teilbetrages ergibt den Wert eines Sonderziehungsrechtes in Dollar. Wie bisher erfolgt dann die Umrechnung in andere Währungen zu den Marktkursen dieser Währungen.

Berechnet man zum Beispiel den Wert eines Sonderziehungsrechtes zum Stichtag 16. Februar 1988, dann lautet dieser auf 1,34762 Dollar gegenüber der ursprünglichen Dollarparität von 1,20635 Dollar. Die Entwicklung auf den Devisenmärkten hat es also mit sich gebracht, daß der Wert des Sonderziehungsrechtes einen höheren Dollargehalt hatte. Die D-Mark ist aufgrund eines Kurses von 0,5837 Dollar je D-Mark (das entspricht umgekehrt 1,7132 DM je Dollar) mit 0,3076 Dollar im Währungskorb für das Sonderziehungsrecht vertreten. Nimmt man nun an, daß sich von allen Währungsverhältnissen nur der Kurs der D-Mark gegenüber dem Dollar ändern würde auf beispielsweise 1,58 DM je Dollar – was eine Aufwertung gegenüber dem Stand vom 16. Februar 1988 (1,7132 DM je Dollar) bedeuten würde –, so würde die D-Mark mit 0,3335 Dollar in den Wert des Sonderziehungsrechtes eingehen und dessen Dollarwert auf 1,3736 Dollar erhöhen. Rechnet man nun den Wert des Sonderziehungsrechtes in D-Mark um, so ergibt sich, daß dann ein Sonderziehungsrecht 2,1702 (1,3736 mal 1,58) DM entspräche gegen vorher 2,3087 (1,34762 mal 1,7132) DM.

Die Bewertung der Sonderziehungsrechte mit Hilfe des Währungskorbes führt also dazu, daß bei einer Aufwertung einer in dem Korb enthaltenen Währung der Aufwertungseffekt gebremst wird, wenn Sonderziehungsrechte in diese Währung umgerechnet werden. (Der Kursrückgang von 1,7132 auf 1,58 DM je Dollar ist stärker als die Werteinbuße des Sonderziehungsrechts in DM von 2,3087 auf 2,1702 DM.) Umgekehrt wird bei einer Abwertung einer Korb-Währung auch der Abwertungseffekt bei einer Umrechnung von Sonderziehungsrechten in diese Währung gebremst.

Ein schwankender Wert für das Sonderziehungsrecht, soweit es Transaktionseinheit ist, stellt keine Neuerung dar. Schon seither bedeutete der feste Wert von 1,20635 Dollar je nach dessen Schwankung auf dem Devisenmarkt in einer anderen Währung etwas anderes. (Auch die Goldmenge eines Sonderziehungsrechtes half nicht weiter, weil der Wert des Goldgehaltes des Sonderziehungsrechts umgerechnet in irgendeine Währung ebenfalls schwanken konnte.) Die »Standardkorb«-Technik ist also nur eine spezielle Bewertungstechnik. Sie glättet größere Veränderungen im Umrechnungswert der Sonderziehungsrechte in den Fällen, in denen Korbwährungen im Kurs schwanken. Gegenläufige Entwicklungen heben sich dabei auf. Aber selbst stark schwankende Wechselkurse zum Beispiel der D-Mark wie in den Beispielrechnungen wirken nur begrenzt, weil der Anteil der D-Mark am Korb nur ursprünglich 19 Prozent beträgt. Alle anderen Währungen außer dem Dollar selbst (42 Prozent Anteil) haben sogar noch geringeren Einfluß (je 13 Prozent). Diese Gewichtsanteile wurden übrigens auch wieder am Tag der Umstellung 1985/86 verwirklicht.

Die Europäische Währungseinheit Ecu besteht aus den Währungen der Gemeinschaft. Die Zusammensetzung, das »Mengengerüst«, ist festgelegt auf 0,719 DM zuzüglich 0,0878 britische Pfund Sterling, 1,31 französische Franc, 140 italienische Lire, 0,256 holländische Gulden, 3,71 belgische Franc, 0,14 luxemburgische Franc (die im Wert den belgischen Franc entsprechen), 0,219 dänische Kronen sowie 0,00871 irische Pfund. Aufgrund der vereinbarten Leitkurse und der Kurse der einzelnen Währungen zum Ecu gilt seit dem 12. Januar 1987 eine Beziehung von 2,05853 DM je Ecu beziehungsweise 0,485784 Ecu je D-Mark. Bei der Einführung des EWS am 13. März 1979 hatte die Parität bei 2,51064 DM gelegen. Das Gewicht der D-Mark im Korb hat sich seit der Gründung des EWS also erhöht.

Die europäische Kunstwährung Ecu hat lange Jahre ein Schattendasein gefristet, auch wenn sie erstaunlich früh und erstaunlich häufig als Anleihewährung benutzt wurde. Erst mit Wirkung vom 16. Juni 1987 an hat die Deutsche Bundesbank ihre Vorbehalte gegenüber dem Ecu aufgegeben. Sie hat den Ecu währungsrechtlich den »richtigen« Fremdwährungen gleichgestellt. Seither können Gebietsansässige bei Kreditinstituten im Inland Konten errichten und führen lassen, die auf Ecu lauten. Private können ferner bestimmte Kredite in Ecu aufnehmen; früher war es nur erlaubt, Forderungen, die auf Ecu lauteten, zu erwerben.

Der Ecu bleibt freilich eine abstrakte Angelegenheit. Er wird nicht an den Devisenbörsen gehandelt. Belgien hat zwar eine auf Ecu lautende Münze ausgegeben, und vielleicht gibt es auch einmal Ecu-Geldscheine. Vorerst sind Ecu-Münzen noch Sammelobjekte und tauchen im Zahlungsverkehr des täglichen Lebens nicht auf. Im internationalen Geschäft der europäischen Banken hatte der Ecu allerdings im März 1987 nach Angaben der Bundesbank einen Anteil von gut vier Prozent, immerhin mehr als das britische Pfund Sterling und der französische Franc. Die wichtigste Währung war der amerianische Dollar (Anteil 55 Prozent) vor der D-Mark (15 Prozent).

Neuer Gruß in Finanzkreisen: Bleib gesund und zahlungsfähig.
(Gehört auf der Frankfurter Börse nach einer Gerüchtewelle über Bankpleiten)

Woher Verluste bei Devisen-Termin-Geschäften stammen können

Schlüsselwort »offene Position«

Devisen-Termin-Geschäfte, so liest man in den Handbüchern, dienen der Sicherung gegen Kursverluste. Wie also, so wird sich jedermann fragen, können überhaupt Verluste aus solchen Geschäften entstehen und gar ein solches Ausmaß annehmen, daß eine Privatbank respektabler Größe, wie das Bankhaus I. D. Herstatt KGaA, deshalb ihre Schalter schließen muß? Die Antwort lautet, daß nicht die Devisen-Termin-Geschäfte als solche für Verluste verantwortlich sein können, sondern, wie man in Bankkreisen sagt, »offene Positionen« im Währungsbereich. Solche offenen Positionen können aber nicht nur aus Devisen-Termin-Geschäften herrühren, sondern genausogut aus Devisen-Kassa-Geschäften und auch aus anderen Tätigkeiten der Bank im Auslandsgeschäft.

Offene Position ist der Nettobetrag an Guthaben oder Forderungen in ausländischer Währung. Da sich der Gegenwert dieser offenen Währungspositionen, ausgedrückt in D-Mark, wegen der frei schwankenden Währungskurse täglich ändern kann, liegt darin ein Risiko. Dieses Risiko ist nur dann ausgeschaltet, wenn keine »offene« Position besteht, wenn sich also bei einer Bank die Forderungen und Verbindlichkeiten in ausländischer Währung zu jeder Zeit ausgleichen. Nur dann sind die durch eine Änderung des Wechselkurses entstehenden Verluste oder Gewinne gleich hoch und gleichen sich aus. Aus vielerlei Gründen ist aber ein jederzeitiger vollständiger Ausgleich der Währungsposition bei einer Bank weder möglich (aus technischen, in der Art der Handelsabwicklung liegenden Gründen) noch erwünscht (aus Ertragsgründen). Worauf es ankommt, ist lediglich, die Höhe der jeweils offenen Positionen in den gewünschten und erforderlichen Grenzen zu halten.

Eine offene Position aus einem Devisen-Kassa-Geschäft kann sich sehr einfach ergeben: Ein Kunde verkauft seiner Bank eine bestimmte Summe von amerikanischen Dollar, die Bank verkauft diese Dollar aber erst einen Tag später an einen anderen Kunden. Die Bank hält also über Nacht einen Dollarbestand. Sie wird aufgrund dieser Tatsache einen Gewinn erzielen, wenn der Dollar-Kassa-Kurs am Tag des Verkaufs höher ist als zuvor. Umgekehrt entsteht der Bank aber ein Verlust aus dem Besitz der offenen Dollarposition, wenn der Devisen-Kassa-Kurs am nächsten Tag niedriger sein sollte. Ob die Bank also einen Gewinn oder einen Verlust erleidet, hängt von der richtigen Einschätzung der Devisen-Kurs-Entwicklung ab. Das Ausmaß des Gewinnes oder des Verlustes bestimmt sich nach der Höhe, die die offene Position, hier der Besitz an Dollar, hat.

Was Devisen-Termin-Geschäfte angeht, so können diese zum Beispiel folgenden Hintergrund haben: Ein Exporteur weiß, daß er aus einem Verkauf an einen ausländischen Kunden in drei Monaten einen Betrag von drei Millionen amerikanische Dollar erhalten wird. Der Exporteur kann diesen Geldeingang abwarten und die Dollar nach Erhalt zum dann geltenden Tageskurs am Kassa-Markt in D-Mark umtauschen. Da es aber unsicher ist, welcher D-Mark-Betrag in drei Monaten für die Dollar erlöst werden wird, kann der Exporteur auch versuchen, einen Interessenten, etwa einen Importeur, zu finden, der in drei Monaten eine Dollarzahlung zu leisten hat und der ihm daher die Abnahme der Dollar in drei Monaten fest zusagt. Dabei wird für diese »Termin-Dollar« schon heute ein bestimmter Kurs vereinbart, der über oder unter dem aktuellen Devisen-Kassa-Kurs liegen kann. Beide Partner haben dabei den Vorteil, schon heute zu wissen, mit welchem D-Mark-Betrag sie in drei Monaten rechnen können, der eine als Einnahme (Exporteur), der andere als Ausgabe (Importeur).

Ein solches »klassisches« Devisen-Termin-Geschäft zwischen Exporteur und Importeur ist jedoch – selbst bei Einschaltung von Kreditinstituten – nicht die Regel. Denn erstens ist, aufs Ganze der Wirtschaft gesehen, der Bedarf der deutschen Importeure an Fremdwährungen geringer als der Betrag, der aus Exporten zur Verfügung steht. Der Markt ist also der Menge nach im Ungleichgewicht. Hinzu kommt, daß es die Kursentwicklung in der Vergangenheit – zum Beispiel beim Dollar – lange Jahre ratsam erscheinen ließ, Dollar möglichst spät zu kaufen, weil sie gegenüber der D-Mark tendenziell oft billiger geworden sind. Deshalb wird das Devisen-Termin-Geschäft in aller Regel auf Umwege über die Geldmärkte abgewickelt.

Der Exporteur verkauft dabei die Termin-Dollar an seine Bank.

Die Bank übernimmt in diesem Beispiel die Verpflichtung, in drei Monaten drei Millionen Dollar zu einem jetzt bestimmten Kurs abzunehmen. Da die Banken zum gleich späteren Zeitpunkt ihrem Kunden für die Dollar D-Mark gutschreiben muß, eröffnen sich für die Bank unterschiedlich risikoreiche Verhaltensmöglichkeiten. Die Bank könnte erstens der Ansicht sein, in drei Monaten liege der Dollarkurs am Kassamarkt über jenem Kurs, den sie bereits heute mit dem Kunden für das Termingeschäft vereinbart hat. Wäre dies der Fall, dann würde die Bank die Dollar von dem Kunden billiger einkaufen, als sie sie nach Eingang am Kassamarkt sogleich verkaufen könnte. Die Bank würde aus der Differenz der Währungskurse einen Gewinn erzielen. Wickelt sie das Geschäft auf diese Weise ab, so spekuliert sie auf einen steigenden Dollarkurs. Sie würde einen Verlust erleiden, wenn der Kassakurs entgegen der Erwartung in drei Monaten unter dem vereinbarten Kurs für das Termingeschäft läge.

Die Vergangenheit hat gezeigt, daß das Währungskurs-Risiko binnen kurzer Zeit leicht 20 Prozent oder sogar mehr betragen kann. Diesem Währungskurs-Risiko, das in einem Devisen-Termin-Geschäft wegen einer übernommenen Abnahmeverpflichtung einer Fremdwährung zum bereits fixierten Kurs liegt, wird daher – zweitens – ein Gegengeschäft zugesellt. Die Bank verkauft zur Ausschaltung des Währungsrisikos Dollar am Kassamarkt. Die Bank hat jetzt sowohl eine Lieferverpflichtung in Dollar (aus dem Kassaverkauf) wie auch eine Abnahmeverpflichtung für Dollar (in drei Monaten vom Exporteur). Damit dieses Geschäft »glattgestellt« wird, muß die Bank jetzt noch – drittens – die Zeitdifferenz in der Dollar-Position (Verkauf jetzt, Eingang später) überbrücken. Das geschieht dadurch, daß sie für diese Zeit, in unserem Beispiel also für drei Monate, einen Dollarkredit aufnimmt. Die geliehenen Dollar verwendet sie zur Erfüllung ihrer Lieferverpflichtung in Dollar (aus dem Kassa-Verkauf). Die Rückzahlung des Dollarkredits erfolgt aus dem Betrag, den der Exporteur in drei Monaten an die Bank zahlt.

Der Dollarkredit kostet die Bank natürlich Zinsen. Andererseits erhält sie für die am Kassamarkt verkauften Dollar einen Gegenwert in D-Mark, den sie während der gleichen Zeit zinsbringend anlegen kann. Was ein solches Absicherungsgeschäft »kostet«, hängt also außer von der Entwicklung der Währungskurse auch davon ab, ob eine Zinsdifferenz auf den maßgebenden Geldmärkten für Währungskredite besteht und wie groß diese ist. Da sich jedoch die Devisenkassakurse, die Devisenterminkurse und die Zinssätze für die Währungen auf dem Geldmarkt aufeinander abgestimmt verändern, ist das Risiko bei einem derart abgesicherten Devisen-Termin-Geschäft relativ gering. Eine Zinsdifferenz zwischen D-Mark und amerikanischem Dollar von fünf Prozentpunkten ist schon recht hoch. Gerechnet auf den absoluten Betrag eines Termingeschäftes auf drei Monate würde eine solche Zinsdifferenz aber nur 1,25 Prozent ausmachen.

Mit einem nennenswerten Risiko kann ein Devisen-Termin-Geschäft also nur dann behaftet sein, wenn offene Positionen bestehen, wenn also die Erwartung einer bestimmten Entwicklung des zukünftigen Devisenkassakurses die Akteure zu daran ausgerichteten Dispositionen verleitet. Nimmt man etwa an, daß der Kassakurs für den Dollar in drei Monaten höher sein wird als heute, dann gibt es zwei Wege, darauf zu spekulieren. Man kann sich heute Kassa-Dollar kaufen, diese drei Monate verzinslich anlegen und sie in drei Monaten wieder am Kassamarkt verkaufen. Ist der Kurs tatsächlich gestiegen, dann wird außer den Zinseinnahmen auch noch ein Währungskursgewinn erzielt. Man kann sich aber auch heute Dollar per Termin kaufen und diese dann, wenn das Geschäft fällig wird, am Kassamarkt verkaufen. Das Ergebnis dieses Geschäftes ist das gleiche wie in dem zuerst genannten Fall, es unterscheidet sich jedoch in einem wesentlichen Punkt von dem erstgenannten Spekulationsgeschäft. Bei dem spekulativen Kauf der Termin-Dollar braucht man nämlich keine eigene Liquidität einzusetzen. Die Erfüllung des Termingeschäftes und ein gleichzeitiger Verkauf am Kassamarkt gleichen sich bis auf die Kursdifferenz aus. Diese Differenz kann aber auch ein Verlust sein.

Ähnliche Überlegungen gelten, wenn statt steigender zukünftig fallende Dollar-Kurse erwartet werden; nur werden dann die Geschäfte »in der anderen Richtung« vorgenommen. Das Bundesaufsichtsamt für das Kreditwesen hat (nach Herstatt) einen neuen »Grundsatz Ia« formuliert, den die Kreditinstitute bei Geschäften in fremder Währung beachten müssen. Der Grundsatz beschränkt die offene Position auf 30 Prozent des haftenden Eigenkapitals.

Wenn einer eine Reise tut

Sorten: Spekulationen hinter dem Komma

Die wenigsten Auslandreisenden sind sich darüber im klaren, daß ihre finanziellen Dispositionen nachhaltige Wirkungen haben können, daß ihre Ausgaben eines Tages in offiziellen Statistiken wiederzufinden sind und daß sie mit ihren Transaktionen ein Zipfelchen des hochnervigen Devisenmarktes berühren. Wer als Deutscher in Venedig auf dem Markusplatz einen Kaffee trinkt, trägt eben dazu bei, internationale Finanzströme in Gang zu setzen, und leistet hierzu einen eigenen, wenn auch verschwindend geringen Beitrag. Denn im Zweifel zahlt er in italienischen Lire, und die muß er sich erst einmal durch Tausch gegen seine D-Mark besorgen. Überall da, wo sich Reisende zusammendrängen, fällt deshalb in vielen Sprachen das Schild »Geldwechsel« ins Auge. Es ist auf Flughäfen ebenso zu sehen wie in Häfen oder den großen Bahnhöfen.

Wechselstuben: Fremdes Geld als Ware

Freitag, halb sieben. Fast herrscht Ruhe in der riesigen Bahnhofshalle. Ein paar frühe Pendler trotten bleich und unauffällig ihren Slalom durch die Kehrkolonnen – wer so früh kommt, hat Hetze noch nicht nötig. Irgendwo zischt ein Ventil. Irgenwo klingt Stahl auf Stahl. Drüben am Tisch vor dem Schnellimbiß kippt einer den ersten »Kurzen« in den Kaffee. Der Dollar notiert Ankauf 1,76 DM, Verkauf 1,86 DM. So steht es auf der Tafel vor der Wechselstube. Exakt um 6.30 schließt der Kassierer die beiden Flügeltüren auf.

An rund 70 Plätzen im gesamten Bundesgebiet und in Westberlin gehören solche Wechselstuben der Deutschen Verkehrs-Kredit-Bank, einer Tochtergesellschaft der Deutschen Bundesbahn, oder werden von ihr über Agenturen betrieben. Sie machen zusammen einen Umsatz von über eineinhalb Milliarden DM im Jahr, das sind fast 9 Millionen Einzelgeschäfte. München ist der umsatzstärkste Platz, dann folgt Frankfurt.

Wem wäre es nicht schon so ergangen: Frohen Mutes kehrt der Urlauber aus Spanien zurück oder vom Skifahren in den Schweizer Bergen. Er hat noch ein paar Peseten in der Tasche oder Fränkli, die er wieder in D-Mark zurücktauschen will. Am Schalter der Bank wird seine Nachurlaubsfreude dann meistens nachhaltig gedämpft: Er bekommt nämlich, obwohl sich der Devisenkurs seither nur um Bruchteile verändert hat, in D-Mark bedeutend weniger zurück, als er für dieselbe Summe ausländischen Geldes bezahlt hat.

Auf einer Tafel im Fenster der Bank steht unter »Verkauf« sein damaliger Wechselkurs und unter »Ankauf« sein jetziger. Den Devisenkurs aus der Zeitung sucht er vergebens. Beim Studium der unterschiedlichen An- und Verkaufskurse steigt in ihm Ärger auf. Allein 10 Pfennig beträgt der Unterschied zwischen An- und Verkaufskurs beim Dollar, das sind rund fünf Prozent auf den Verkaufspreis. Bei der italienischen Lira oder den spanischen Peseten ist die prozentuale Spanne noch wesentlich größer. Waren die Unterschiede denn schon immer so groß? Oder sind sie erst in den letzten Jahren gewachsen, fragt sich der Kunde am Schalter. Steckt die Bank den Differenzbetrag einfach ein? Und was hat eigentlich der Devisenkurs mit dem Schalterkurs zu tun?

Was hat es nun mit diesen verwirrenden Kursen und den Unterschieden zwischen An- und Verkaufspreisen auf sich? Daß dem Reisenden nicht zum Devisenkurs abgerechnet wird, hat seinen Grund in den unterschiedlichen Formen von fremdem Geld. Der Oberbegriff für fremde Währungen heißt Devisen. Er umfaßt alle Zahlungsanweisungen oder Guthaben, die im Ausland zahlbar sind. Dazu zählen Wechsel, Schecks, aber auch Münzen und Banknoten. Fremdländisches Geld, speziell in Banknoten und Münzen, sind sogenannte Sorten. Dementsprechend gibt es auch zwei verschiedene Märkte, an denen das Geld verschiedener Länder gehandelt wird.

Am Devisenmarkt wird bargeldlos gehandelt. Täglich werden durch Zuruf auf den Börsen oder am Telefon in Sekundenschnelle Millionen- und Milliardenbeträge in internationalen Währungen ge- und verkauft. Dabei wechselt nicht eine einzige Münze den Besitzer, kein Schein verläßt irgendwo in der Welt einen Tresorraum. Der Handel ist völlig abstrakt. Die Buchungsmaschine ersetzt das Portemonnaie oder die Geldkassette. Von diesem Handel sind Privatpersonen ausgeschlossen. Ganz anders am Markt für Sorten. Daran beteiligt sich jeder, der eine fremde Banknote oder Münze kauft oder verkauft: Banken, Sparkassen, Wechselstuben und auch die Reisenden. Die Hauptrolle spielen dabei die Banken. Sie handeln untereinander und bedienen ihre Kunden. Beim Sortenhandel unter Banken werden die fremden Noten im Gegensatz zum Devisenhandel tatsächlich, wie eine ganz gewöhnliche Ware, unter den beteiligten Instituten hin- und hertransportiert. Auf dem Postweg oder in gepanzerten Autos werden täglich Millionen fremder Banknoten an- und abgeliefert. Die Zentralen der Kreditinstitute beliefern auf Anforderung ihre Filialen oder Niederlassungen. Intern werden dabei Kurse zugrunde gelegt, deren Spanne geringer ist als die gegenüber den privaten Kunden. Im Notenhandel unter Banken spielt natürlich genauso wie am Devisenmarkt auch die Spekulation eine gewisse Rolle. Grundsätzlich dient dieser Markt aber der Versorgung der Finanzinstitute untereinander.

Allgemein hängt der Bedarf an Sorten sehr stark vom saisonalen Reiseverkehr ab. Während zum Beispiel im Sommer die Nachfrage nach Währungen der Mittelmeerländer hoch ist, steigt im Winter die Nachfrage nach Währungen der Wintersportländer. Umgekehrt werden den Instituten zum Beispiel häufig holländische Gulden von durchreisenden Niederländern angeboten, für die aber hierzulande nur ein recht geringer Bedarf besteht. Nur in seltenen Fällen gleicht sich die Nachfrage und das Angebot der Privatkundschaft aus. Die Banken müssen also entweder überschüssige Noten in das Ursprungsland zurückschicken, wo der Betrag zum jeweiligen Devisenkurs auf ihren Konten gutgeschrieben wird, oder sie müssen die hier benötigten Währungen auch aus dem fremden Land beziehen. Die Gutschrift der Noten zum jeweiligen Devisenkurs ist eine der Nahtstellen zwischen Devisenmarkt und Sortenmarkt.

Wie setzt sich nun die Spanne zwischen An- und Verkaufskurs am Schalter zusammen? Wie jeder Kaufmann handeln auch die Banken und Wechselstuben nach dem Prinzip billiger einkaufen und teurer verkaufen, wie sollte es auch anders sein. Aus dem Unterschied zwischen Verkaufspreis und Einkaufspreis decken sie ihre Kosten und erhalten einen gewissen Gewinn. Insofern unterscheidet den Handel mit Banknoten nichts vom Handel mit Milch, Butter oder Käse. Die Banken sind Händler, die eine Ware aufbewahren (ausländisches Geld) und für ihre Verteilung an die Kunden sorgen.

Die Spanne zwischen An- und Verkaufspreis hat sich nun aber in den letzten Jahren ständig vergrößert, und das macht manchen Kunden stutzig. Während der Unterschied vor zehn Jahren beim Dollar zum Beispiel nur rund 6 Pfennig betrug, waren es seitdem zeitweise bis zu 13 Pfennig. Die Banken zählen eine ganze Reihe von Gründen auf, warum dies so sein muß. Da sind zunächst einmal die allgemeinen Kosten des Bankbetriebes, die in der letzten Zeit kräftig gestiegen sind. Der Sortenhandel ist Teil des allgemeinen Bankgeschäftes und trägt dementsprechend auch zu den steigenden allgemeinen Kosten bei. Eine genaue Zurechnung, wieviel des Kostenblocks auf den Handel mit Banknoten entfällt, ist allerdings nicht möglich. Hinzu kommen die speziellen Kosten für den Notenhandel, die ebenfalls kräftig gestiegen sind. Das sind etwa Transportkosten, Versicherungsprämien, aber auch die Kosten zum Ausdrucken der Kursblätter. An jedem Geschäftstag wird um 12.00 Uhr bei den Banken der Sortenkurs festgestellt. Diesen Kurs stellt jedes Institut für sich selbst fest und gibt ihn in Form von gedruckten Kurszetteln an seine Filialen und Niederlassungen weiter. Manchmal, bei hektischen Schwankungen an den Devisenmärkten, wird dieser Kurs im Laufe eines Tages noch einmal neu festgesetzt und wiederum an die einzelnen Geschäftsstellen weitergegeben. Grundlage der Sortenkursfeststellung ist der Devisenkurs, nur daß die An- und Verkaufskurse im Sortenhandel eben viel weiter auseinander liegen als bei den Devisenkursen. Aber im Devisenhandel sind ja auch die anfallenden Kosten, gemessen an den Milliarden-Umsätzen, sehr viel geringer.

Erheblich ins Gewicht fallen bei den Kosten die entgangenen Zinserträge für die Lagerhaltung der Banknoten. Die Banken müssen einen gewissen Betrag in fremden Noten auf Vorrat halten. Genauso wie auch beim Supermarkt immer mehr Büchsen im Regal stehen, als jeden Tag verkauft werden. Das Geld im Tresor bringt aber keine Zinsen. Auch diese entgangenen Gewinne sind in der Spanne zwischen An- und Verkaufskurs berücksichtigt.

Zur Begründung der größeren Spanne verweisen die Sortenhändler bei den Banken auch häufig auf das gestiegene Risiko seit der Freigabe der Wechselkurse. Während sich die Wechselkurse früher nur in einem sehr engen Band bewegten, können heute schon innerhalb von Stunden starke Kursveränderungen an den Devisenmärkten auftreten, die dann auch die Kurse der Sorten beeinflussen. Diese Schwankungen, so heißt es, müßten von der Spanne aufgefangen werden. Sollte das tatsächlich zur Erweiterung der Spanne beigetragen haben, das Risiko also einfach in Form von niedrigeren Ankaufskursen und höheren Verkaufskursen an die Kundschaft weitergegeben werden, so wäre dies eine sehr ungerechtfertigte Entwicklung. Denn einmal ist es Sache des Handels, das heißt in diesem Fall der Banken, Risiko zu übernehmen, und zweitens ergeben sich durch die Kursschwankungen nicht nur Verluste, sondern auch Gewinne, an denen der Kunde aber keineswegs teilnimmt.

Als Argument für die größeren Spannen bleiben, sieht man einmal von der Forderung nach einer höheren Gewinnmarge ab, die durchaus legal wäre, die gestiegenen Kosten übrig. Das Ausmaß der Kostensteigerung ist aber nicht zu überprüfen, denn der Sortenhandel zählt, wie gesagt, zu dem gesamten Kostenblock und läßt sich nicht herausrechnen. Wieviel der Schalterbeamte zum Beispiel von seiner Arbeitszeit für den An- und Verkauf von Sorten nutzt, läßt sich nicht genau feststellen. Dementsprechend läßt sich auch nicht sagen, ob die Gewinne der Banken aus dem Sortenhandel in den letzten Jahren auf Kosten der Kunden gestiegen sind. Welcher Teil der Spanne Gewinn ist und welcher Teil die Kosten deckt, ist nicht auseinanderzudividieren.

Die Banken weisen die Gewinne aus dem Sortenhandel im Jahresabschluß nicht gesondert aus. Sie sind in dem Posten Provisionen und andere Erträge aus Dienstleistungsgeschäften enthalten. Daß der Sortenhandel aber ein recht einträgliches Geschäft ist, geben auch Bankenvertreter ohne Zaudern zu. Dazu tragen vor allem auch die durch die gestiegene Reisefreudigkeit und durch die Gastarbeiter stark in die Höhe geschnellten Umsätze bei. Allein eine der drei großen Banken setzt im Jahr für über eine Milliarde DM ausländische Banknoten am Schalter um.

Welche Möglichkeiten hat nun der Kunde gegenüber der Bank, um seine Stellung zu verbessern? Er sollte vor allem wissen, daß der Kurs der Sorten am Markt gemacht wird, an dem er unmittelbar teilnimmt. Es gibt keinen richtigen oder falschen Kurs. Es gilt immer nur der, den ein Kunde bereit ist zu zahlen. Bei größeren Beträgen kann es sich durchaus lohnen, in Verhandlungen mit der Bank zu versuchen, den Preis für fremdes Geld zu drücken. Außerdem sollten die Reisenden auf jeden Fall die Notenkurse verschiedener Institute vergleichen, die durchaus Abweichungen zeigen können. Man sollte sich jedoch auch darüber im klaren sein, daß wegen der der Bank entstandenen Kosten auch die Einengung der Spanne zwischen An- und Verkaufskurs sehr schnell ihre Grenze erreicht.

Die Kassierer der Wechselstuben werden besonders auf das Erkennen von gefälschten Schecks und Falschgeld geschult. Schulung, Erfahrung und eine kriminalistische Spürnase an der Kasse sind dringend nötig. In einer größeren Filiale vergeht keine Woche, in der nicht eine oder mehrere Betrügereien versucht werden, meistens Scheckfälschungen. Die Tricks sind hoch entwickelt: Da tritt ein junger Mann mit leidendem Gesichtsausdruck an den Schalter, sein Arm ist bandagiert, er kann den Scheck nur sehr krakelig unterschreiben. Leider hat der Kassierer dafür kein Verständnis, und er hatte recht damit. Die Schecks waren gestohlen. Auch Unterschriften mit einem allzu breiten Filzschreiber können Verdacht erregen, darunter kann sich nämlich eine andere Unterschrift verbergen. Manchmal verrät dem aufmerksamen Kassierer sogar der Akzent den faulen Kunden. Wenn der Name auf der Scheckkarte nämlich typisch deutsch ist, der «Deutsche» seine Muttersprache aber nur gebrochen beherrscht.

Frankfurt, genauso wie Berlin, Hamburg, Köln und München, Städte mit Flughäfen, sind für solche und ähnlich dunkle Geschäfte natürlich ein bevorzugter Platz. Die Gauner kommen morgens am Flughafen an, erklären Bankexperten, und abends sind sie wieder weg. Häufig hat die Polizei im Wettlauf mit dem Jet dann das Nachsehen. Bei Falschgeld handelt es sich meistens um Dollarnoten in Beträgen von zehn bis zu einigen Hundert Dollar. Oft werden sie von Leuten eingetauscht, die selbst nicht wissen, daß es Falschgeld ist.

Die Wechselstuben kaufen und verkaufen so ziemlich alles gültige Geld, das es auf der Welt gibt. In der Kursliste finden sich gut 160 Währungen. Albanien, Kuba und die Volksrepublik Mongolei sind nicht dabei, aber Neukaledonien, Brunei, die Fidschi-Inseln und Surinam. Am meisten werden Dollar gewechselt, erst dann folgen die großen Reisewährungen Lira, Schilling und Franc. Bei Ländern mit

Devisenbeschränkungen erhält der Abrechnungsbon einen Stempel mit dem entsprechenden Hinweis.

Das Wechselgeschäft betreibt die Deutsche Verkehrs-Kredit-Bank schon seit 1923. Zu Beginn der dreißiger Jahre wurden in 38 Wechselstuben zwanzig europäische und überseeische Währungen gehandelt. Außer Bargeld kann man heute auch fast jede Art von Schecks einlösen, ein umsatzstarkes Geschäft, das sich durchaus günstig auf die Ertragsrechnung auswirkt. Einige Tausend Schecks am Tag sind die Regel. Die Deutsche Verkehrs-Kredit-Bank kauft auch Münzen an, mit einem Abschlag von 15 Prozent.

Immer wieder erstaunlich ist, wie leichtfertig die Leute mit ihrem Geld umgehen, und das auch noch auf einem so heißen Pflaster wie zum Beispiel einem Großstadtbahnhof. Nachzählen tun die wenigsten. Bei manchen reicht als Portemonnaie ein kleiner roter Gummi. Dreißig-, vierzig-, ja über hunderttausend DM werden zusammengewurstelt und verschwinden in der äußeren Sakkotasche, als sei es ein Päckchen Erdnußkerne. Um 16.25 Uhr versucht jemand, eine falsche Zehn-Dollar-Note loszuwerden. Die Bahnpolizei ist schnell zur Stelle. Kurz vor 22.00 Uhr giggeln zwei kleine Französinnen in der Schalterhalle. Sie sind die letzten Kunden. Draußen in der riesigen Halle ist es schon fast wieder ruhig.

Zu den unerläßlichen Vorbereitungen, die eine Reise in das Ausland erfordert, gehört die Antwort auf die Frage, wieviel Geld in welcher Währung in welcher Form mitgenommen werden sollte. Da für diese Frage – leider – keine allgemeingültige Lösung gefunden werden kann, setzt die Beschäftigung mit den unvermeidlichen Einzelheiten die Reisenden je nach Temperament in Aufregung, Verzweiflung oder prickelnden Eifer bei dem Versuch, die beste Wahl zu treffen.

Noch am einfachsten läßt sich die Menge an Geld bestimmen, die für eine Reise erforderlich sein wird, wobei die Möglichkeit, unvorhergesehene Ausgaben decken zu können, bedacht sein will: Autofahrern ist ein Kreditbrief geläufig, der für solche Fälle zu empfehlen ist.

Wesentlich schwieriger fällt das Urteil über die Währung, in der das Reisegeld bereitgehalten werden sollte. Besonders interessiert hier, ob die heimische D-Mark oder die Währung des Ziellandes, gegebenenfalls die Währungen aller Zielländer, bevorzugt werden sollte. Zuerst wird die Wahl der Währung vom Reiszielland bestimmt. Trotz der weltweiten Hochschätzung, die unsere D-Mark genießt, gibt es Gegenden, in denen andere Währungen, zum Beispiel der amerikanische Dollar, viel besser weiterhelfen. Hier gilt die Faustregel: Je exotischer das Land, desto weniger angebracht ist die D-Mark.

Erfahrene Reisende denken ohnehin daran, daß etwas Kleingeld in der Währung des Ziellandes immer angebracht ist; Gepäckträger, Flughafenbus, Taxi, Telefon oder Zeitung sind im Ausland schwierig mit Mark-Banknoten zu bezahlen. Außerdem ist zu bedenken, wann überhaupt die erste Möglichkeit des Umtausches deutscher Währung im Zielland besteht. Gerade Kreditinstitute haben die unterschiedlichsten Öffnungszeiten (von Streiks, die in gewissen Ländern durchaus zur Tagesordnung gehören können, ganz zu schweigen). Unter diesen Umständen ist, abgesehen von allen anderen Erwägungen, die Mitnahme eines angemessenen Betrages an Fremdwährung zu empfehlen.

Geht die Reise über Europa hinaus oder werden mehrere Länder mit unterschiedlichen Währungen besucht, hat sich die Mitnahme einer Reihe von amerikanischen Ein-Dollar-Noten bewährt. Dieser Betrag von umgerechnet mehr oder weniger zwei Mark ist handlich genug; vor allen Dingen kann man es notfalls auch verschmerzen, wenn der Partner auf diesen Schein nicht herausgeben kann (oder nicht will). Da allerdings nicht in jeder deutschen Bankfiliale immer genügend Ein-Dollar-Noten vorrätig sein dürften, sollte der Bedarf rechtzeitig genug vorher angekündigt werden.

Die Wahl der Währung für das Reisegeld hängt dann zweitens von den Kosten ab: Wo ist es günstiger, D-Mark einzutauschen, in der Bundesrepublik oder im Ausland? An dieser Stelle hören die Möglichkeiten der allgemeinen Ratschläge auf. Denn es kommt eben darauf an, und zwar zunächst auf die Entwicklung der Devisenkurse. Das Austauschverhältnis unserer Währung zu ausländischen Währungen liegt nämlich nur in wenigen Fällen fest. Nur gegenüber den Ländern, die dem »Europäischen Währungssystem« angehören, bestehen feste Kurse. Gegenüber allen anderen Währungen, insbesondere gegenüber dem amerikanischen Dollar, dem Schweizer Franken und dem englischen Pfund, ist der Kurs freigegeben, er »floatet«. Das

146

heißt, daß der Wert der D-Mark gegenüber diesen Währungen stetig steigen oder fallen kann oder in nicht vorhersehbarer Weise schwankt.

Freilich kann sich auch das Austauschverhältnis der D-Mark gegenüber den EWS-Währungen ändern, dann nämlich, wenn die D-Mark formell auf- oder abgewertet wird. Die »normalen« Kursschwankungen, die es auch gegenüber diesen EWS-Währungen gibt, sind eng begrenzt; die beteiligten Notenbanken sorgen dafür, daß diese Grenzen nicht überschritten werden.

Vor allem der frei schwankende Wechselkurs für die D-Mark macht die Entscheidung so schwierig, welche Währung auf einer Reise bevorzugt werden sollte. Ist mit einer Aufwertung der D-Mark zu rechnen, dann wäre es verkehrt, Fremdwährung bei sich zu haben, weil Aufwertung bedeutet, daß für den gleichen Betrag an D-Mark eine größer Menge an fremder Währung erworben werden kann. Vor einigen Jahren lag der Kurs für den amerikanischen Dollar noch bei 4,– DM, heute liegt er in der Nähe von 1,65 DM. Für eine D-Mark erhält man rund 60 Cents, früher nur 25 Cents. Umgekehrt gilt: Wertet sich die DM ab, dann ist Fremdwährung von Vorteil.

Diese generellen Zusammenhänge werden noch vor einer Reihe anderer Faktoren beeinflußt. Viele Länder haben die Einfuhr von eigener Währung aus dem Ausland verboten; hier ist legal also nur die Mitnahme von D-Mark und Tausch im Lande selbst möglich. Aus anderen Ländern sind zum Beispiel so viele Banknoten herausgebracht worden, daß der Preis für diese Banknoten im Ausland viel niedriger ist, als wenn sie im Inland erworben werden würden. Gewöhnlich ist es dann verboten, größere Beträge in das Land einzuführen, so daß der günstigere Kurs praktisch nicht genutzt werden kann.

Die Form schließlich, in der das Reisegeld mitgeführt wird, sollte in erster Linie von der Sicherheit bestimmt werden. An zweiter Stelle stehen dann auch hier die Kosten. Am bequemsten, freilich auch am wenigsten sicher, sind Banknoten. Ob man D-Mark-Scheine mitnimmt oder ausländische Banknoten (»Sorten«), hängt dann davon ab, wo man am besten umtauschen kann. Informationen darüber sind allerdings schwierig zu beschaffen. Denn hierzulande erfährt man gewöhnlich nur die hier geltenden Preise; man müßte aber gerade die im

Ausland geltenden Preise für D-Mark kennen. Sollen also die fremden Umrechnungskurse auch noch aktuell sein, so entstehen bei der Beschaffung dieser Informationen oft zusätzliche Kosten. Generelle Aussagen sind eben, wie erwähnt, leider nicht möglich. Nur so viel läßt sich feststellen: Gerade in Europa ist der Ruf der D-Mark gut. Und mit einer guten Währung in der Brieftasche reist es sich gut.

Sicherer als Bargeld sind Reiseschecks und Euroschecks mit Scheckkarte; ihre Verwendung kostet allerdings Gebühren. Reiseschecks können in D-Mark oder in Fremdwährung erworben werden. D-Mark-Schecks werden zumeist Wert Kauftag dem Konto belastet und kosten von diesem Zeitpunkt an Sollzinsen oder bringen keine Zinserträge mehr; außerdem wird grundsätzlich eine Gebühr verlangt (zum Beispiel ein Prozent des Kaufpreises). Auch die Rückgabe von Schecks nach der Reise kann Gebühren kosten.

Beim Kauf von Reiseschecks, die auf fremde Währung lauten, wird das Konto auch gleich belastet und oft der letzte verfügbare Briefkurs vom Devisenmarkt für die Umrechnung gewählt, oft auch ein spezieller »Reisescheckkurs«, der sich an den Kurs auf dem Devisenmarkt und den »Sortenkurs«, den Preis für ausländische Banknoten, anlehnt. Der Sortenkurs ist meist ungünstiger als der Devisenkurs. Begründet wird dies von den Kreditinstituten mit den unterschiedlichen Dienstleistungen, die erbracht werden: Devisenkurse beziehen sich auf in den Büchern der Banken geführte Guthaben, während der Sortenpreis für eine Ware (die ausländische Banknote) gilt, die körperlich übergeben und vorher zum Beispiel verschickt und verwahrt werden mußte.

Den Reiseschecks an Bequemlichkeit und Sicherheit zumindest ebenbürtig, wenn nicht überlegen (jedenfalls in Europa), ist der Euroscheck mit Scheckkarte. Praktisch in ganz Europa und dem Mittelmeerraum stehen in über 30 Ländern über 200000 Zahlstellen zur Verfügung. Der Euroscheck wird häufig auf D-Mark ausgestellt. Eine ausländische Bank, die in Fremdwährung auszahlen soll, wird daher den D-Mark-Betrag umrechnen, und zwar grundsätzlich zum Briefkurs des Devisenmarktes. Allerdings sind hiervon Abweichungen möglich, sei es, daß der Umrechnungskurs grundsätzlich ein anderer ist (etwa dem »Reisescheckkurs« entspricht) oder nicht oft genug der aktuellen Entwicklung angepaßt wird, sei es, daß ein Hotel oder ein anderer Gewerbebetrieb noch einen ganz anderen Kurs (mehr oder weniger willkürlich) wählt.

Die Einlösung eines Euroschecks im Ausland kostet zudem Gebühren. Empfohlen wird den Instituten von ihrer internationalen Arbeitsgruppe, ein halbes Prozent des ausmachenden Betrages, mindestens den Gegenwert von zwei Schweizer Franken je Tauschvorgang, zu verlangen. Das sind freilich nur Empfehlungen und keine bindenden Abmachungen, und das heißt, Abweichungen (nach oben zuungunsten des Kunden) sind nicht ausgeschlossen. Im Gegensatz zum Reisescheck bietet die Scheckausgabe im Ausland aber einen Zinsvorteil, weil der Scheck erst dann dem Konto belastet wird, wenn er vorgelegt worden ist. Und das kann einige Zeit dauern, wenngleich die ausländischen Kreditinstitute im eigenen Interesse bemüht sind, die Schecks schnell weiterzureichen.

In 24 Ländern können Euroschecks auch auf die Währung des jeweiligen Landes ausgestellt werden. Sie werden dann auch in Hotels und Geschäften (nicht nur zur Bargeldbeschaffung bei Kreditinstituten) entgegengenommen. Zur Abrechnung dieser Schecks hat das deutsche Kreditgewerbe eine Zentralstelle eingerichtet. Die Abrechnung erfolgt zum Briefkurs vom Devisenmarkt des Vortages. Der Scheckaussteller trägt also das Währungsrisiko in der Zeit bis zum Umrechnungssatz. Stellt er dagegen den Euroscheck in D-Mark aus, ist ihm der Umrechnungskurs bereits am Begebungstag bekannt. Das Währungsrisiko sollte nicht unterschätzt werden, denn gerade in den letzten Jahren ist es bei der deutschen Währung sogar innerhalb des Europäischen Währungssystems zu erheblichen Kursänderungen über Nacht gekommen.

Der Vorteil der Euroschecks ist, daß sie nach Bedarf ausgeschrieben werden können, also auch eine Reserve für die Reisekasse bei Notfällen darstellen. Ihr Nachteil besteht darin, daß sie nicht überall entgegengenommen werden und ein Tausch in die Landeswährung gegebenenfalls technisch schwierig sein oder werden kann (Öffnungszeiten, Standorte der Bankstellen). Außerdem kostet die Verwendung der Euroschecks Geld, wobei sich freilich die Kosten mit den Reiseschecks die Waage halten dürften. Wegen der Zahlungsgarantie müssen Scheckvordrucke und -karte unter allen Umständen getrennt verwahrt werden. Es ist auch nicht ratsam, Reiseschecks im Paß aufzuheben.

Mit Banknoten, Reise- und Euroschecks sind die Möglichkeiten freilich noch nicht erschöpft. Hingewiesen werden muß noch darauf, daß in Österreich, der Schweiz, in Liechtenstein, Italien, Finnland, Norwegen, Schweden, den Niederlanden, Belgien, Luxemburg, Dänemark, Großbritannien, Jugoslawien, Spanien, Frankreich, Island, Portugal und Ungarn auch das Postsparbuch gute Dienste leisten kann; allerdings sind für Italien vorher anzufordernde Rückzahlungskarten erforderlich. Die vielfältigen Möglichkeiten, die Kreditkarten der verschiedensten Organisationen gerade auch im Ausland bieten, sollten bei der Planung der Reisekasse in die Überlegungen mit einbezogen werden. Vor allem Reisen nach Übersee sollten ohne eine weltbekannte Kreditkarte gar nicht angetreten werden. Schließlich sollten Unternehmen, deren Angestellte viel reisen müssen, daran denken, daß Bankkonten im Inland (und gegebenenfalls, je nach devisenrechtlichen Vorschriften, auch im Ausland) auch in fremder Währung geführt werden können. Obwohl sich jedermann in der Bundesrepublik Fremdwährungskonten einrichten kann, dürfte sich dies für den Privatmann, aber auch für viele Unternehmen wegen der Kosten solcher Konten nicht recht lohnen.

Festzuhalten bleibt: Die Reisekasse sollte in erster Linie unter dem Gesichtspunkt der Sicherheit und Bequemlichkeit angelegt werden; erst dann sollte über die Währung entschieden werden. Der Umtausch hierzulande oder im Ausland bleibt dabei in gewissem Maße immer eine Spekulation. Fast jeder Auslandsreisende wird es lebhaft und unter Beisteuern eigener Erfahrungen beteuern: Kein Getränk schmeckt so gut wie jenes, dessen Kosten aus einem Spekulationsgewinn mit den »Stellen hinter dem Komma« bestritten werden kann.

Resignation: Die Umsätze an den Börsen schrumpfen immer mehr, Gespräch mit freien Maklern: »Morgens kein Anruf, und mittags läßt das Geschäft nach.«

Millionen an der Strippe

Die internationalen Finanzmärkte

Geld entwickelt eine eigene Dynamik – das ist eine Erkenntnis, die vor allem Politikern nur schwer zuteil wird. Alle Versuche, für irgendwelche Transaktionen bestimmte Kanäle vorzuschreiben, müssen scheitern, wenn sich die Akteure eingeengt fühlen, wenn die Vorschriften nicht den vermeintlichen oder tatsächlichen Bedürfnissen weitgehend entsprechen. Der Erfindungsreichtum der Geldbesitzer ist allemal größer als derjenige der Bürokratie. Niemand vermag vollkommen zu planen, irgendwo bleibt selbst in dem kühnsten Gedankengebäude ein Loch – und schon ist es erkannt und ausgenutzt. Ein besseres Beispiel als die Entwicklung des Euro-Marktes gibt es nicht.

Linker Hand edles Porzellan, rechts modische Lederkleidung. Zwischen lockenden Schaufenstern bleibt der Eingang zum Geschäftshaus Nummer 1, Place d'Armes in Luxembourg, unauffällig. Fast verschämt gibt nur ein Firmenschild, nicht etwa eine beeindruckende Schalterhalle in Marmor und Glas, einen Hinweis auf das Domizil der Deutschen Girozentrale International Société Anonyme in den oberen Stockwerken jenes Hauses, dessen Lage es gestattet, bei geöffneten Fenstern Platzkonzerten im Zentrum Luxemburgs zuzuhören. Die voll im Besitz der Deutschen Girozentrale – Deutsche Kommunalbank in Franfurt stehende Tochtergesellschaft des Spitzeninstituts der deutschen Sparkassenorganisation benötigt freilich zur Abwicklung ihrer Geschäfte auch gar keine Schalterhalle. Für ihren »Herzschlag« genügt allein der vierte Stock.

Ein luftiger Raum mit breiter Fensterfront. In der Mitte ein großer Arbeitstisch mit sieben Plätzen, jeweils in Griffweite bestückt mit einer Telefonanlage, deren Lichter unaufhörlich flackern; andere kleine Geräte erinnern an einen Computer. Ein kleiner Schreibtisch in der Ecke, eine schwarze Tafel mit Notizen in weißer Schrift sowie eine große Uhr, auf der die Ortszeit Luxemburgs eingerahmt ist von den Zeiten in Singapur und New York, sowie ein Fernschreiber in der Ecke vervollständigen das sparsame Mobiliar.

Der Besucher betritt also ein Bankbüro, wie es in anderen Instituten und in anderen Städten sicherlich ebenso oder in ähnlicher Form zu finden ist. Doch die technischen Äußerlichkeiten nehmen weniger gefangen als vielmehr die Atmosphäre, die von den Menschen ausgeht. Der jungen Luxemburgerin am Fernschreiber schräg gegenüber, das Fenster im Rücken, sitzt der Chef für den Geld- und Devisenhandel dieser Bank, ein Franzose. Wie die anderen im Raum macht er einen gelassenen, ja überlegen wirkenden Eindruck, obwohl er schon seit Minuten konzentriert in den Telefonhörer spricht, rasch Zahlen murmelt, gleichzeitig mit der linken Hand einen Rechner bedient und mit der rechten Hand seinen Partnern im Raum irgendwelche Zeichen gibt und dabei seinem Gegenüber noch in die Augen blickt. Sein Gegenüber ist Schweizer, noch jünger als der schon junge Franzose; auch er hantiert, macht Zeichen, wirft schnelle kurze Notizen auf ein Blatt Papier. Der Engländer und der Deutsche, die den Franzosen flankieren, sind ebenso konzentriert in derselben Weise beschäftigt.

Endlich legt einer den Telefonhöher für einen Moment aus der Hand, reißt von einem Block ein Notizzettelchen und reicht dies dem Mann am Schreibtisch in der Ecke. Soeben hat die Deutsche Girozentrale International an eine andere Bank 5 Millionen DM für einen Tag verliehen, Jahreszinssatz 4,25 Prozent. An der schwarzen Schiefertafel, auf der unter den Währungsbezeichnungen »Dollar« und »D-Mark« einige Zahlen mit einem Plus oder Minus davor stehen, wird jetzt eingetragen, daß sich die Position der Bank im D-Mark-Handel um 5 Millionen DM verändert hat. Innerhalb weniger Minuten ist der an diesem Vormittag verfügbare D-Mark-Betrag weitgehend untergebracht worden. Ein Zipfelchen des Euro-Marktes ist sichtbar geworden; ein kleiner Teil der Aktivitäten dieses allumfassenden internationalen Geld- und Kreditmarktes spielt sich hier ab, in diesem Raum im vierten Stock des Luxemburger Geschäftshauses.

Im Durchschnitt werden jeden Tag etwa 500 Millionen DM von der jungen Mannschaft gehandelt. Im Geschäftsbericht der Bank steht dann wie in dem gerade jetzt vorgelegten knapp: »Eine zentrale Bedeutung für den Geschäftserfolg der Bank hatte auch im abgelaufenen Jahr der Geldhandel und die Zinsarbitrage.« Spekulationen, so wird

Hauptmerkmale des internationalen Bankgeschäfts
Veränderungen zu konstanten Wechselkursen am Quartalsende
(Milliarden amerikanische Dollar)

	1985 Jahr	1986 Jahr	1986 Jan. bis Sept.	1987 Jan. bis Sept.	Stand Ende Sept. 1987
Grenzüberschreitende Forderungen der berichtenden Banken, insgesamt[1]	233,5	517,8	296,0	431,3	3779,1
davon:					
Interbankforderungen innerhalb des Berichtsgebiets[2]	182,5	451,3	254,9	375,3	2509,3
Forderungen an Nichtbanken innerhalb des Berichtsgebiets[2]	23,1	39,6	32,3	41,4	483,5
sonstige Forderungen[3]	27,9	26,9	8,8	14,6	786,3
Fremdwährungsforderungen innerhalb der einzelnen berichtenden Länder, insgesamt[4]	63,4	148,0	136,4	123,3	892,2
darunter:					
Fremdwährungsforderungen an Nichtbanken[4]	14,9	68,4	53,7	78,5	383,7
Internationale Bankkredite, insgesamt (netto)[5]	105,0	165,0	115,0	190,0	2015,0

[1] Banken in den Zehnergruppenländern (Vereinigte Staaten von Amerika, Bundesrepublik Deutschland, Japan, Großbritannien, Frankreich, Italien, Niederlande, Belgien, Kanada, Schweden und seit April 1984 die Schweiz) zuzüglich Luxemburg, Dänemark, Finnland, Irland, Norwegen, Österreich und Spanien, die auf den Bahamas, in Honkong, auf den Kaimaninseln und in Singapur international tätigen Banken, sämtliche Offshore-Bankstellen in Bahrain, alle auf den Niederländischen Antillen tätigen Offshore-Banken und die Filialen von amerikanischen Banken in Panama. – [2] Schließt die folgenden außerhalb des Berichtsgebiets gelegenen Offshore-Finanzplätze mit ein: Barbados, Bermuda, Libanon, Liberia, Vanuat, und Britisch-Westindien. – [3] Forderungen an Länder außerhalb des Berichtsgebiets und nicht aufteilbare Positionen. – [4] Nur von Banken in Europa, Kanada und Japan. – [5] Bereinigt um Doppelzählungen aus der Weitergabe von Geldern zwischen den berichtenden Banken. – Quelle: Bank für Internationalen Zahlungsausgleich, Basel.

153

dem Besucher versichert, finden hier nicht statt. Das sei nicht erst seit Herstatt so. Die Händler verknüpfen »einfach« die internationalen Finanzströme.

Luxemburg hat sich hierbei eine der wichtigsten Stellungen in der Welt geschaffen; im Euro-D-Mark-Bereich war Luxemburg lange der wichtigste Finanzplatz. Mittlerweile arbeiten fast 30 Banken in deutschem Besitz in Luxemburg. Ihr addiertes Geschäftsvolumen erreicht rund 200 Milliarden DM, etwa 50 Prozent des Gesamtvolumens der gut 120 in Luxemburg arbeitenden ausländischen Banken. Diese Finanzinstitute sind mittlerweile der größte Steuerzahler des Landes geworden. Und das ist deshalb für Luxemburg so besonders wichtig, weil der zuvor bedeutendste Steuerzahler, die Montangesellschaft Arbed, in der Rezession Verluste erlitt.

Die Transaktionen auf den Euro-Märkten beschränken sich jedoch nicht nur auf Geld. In erheblichem Umfang wird auch Kapital bewegt. Wie beim Geldhandel ist der Markt nicht auf Europa beschränkt; eine Ausdehnung ist nicht zuletzt der Preispolitik der Öl-Förderländer zuzuschreiben. Gerade in diesem Zusammenhang ist in der internationalen Finanzwelt ein neuer Begriff geprägt worden. Seine Vaterschaft ist nicht eindeutig geklärt. Gemeint ist der »Petro-Dollar«, von dem nach den Ölpreiserhöhungen bei den amerikanischen Bankiers häufig die Rede ist. Mit diesem Namen werde, so heißt es, auch den veränderten Finanzquellen Rechnung getragen. Es könne nicht mehr länger vom »Euro-Dollar« gesprochen werden, da den Europäern über kurz oder lang bewußt werden müsse, daß sie nicht mehr zu den Hauptfinanziers des »Euro«-Marktes gehören. Wieweit sie dies überhaupt schon vorher waren, bleibt bei dieser Argumentation offen: Schon die Bezeichnung »Euro«-Markt, und damit auch »Euro«-Dollar, ist nämlich irreführend. Weder beschränkt sich der internationale Finanzmarkt auf Europa, noch werden auf ihm ausschließlich Dollar gehandelt. Der » Petro-Dollar« ist sicherlich ein Einfall. Aber als Begriff beleuchtet er nur einen Marktausschnitt. Und ein großer Nachteil liegt darin, daß niemand einem Dollar seine Herkunft ansieht. So ist der »Petro-Dollar« nur ein Schlagwort geblieben.

Ob sich neben dem »Euro-Dollar« der »Caribian-Dollar« oder der »Asien-Dollar« als selbständiger Begriff durchsetzen kann, ist völlig offen. Immerhin haben sich an manchen Stellen der Welt Finanzzentren gebildet, die ohne die Dollarschwemme nicht denkbar wären. In Asien streben drei Städte sichtlich danach, der wichtigste Finanzplatz im Fernen Osten zu werden. Eine endgültige Entscheidung zwischen den Konkurrenten Hongkong, Singapur und Tokio über den Ausgang dieses teils offenen, teils heimlichen Ringens ist aber bislang noch nicht gefallen. Für Tokio spricht die Bedeutung Japans als Industriemacht. Zudem hat die japanische Regierung nach langen Jahren der Abschottung eine Liberalisierung des Kapitalmarktes eingeleitet. Hongkong, geographisch viel reizvoller als Tokio, liegt der Volksrepublik China unmittelbar benachbart und wird 1997, nach Ablauf des Pachtvertrages, enger an die Volksrepublik gebunden sein. Es ist allerdings eine Stadt mit Tradition und Erfahrung im freien Handel und in internationaler Finanzierung. Allerdings spielen steuerliche Gesichtspunkte – die sich freilich immer ändern können – in dem Wettbewerb der Finanzzentren eine wichtige Rolle. In Hongkong wird auf Zinseinkünfte eine Quellensteuer erhoben. Hier hat Singapur, das eine solche Besteuerung nicht kennt, einen bedeutsamen Vorsprung. Die auf internationalen Märkten arbeitenden Kreditinstitute leiden darunter, daß sie eine solche Steuer in ihre Zinsbedingungen einkalkulieren müssen. Sie bevorzugen daher Standorte, die ihnen eine solche Belastung ersparen. Aber steuerliche Überlegungen sind nicht allein ausschlaggebend. Trotzdem ist es dazu gekommen, daß Singapur für den rasch wachsenden Asien-Dollar-Markt vor allem für Geldmarkt- und Devisengeschäfte eine wichtige Rolle spielt.

Dieser wie der Euro-Markt keinen Fesseln und keiner Kontrolle unterliegende internationale Finanzmarkt dürfte in den kommenden Jahren noch stark an Bedeutung gewinnen. Sein Volumen ist freilich noch relativ klein. Ein anderer Name als »Asien-Dollar-Markt« hat sich noch nicht eingebürgert, obwohl die gehandelte Währung nicht ausschließlich amerikanische Dollar sind; doch haben englische Pfund, französische Franc und auch Deutsche Mark neben dem Dollar nur eine untergeordnete Bedeutung. Die Verbindungen zum Euro-Markt sind eng. Vor allem die Zinsbildung auf dem Asien-Dollar-Markt wird von den Vorgängen auf dem viel größeren Euro-Markt entscheidend beeinflußt.

Ohne den Euro-Markt wäre der Asien-Dollar-Markt wohl kaum entstanden. Wie die Legende wissen will, soll sich dieser Markt ge-

Internationaler Anleihemarkt
(in Milliarden amerikanische Dollar)[1]

Strukturen	1984	1985	1986	1987
Emissionsmärkte				
Euro-Anleihen[1]	83,7	137,8	188,7	140,5
Traditionelle Auslandsanleihen	27,8	31,2	39,4	36,8
Anleihearten				
Festverzinsliche Anleihen[2]	62,4	99,1	150,0	127,3
Variabel verzinsliche Anleihen	38,2	58,7	51,2	10,7
Wandel- und Optionsanleihen	10,9	11,3	26,9	39,3
Kreditnehmende Länder				
OECD-Länder	98,8	148,5	213,5	164,2
darunter: Japan	17,0	21,6	34,4	43,5
USA	25,0	40,4	44,1	21,6
Großbritannien	5,0	15,6	19,6	12,4
Bundesrepublik Deutschland	2,1	3,1	11,8	10,5
OPEC-Länder	0,5	0,8	0,4	0,2
Sonstige Entwicklungsländer	4,3	8,6	4,9	2,6
Osteuropäische Länder	0,0	0,4	0,3	0,6
Internationale Organisationen	7,9	10,7	9,2	9,8
Emissionswährungen[3]				
US-Dollar	71,6	103,2	125,9	62,6
Yen	6,1	12,9	23,7	26,2
Schweizer Franken	13,1	14,9	23,2	24,0
D-Mark	6,7	11,3	17,1	15,5
Pfund Sterling	5,6	7,0	11,0	15,0
ECU	2,9	6,9	7,1	7,4
Australischer Dollar	0,3	3,1	3,4	9,0
Sonstige	5,2	9,8	16,7	17,6
Insgesamt	111,5	169,1	228,1	177,3

[1] Einschließlich Sonderemissionen der Vereinigten Staaten von Amerika. – [2] Einschließlich Nullkuponanleihen und Währungsanleihen. – [3] Einschließlich Rechnungseinheiten. – Quelle: OECD, Financial Statistics Monthly.

156

rade in Singapur aus einem ganz überraschenden Grund gebildet haben. Die Zeitdifferenz zu Europa bringt es nämlich mit sich, daß die Londoner Büros noch nicht geöffnet sind, wenn in Tokio – der Stadt mit der wohl höchsten Finanzkraft in Ostasien – schon Feierabend ist. Aber Singapur, das zeitlich eineinhalb Stunden näher an Europa liegt, kann das Ende eines ostasiatischen Arbeitstages gerade noch ohne Mühe mit dem Geschäftsbeginn in London gut verknüpfen. In Wirklichkeit kann natürlich dieser an der Weltzeituhr abgelesenen Entwicklungsgeschichte des Asien-Dollar-Marktes kein entscheidendes Gewicht beigemessen werden. Denn Zeitunterschiede allein können ernsthafte Geschäfte nicht behindern. Ein gutes Beispiel dafür sind die in der Bundesrepublik tätigen amerikanischen Brokergesellschaften, die einfach ihre Bürozeit bis in die Abendstunden ausdehnen, weil sonst wegen des Zeitunterschiedes Direktgeschäfte mit Wall Street nicht möglich sind.

Auch die Steuergesetzgebung allein war wohl nicht ausschlaggebend dafür, daß sich gerade in Singapur ein neues Finanzzentrum ansiedeln beginnt. In dieser Stadt sind schon lange Banken ansässig, die über ihre Filialen in anderen ostasiatischen Gebieten Gelder an sich zogen. Bereits in früheren Jahren ist deshalb Singapur immer stärker in den finanziellen Mittelpunkt solcher Transaktionen gerückt. Diese Stellung könnte sich, solange Hongkong an der Quellensteuer auf ausländische Zinserträge festhält, noch festigen, obwohl Hongkong das Fehlen aller Devisenkontrollen ins Feld führen kann. In Singapur glaubt man, daß der rasch wachsende gesamte Finanzmarkt Ostasiens auch Platz für konkurrierende Zentren bietet, ohne daß es in Singapur zu Rückschlägen kommen müßte. Dabei vertraut man natürlich auch stark auf die bislang gesammelten speziellen Erfahrungen, die allein schon aus dem zeitlichen Vorsprung erwachsen sind.

Singapur, seit 1965 unabhängige Republik, ein Inselstaat mit etwa 2,2 Millionen Einwohnern, zu drei Viertel Chinesen und zu einem Siebtel Malayen, mit einer Fläche von knapp 600 Quadratkilometern nicht ganz so groß wie Hamburg, hat die Möglichkeit, ein Finanzzentrum Ostasiens zu werden und womöglichst sogar das bedeutendste, nicht nur erkannt, sondern auch zielstrebig genutzt. Die Anfänge des Asien-Dollar-Marktes führt man auf das Jahr 1968 zurück. Der Anstoß wird der Bank of America sowie der First National City Bank zugeschrieben. Die Regierung Singapurs zeigte sich aufgeschlossen. Als besonders bedeutsam hat sich erwiesen, daß die Aktivitäten der Banken auf dem Asien-Dollar-Markt fast keinen Kontrollen unterliegen, daß aber das Bankensystem in Singapur einer als streng geschilderten Aufsicht unterliegt und die Regierung neue Entwicklungen fördert. Steuerliche Vergünstigungen und relativ liberale Bestimmungen über Währungskonten sind Umstände, die Bankleute anziehen. So gibt es in Singapur daher fast 200 in- und ausländische Banken, Filialen oder Repräsentanzen.

Die Quellen, aus denen der Asien-Dollar-Markt gespeist wird, sind nicht klar zu erkennen. Wichtig ist jedoch, daß der wirtschaftliche Aufschwung in Ostasien auch die disponiblen finanziellen Mittel vergrößert hat. Zudem neigen gerade international engagierte Ostasiaten, aber auch in fremden Ländern ansässige ostasiatische Geschäftsleute dazu, ihre Finanzgeschäfte mit ihnen schon der Mentalität nach nahestehenden Partnern abzuwickeln. Guthabenverlagerungen vom Euro-Markt zu Banken in Ostasien sollen allein aus solchen Gründen vorgenommen worden sein.

An Anlagemöglichkeiten besteht kein Mangel. Der Investitionsbedarf in diesem Raum ist außergewöhnlich groß, und es gehört zu den Eigentümlichkeiten dieses Finanzmarktes, daß über ihn gerade Investitionen finanziert werden, während etwa der Euro-Markt viel stärker auf die Ex- und Importfinanzierung zugeschnitten ist. Die Risiken des Asien-Dollar-Marktes scheinen deshalb größer zu sein, aber die dort engagierten Banken können offenbar in ihren Konditionen solchen Risiken begegnen. Wenn eine der auf diesem Markt tätigen Banken, eine Tochtergesellschaft internationaler Institute, in einem Jahr ein Viertel des gesamten eingesetzten eigenen Kapitals als offen ausgewiesenen Gewinn erwirtschaftet hat, spricht dies für sich.

Bekenntnis eines Börsianers angesichts wieder steigender Aktienkurse: »Erst mußten wir dran glauben, jetzt können wir dran glauben.«

Moderne Alchimisten: Gold aus Müll

Der mühsame Weg bis zum Metall-Barren

Die Goldbörsen spiegeln seit der Spaltung des Goldmarktes im März 1968 täglich die Preisschwankungen für dieses Metall wider. Bis dahin hatten die Notenbanken den Goldpreis im Griff und stabilisierten ihn auf der Basis von 35 amerikanischen Dollar je Feinunze, das sind rund 31,1 Gramm. Seither gibt es einen freien Markt für (Waren-) Gold, auf dem der Preis unter teilweise hektischen Schwankungen zunächst langsamer, dann jedoch immer schneller auf über 800 Dollar für die Unze gestiegen, dann aber wieder gefallen ist.

Die Notenbanken und der Internationale Währungsfonds haben Mitte der siebziger Jahre mit der »Demonetisierung« des Goldes begonnen. Der offizielle Goldpreis wurde aufgegeben und Transaktionen der Fondsmitglieder in Gold abgeschafft. Ferner wurde ein Verkaufsprogramm für Gold aus dem Fondsbesitz beschlossen. Währungsgold hat daher kaum noch große offizielle Bedeutung. Das war einmal völlig anders. »Sic transit . . . So vergeht der Ruhm der Welt«, das kann auf eine Meldung bezogen werden, die berichtet, daß Geologen der amerikanischen FMC Corporation in die heiße Wüste Nevadas ausgezogen sind, um Antimon aufzuspüren, »ein sprödes, weißes Metall, das vornehmlich für medizinische und elektronische Anwendungsgebiete gebraucht wird«. In der Nachricht des Wall Street Journal heißt es weiter: »Sie fanden Gold, ein verformbares, gelbes Metall, das für Zahnplomben, für die Raumfahrt und für Schmuck benutzt wird. Es war früher ein monetärer Standard.« Da diese Sätze zwischen nüchternen Darlegungen über gewisse Anfangserfolge der Exploration erscheinen, ist schwer zu ergründen, ob damit die Enttäuschung darüber zum Ausdruck kommen soll, daß man Gold statt Antimon gefunden hat. Vielleicht hatte aber der Autor dieser Nachricht Sinn für ein bißchen schwarzen Humor, indem er den Untergang einer Epoche kennzeichnen wollte, in der man bereit war, auch Dinge, die wenig nützlich erschienen, als Maßstab für das Nützliche zu nehmen.

Gold – und natürlich auch Silber – werden international in qualitativ genormten Barren gehandelt. Außer von Goldminen stammen diese Barren von einem kleinen Kreis von Metallschmelzereien, die sich durch ihren Prägestempel auf den Barren für die Reinheit des Metalls verbürgen. Der Weg des Metalls von der Lagerstätte bis zum verarbeitungsfähigen Barren ist lang. Die Goldminen bringen »good delivery«-Barren im Gewicht von etwa 12,5 Kilogramm aus, mit einer Reinheit von 99,5 Prozent. Goldbarren für die private Geldanlage, wie sie an den Bankschaltern verkauft und in der Zeitung täglich notiert werden, haben einen wesentlich höheren Reinheitsgrad (999,9 Promille). Solche Barren werden in der Bundesrepublik unter anderen von der Degussa, früher Deutsche Gold- und Silber-Scheideanstalt, hergestellt.

Sehr eindrucksvoll thront eine mächtige grüne Apparatur auf dicken runden Stahlstempeln in der Werkshalle. Im ersten Stock brodelt ein Feuer, das sich langsam grünlich färbt. »Sehen Sie, das ist das Kupfer«, bemerkt der Betriebsleiter. Dann, einige Minuten später, haben zwei kräftige, mit Schutzhandschuhen und dicken Schürzen bekleidete Männer nach sorgfältigen Vorbereitungen dieses Ungetüm gezwungen, seinen Inhalt in vorgezeichnete Bahnen zu geben: ein gleißender glühender Metallstrahl ergießt sich in ein Rohr, in das von der Seite her kräftige Wasserstrahlen hineinströmen. Am Ende fällt unten aus einem großen Trichter auf ein endloses Sieb ein braunes Pulver, der Rest der aus dem Verkehr gezogenen silbernen Fünf-Mark-Stücke. Sie werden hier »verdüst«, in ihre Bestandteile Kupfer und Silber zerlegt.

Schon vor über hundert Jahren hatte die damalige Deutsche Gold- und Silber-Scheideanstalt, die sich heute abgekürzt Degussa nennt, ihre Ursprung in der Aufgabe, das zur Herstellung der Mark notwendige Metall durch die Verarbeitung von Gulden- und Talermünzen zu gewinnen. Heute werden in Wolfgang bei Hanau etwa 20 000 Posten je Jahr im Wert von über einer Milliarde DM bearbeitet. Acht Jahre lang ist im dortigen Zweigwerk die Edelmetall-Scheideanstalt praktisch auf der grünen Wiese neu errichtet worden, mit der Möglichkeit, allen Erfordernissen des Umweltschutzes Rechnung zu tragen. Der Edelmetallhandel einschließlich der Edelmetallscheidung ist der wichtigste der fünf Geschäftsbereiche Metall, die ihrerseits zusammen

160

etwa die Hälfte des Umsatzes der Degussa ausmachen. Die Chemie-Aktivitäten sind der andere große Bereich der Degussa, die übrigens ihren Jahresabschluß früher weder als Chemie- noch als Metallunternehmen, sondern als Bank erstellt hatte; die Degussa war bis zur Ausgliederung der Bankgeschäfte gleichzeitig ein Kreditinstitut.

Der Vorstand schließt nicht aus, daß die Degussa eines Tages auch einmal selbst Gold gewinnt. Bei der Erschließung von Kupfervorkommen, etwa in Südamerika, sei dies durchaus denkbar. Bisher jedoch beschäftigt sich die Degussa »nur« mit der Wiedergewinnung von Edelmetallen. Ihre Anlagen können monatlich über hundert Tonnen Silber, über zehn Tonnen Gold und etwa eine Tonne Platin ausbringen.

Ein Lagerraum hinter armdicken Tresortüren birgt die Schätze der Edelmetallscheiderei, die nur der betreten darf, der sich auch strengen Kontrollen unterwirft. In der Goldschmelze muß sich jeder Besucher noch zusätzlich in ein »goldenes Buch« eintragen. Die komplizierten Apparaturen zur Vorbereitung der Metallscheidung, die Umlaufverdampfer, Ausfällvorrichtungen, Öfen, anderswo Schacht- und Treiböfen, Konverter, dann wieder große Bottichreihen zur Silberelektrolyse, das alles muß reibungslos von den Mitarbeitern behandelt und beherrscht werden, damit am Ende das reine Edelmetall versandfertig ist. Die Erinnerung an die Alchimisten des Mittelalters drängt sich immer wieder auf. Da wird aus braunem Pulver Gold. »Wir machen hier noch zwei Neuner«, wird erläutert. Das heißt: Aus dem braunen Pulver mit 99 Prozent Goldgehalt wird Gold mit der Reinheit 99,99 Prozent. Und an anderer Stelle werden noch mehr »Neuner gemacht«.

»Eigentlich«, so sagt einer der Techniker, »sind wir eine hochwertige Müllverarbeitung.« In der Tat: je wertvoller zum Beispiel Gold geworden ist, desto sorgfältiger wird überall in der Wirtschaftswelt Gold und Goldabfall auch in geringer Konzentration, also mit hohem Ballast an Fremdstoffen, zusammengetragen und landet dann eines Tages in einem Unternehmen wie der Degussa. Sorgfalt ist auch dort unabdingbar. Jeder, ob Mitarbeiter oder Besucher, unterwirft sich am Ausgang zur Kontrolle einem Zufallsgenerator, der nach einem Knopfdruck den grünen Pfeil direkt zum Ausgang oder aber den roten zum Kontrollraum aufleuchten läßt. Und wirklich: ein »Roter« war dabei.

*Aus einem Sitzungsprotokoll: Das Gold wurde dämonisiert (demone-
tisiert); ein paar Seiten weiter: Die Anleger sind pflegmatisch (phleg-
matisch).*

162

Der Goldhandel folgt dem Lauf der Sonne

Fixing, Münzen und Zertifikate

Im Goldhandel muß man Frühaufsteher sein. Denn gehandelt wird rund um die Uhr. Die wichtigen Märkte in Asien, vor allem in Hongkong, Tokio und Bombay, eröffnen nach unserer Zeit kurz nach Mitternacht, wenn hier alles in tiefem Schlummer liegt. Damit aber die europäischen Händler wenigstens noch den Schluß des Handels in Südostasien mitbekommen, müssen die Büros in den Banken schon morgens gegen 7 Uhr besetzt werden. Dann bleibt Zeit, um die Fernschreiber-Nachrichten aus Hongkong zu studieren, ehe es in Europa richtig losgeht. Außerdem lassen sich noch ein paar Telefongespräche mit Geschäftspartnern in der Kronkolonie führen, um die Lage am Markt zu erkunden. Die wichtigsten Goldhandelsplätze in Europa sind London, Zürich, Paris und in der Bundesrepublik Frankfurt. An den europäischen Goldhandelsplätzen beginnt der Handel unter den Banken dann etwa um 9.30 Uhr und geht bis 16.00 Uhr.

In London wird an jedem Tag um 10.30 Uhr und um 15.00 Uhr ein offizieller Goldpreis je Feinunze (31,1 Gramm) ermittelt. Diesen Vorgang nennt man »fixing«. Das Fixing findet in den Räumen der Rothschild-Bank statt. Außer Rothschild sind dabei noch vier weitere Goldhandelshäuser vertreten: Samuel Montagu & Co. Ltd., Mocatta & Goldsmid Ltd., Sharps, Pixley Ltd. und Mase Westpac Ltd. Der weitaus größte Teil des Geschäfts wird natürlich verteilt über den ganzen Tag außerhalb der offiziellen Notierungen abgeschlossen.

Auch in der Schweiz gibt es einen ähnlich exclusiven »Goldklub«. Dort haben die drei Großbanken Bankverein, Kreditanstalt und Bankgesellschaft das Goldgeschäft praktisch in der Hand. Als »Schweizer Pool« bieten sie das Gold immer zum selben Preis an; Änderungen werden vorher abgesprochen. Paris ist zu einem Binnenmarkt geworden, da seit vielen Jahren die Ausfuhr und Einfuhr von Gold verboten ist. Aufgrund dieser isolierten Stellung unterscheidet sich die Pariser Goldnotiz (die in Franc je Kilogramm festgestellt wird) meistens etwas von den anderen Handelsplätzen. In Deutschland wird das

Goldgeschäft praktisch ebenfall nur von einigen großen Instituten bestimmt, allen voran von den beiden Großbanken Deutsche Bank und Dresdner Bank. Über sie beziehen die anderen Institute ihr Gold. Sie haben aber auch die Möglichkeit, direkt in Zürich oder London zu kaufen. Auch in Frankfurt wird jeden Tag um 12.00 Uhr eine offizielle Notierung an der Börse ermittelt. Sie lautet auf D-Mark je Kilogramm.

Da die Preise in Zürich und London »gemacht« werden, enthält die Frankfurter Notiz naturgemäß auch die Wechselkursschwankungen des Dollar gegenüber der D-Mark. So ist es zum Beispiel möglich, daß sich der Goldpreis in Dollar von einem Tag zum anderen gar nicht verändert. Wenn aber der Dollar an den Devisenmärkten gegenüber der D-Mark gleichzeitig gestiegen ist, mithin Gold für deutsche Käufer teurer geworden ist, da international prinzipiell in Dollar abgerechnet wird, schlägt sich diese Kurssteigerung des Dollars bei der Umrechnung in der Frankfurter Goldnotiz nieder. Sie steigt, da der Dollar gestiegen ist. Im übrigen ist der offizielle Frankfurter Kurs aber auch schon deshalb weithin bedeutungslos, da die Umsätze zu seiner Feststellung nur minimal sind. Er wird praktisch nur der Form halber festgestellt, um in bestimmten Fällen eine Verrechnungsgrundlage zur Hand zu haben.

International spielen die deutschen Goldhandelsbanken neben den Engländern und Schweizern nur die zweite Geige. Die New Yorker »Comex« hatte nach schleppendem Anfang während der großen Goldhausse 1979/80 ihren großen Durchbruch und rangiert heute etwa gleichauf mit London und Zürich. Der Handel mit dem gelben Metall folgt dem Lauf der Sonne rund um den Erdball und hält die Menschen in Atem. Daß sich der Goldhandel nur auf verhältnismäßig wenige Plätze konzentriert, liegt an den strengen Kontrollen und Verboten, mit denen die meisten Länder den Handel, Besitz sowie die Ein- und Ausfuhr von Gold belegt haben.

Die Bundesrepublik ist eines der wenigen Länder, in dem Gold völlig frei angekauft und verkauft werden darf. 1954 wurde zunächst der Binnenhandel und später auch der Handel mit dem Ausland für Goldmünzen erlaubt. Goldbarren durften von 1957 an gehandelt werden.

Daß Frankfurt bisher als Goldhandelsplatz nicht die Bedeutung erlangt hat, die aufgrund des potentiellen Marktvolumens denkbar wäre, liegt vor allem an der Mehrwertsteuer, mit der Goldumsätze, auch von Münzen, in der Bundesrepublik belegt werden. In der Schweiz wird seit 1980 ebenfalls eine, allerdings niedrigere Steuer erhoben. Viele Deutsche wählen deshalb den Einkaufsweg über die benachbarte Schweiz und deponieren ihr Gold dort im Banktresor, falls sie nicht das Risiko eingehen, es über die Grenze nach Hause zu schmuggeln.

Der Handel mit Gold ist nur die eine Seite. Zunächst muß das Metall erst einmal gefördert, produziert werden. Der amerikanische Goldrausch in Kalifornien Mitte des vorigen Jahrhunderts ist längst vorüber. Heute ist der bedeutendste Goldproduzent die Republik Südafrika, auf die zeitweise weit über drei Viertel der gesamten Produktion der westlichen Welt entfielen. Weitere namhafte Goldproduzenten sind Kanada, die Vereinigten Staaten, Ghana, Papua/Neu-Guinea, die Philippinen, Rhodesien und Australien und vor allem die Sowjetunion. Wieviel Gold tatsächlich während der letzten Jahre aus russischem Boden geschürft wurde, läßt sich nur schwer schätzen. Veröffentlichungen darüber gibt es nicht. Die sowjetische Goldgewinnung gilt als Staatsgeheimnis. Mit 1 290 Tonnen, das entspricht etwa 50 schweren Lastzügen, hatte die Goldproduktion der Welt, ohne die Ostblockstaaten, im Jahre 1970 einen Rekord erreicht. Danach ging die Produktion spürbar zurück, vor allem Südafrika hat die Förderung stark gedrosselt.

Die Art und Menge der Produktion hängt zum Teil natürlich vom jeweiligen Marktpreis ab. Liegt der Preis sehr hoch, werden häufig stillgelegte Gruben mit hohen Produktionskosten wieder eröffnet, dafür aber billiger produzierende vorübergehend geschlossen. Es hat Zeiten gegeben, da wurde aufgrund des hohen Preises von Fachleuten ernsthaft überlegt, ob es nicht lohne, alte hessische Gruben aus dem Mittelalter wieder in Gang zu setzen. Geschehen ist das bisher nicht. Doch der Preis ist für die Fördermenge keineswegs allein entscheidend. Häufig sind die Goldländer aus Devisenmangel gezwungen, ihre Goldvorräte schneller abzubauen, als ihnen vielleicht vom Preis her lieb wäre.

Im wahren Sinne des Wortes ist das 20. Jahrhundert das goldene Jahrhundert. Während der letzten 100 Jahre ist mehr Gold gefunden worden als in den vorangegangenen 1000 Jahren. Und mehr als drei

Gold: *Entwicklung von Angebot und Nachfrage* (in Tonnen)

	1982	1983	1984	1985	1986	1987ᴾ	1988ᴾ
Westliche Minenproduktion	1028	1115	1160	1233	1281	1305	1360
davon Südafrika	664	680	683	673	640	625	650
Ostblockangebot	203	93	205	210	402	320	300
Saldo offizieller Transaktionen							
(Verkäufe +)	85	+ 142	+ 85	135	181	150	100
Einschmelzungen	237	289	284	299	465	490	500
gesamtes Angebot	1384	1639	1734	1607	1967	1965	2060
industrieller Verbrauch	1252	1218	1464	1467	1666	1615	1650
davon Schmuck	892	811	1052	1126	1097	1060	1100
Elektronik	89	107	131	115	124	–	–
Zahnmedizin	61	51	52	53	51	–	–
andere Industrien	58	53	56	54	57	–	–
Medaillen	22	32	44	14	12 ⎫	⎫	–
Münzen	131	165	131	105	327 ⎭	220 ⎭	250
Netto-Veränderung der Horte	132	401	270	140	301	350	410

Quelle: Consolidated Gold Fields PLC, London. – ᴾ Schätzung der Schweizerischen Kreditanstalt, Zürich.

Viertel des heute in der Welt bekannten Goldes sind im 20. Jahrhundert gefördert worden. Insgesamt sollen es – während 6000 Jahren der Förderung – nun über 90000 Tonnen geworden sein. Die offiziellen Goldreserven in Staatshänden belaufen sich auf etwa 36000 Tonnen. Die privaten Goldanlagen und Goldhorte werden auf 24000 Tonnen geschätzt. In Schmuck, Kunst- und Kulturgegenständen sollen 27000 Tonnen gebunden sein, während etwa 5000 Tonnen Gold wieder verloren gingen und – zum Beispiel in Schiffswracks auf dem Meeresgrund – ihrer Wiederentdeckung harren. Die größten privaten Goldschätze liegen in Indien, mit Abstand folgen Frankreich und Deutschland. Die Gesamtmenge allen bekannten Goldes in der Welt ergibt einen Würfel von nur 17 Meter Kantenlänge. Das entspricht noch nicht einmal der Größe eines ausgewachsenen Hochhauses.

Wenn Banken untereinander Gold handeln, liegen den Transaktionen in der Regel größere Mengeneinheiten zugrunde. International anerkannt sind rund 12,5 Kilogramm schwere Barren (etwa 400 Unzen), die eine Feinheit von mindestens 995/1000 haben. Sie müssen eine Seriennummer und den Stempel eines zum Goldmarkt zugelassenen Schmelzunternehmens tragen. Anders als zum Beispiel am Devisenmarkt, an dem die Transaktionen nur in Form abstrakter Buchungen vorgenommen werden, wird Gold ständig materiell in der Welt herumtransportiert. Hat eine Bank ein Dutzend der Barren erworben, will man dafür nicht nur einen Buchungsposten in der Buchhaltung stehen haben, sondern das Gold soll tatsächlich auch im Tresor liegen. Dieser laufende Goldtransport ist natürlich mit Kosten für Sicherheitsmaßnahmen, Versicherungen, Transport und andere Dienstleistungen verbunden.

Privatkunden haben die Möglichkeit, Gold auch in kleineren Einheiten zu erwerben. An den Bankschaltern gibt es Goldbarren von 5 Gramm an aufwärts. Der Kauf von Barren und Münzen hat allerdings den Nachteil, daß er wie erwähnt hier mit Mehrwertsteuer belastet ist. Steuerfrei sind sogenannte Goldzertifikate. Dabei erhält der Käufer einen verbrieften Anteilschein auf einen effektiven Goldbestand, der in einem deutschen oder ausländischen Banktresor liegt. Die Zertifikate können jederzeit in Goldbarren getauscht werden. (Dann fällt allerdings die Mehrwertsteuer an.) Die Zertifikate sind nicht marktgängig. Sie werden auf den Namen des Käufers ausgestellt, ein Weiterverkauf an Dritte ist deshalb nicht möglich. Andernfalls entstünde die Gefahr, daß diese Zertifikate die Rolle einer Nebenwährung übernehmen könnten.

Die wohl älteste Art, Gold als Geldanlage zu horten, ist das Sammeln von Münzen. Die ersten Goldmünzen wurden im 7. Jahrhundert vor Christus von den Griechen geprägt. Es hat nicht lange gedauert, bis man begann, diese Stücke zu sammeln. Riesige Mengen von Goldmünzen sind im Laufe der Jahrhunderte geschlagen worden, und viele blieben bis auf den heutigen Tag erhalten. Münzen, vor allem aus Gold, sind von jeher ein Teil der Kultur des jeweiligen Volkes gewesen. Mit ihrer Ausstattung wurden oft Künstler von hohem Rang beauftragt. Deutschland führte 1873 die Goldwährung ein, die den bis dahin gültigen Vereinstaler ablöste. Es wurden Münzen im Nennwert von 5, von 10 und 20 Mark ausgegeben. Sie tragen auf der Rückseite einheitlich den Reichsadler und auf der Vorderseite das Bild des Kaisers oder der jeweiligen Landesherren oder das Staatswappen. Nachdem die Münzen während des Ersten Weltkrieges aus dem Verkehr gezogen wurden, um die Devisenreserve der Reichsbank zu stärken, wurden sie allerdings erst 1938 für ungültig erklärt. Das große Zeitalter der Goldmünzen war im wesentlichen zu Beginn des ersten Weltkrieges überall vorbei. Heute gibt es praktisch keine echten umlaufenden Goldmünzen mehr. Zwar prägen noch eine ganze Reihe von Ländern Goldstücke, aber sie haben praktisch keinen Verkehrswert, sondern sind von vornherein als Anlagemittel gedacht. Wichtig für Käufer ist dabei, was ein Gramm Münzgold im Vergleich zum Marktpreis für Barrengold kostet. Schon wegen der Prägekosten für Münzen wird Gold in Münzform, je Gramm gerechnet, teurer als Barrengold sein, also ein »Aufgeld« erfordern.

Die bekannteste und beliebteste Münze dieser Art war lange Zeit der südafrikanische Krügerrand, bis er wegen der Rassenpolitik in Südafrika in Mißkredit geriet und immer stärker von anderen Münzen verdrängt wurde. Der Krügerrand ist wegen seines geringen Aufgeldes praktisch ein Barren in Münzform. Er zählt zweifellos zu den pfiffigsten Konstruktionen in der Geschichte des Geldes. Er trägt nämlich keinen Aufdruck des Nennwerts einer Währung. Er wiegt dafür aber genau eine Unze Gold. Sein Wert ist variabel und entspricht in Südafrika genau dem jeweiligen Unzenpreis in Dollar, wie er sich in London bildet. In Südafrika gilt er als offizielles Zahlungsmittel; trotzdem ist er aber in Deutschland seit dem 1. Januar 1980 mit Mehrwertsteuer belegt. Seit der Einführung 1979 hat sich der kanadische »Maple Leaf« einen beachtlichen Marktanteil erobert. Diese Münze enthält genau eine Unze Gold (Feingehalt 24 Karat). Inzwischen gibt es Goldmünzen dieser Art auch aus den Vereinigten Staaten von Amerika (»Gold American Eagle«), Großbritannien (»Britannia«) und Australien (»The Australien Nugget«). Andere Münzen, selbst wenn sie in ihren Heimatländern als offizielle Zahlungsmittel anerkannt sind, besitzen daneben wenig Bedeutung. Für sie muß oft ein hohes Aufgeld – bis weit über 100 Prozent – auf den reinen Goldpreis gezahlt werden. Der Markt für solche München ist sehr eng, und es werden nur kleine Posten gehandelt. Die Preise dieser Münzen orientieren sich nicht mehr am Goldpreis, sondern ausschließlich an Angebot und Nachfrage.

Neuprägungen von Goldmünzen gibt es vor allem aus Österreich, daneben aus Chile, Südafrika, der Sowjetunion und einiger sehr exotischer Staaten, die auf der Landkarte kaum auszumachen sind. Darunter gibt es einige recht preiswerte Stücke, die sich für die Geldanlage in Gold eignen, da ihre Aufpreise verhältnismäßig bescheiden sind. Ihr Wert wird sowohl von der Kursentwicklung des Rohgoldes bestimmt als auch von ihrem Seltenheitswert. Nur vom Seltenheitswert bestimmt wird der Preis jener Goldmünzen, für die sich in erster Linie Sammler interessieren. Die Vielzahl dieser klassischen Goldmünzen füllt die Seiten von Katalogen der darauf spezialisierten Banken und Münzhandlungen. Bei diesen numismatischen Münzen sind in der Regel die Spannen zwischen An- und Verkaufspreis außerordentlich hoch.

Gewisse Schwierigkeiten bereitet es, die Echtheit von Münzen sicherzustellen. Dazu bedienen sich die Banken heute einiger hochentwickelter Geräte zur Prüfung und Kontrolle. Aber hin und wieder kann schon mal ein falsches Stück auf rätselhafte Weise in den Markt geschleust werden. Echtheitszertifikate können die Banken für Münzen nicht ausstellen: Da Münzen keinerlei Identitätsmerkmale tragen, ist eine direkte Bindung der Münze an das Zertifikat unmöglich. Auch zur Prüfung von Barren stehen einigen Banken moderne Geräte zur Verfügung, die mit Ultraschall Fälschungen aufspüren können.

Es war einmal ein aktueller Anlagetip: Ein Scheich im Aufsichtsrat ist Gold wert.

170

Der tiefe Blick in die Seele des Sammlers

Medaillen – Gold- und Silberstücke ohne Markt

Keine Münzen, aber so etwas Ähnliches sind Medaillen. Sie eignen sich allerdings nur äußerst bedingt zur Geldanlage. Eine Medaille ist zunächst einmal nichts anderes als eine Metallscheibe, die aus besonderen Anlässen geprägt wird. Prägen darf jeder. Das Aufgeld ist meist sehr hoch. Ein Markt dafür besteht nicht. Sie sind also nur zum Metallwert, abzüglich der Schmelzkosten, verwertbar. Der jeweilige Herausgeber ist in der Regel nicht bereit, eine Medaille zurückzunehmen. Trotzdem finden Medaillen in letzter Zeit immer mehr Liebhaber. Einige Unternehmen haben sich, mit Erfolg, darauf spezialisiert und leben nicht schlecht davon.

Vom Hubschrauberbau zum Medaillenprägen ist in Ottobrunn bei München kein weiter Weg. Wer das weitläufige Gelände des Flugzeugherstellers Messerschmitt-Bölkow-Blohm verläßt, erreicht eine solche Prägeanstalt zu Fuß in 10 Minuten. Anfang der siebziger Jahre haben etwa ein halbes Dutzend Werkzeugmacher mit einem Ingenieur an der Spitze genau diesen Weg angetreten. Das heißt, sie haben sehr zum Leid ihres alten Brötchengebers die Stellung gewechselt. Damals allerdings bestand die Prägeanstalt noch gar nicht. Als sie nach den Aufbaumonaten Anfang 1975 schließlich produzierte, zeigte sich, welch guten Griff die Manager der Prägeanstalt mit den ehemaligen Flugzeugbauern getan hatten: Die Ottobrunner liefern seitdem Medaillen, deren Qualität und Genauigkeit von Kennern geschätzt wird.

Nicht zuletzt die technische Perfektion, mit der in den blitzsauberen kleinen Werkstätten gearbeitet wird, hat diesen Erfolg am deutschen Markt ermöglicht. Die Kartei verzeichnet rund 120 000 Stammkunden, davon schätzungsweise ein Drittel Frauen. Der Umsatz des Unternehmens ist seit der Gründung im Mai 1971 ständig gestiegen. Heute bezeichnen sich die Ottobrunner als die größte private Prägeanstalt Deutschlands, was aber nicht allzuviel heißen will, denn die anderen rund 30 privaten Prägeanstalten produzieren zumeist mehr oder minder auf dem Niveau von Kleinstbetrieben.

Neben der Technik wird der Unternehmenserfolg vor allem vom Marketing getragen. Marketing, das bedeutet in diesem Fall: »Die Sammlerseele wird bis in ihre tiefsten Winkel ausgeleuchtet.« Im Stadtbüro in der Münchner Maximilianstraße sind eine ganze Reihe von Leuten ständig damit beschäftigt, neue Medaillenmotive aufzuspüren, die einen möglichst breiten Interessentenkreis ansprechen könnten. »Die Ära Adenauer« oder »Die 100 größten Erfindungen der Menschheit« sind einige Beispiele für erfolgreiche Medaillenserien.

Steht das Motiv fest, machen sich die Münchner auf die Suche nach freien Mitarbeitern für die jeweilige Serie. Das sind einmal Kenner des entsprechenden Sachgebiets, die Informationen über den geschichtlichen oder sonstigen Hintergrund des Medaillenobjekts liefern. Denn der Kunde soll nicht nur die nackten Prägungen erhalten, sondern er soll auch wissen, was es damit auf sich hat. Die cleveren Münchner wissen: Das ganze Drum und Dran, der Service, auf Hochglanzpapier gedruckt und in scheinbar kostbare Schatullen verpackt, besticht so manchen Sammler zusätzlich.

Zum anderen sucht man einen sogenannten Sponsor, wie zum Beispiel Wolfgang Wagner bei der Serie »Die Meisterwerke Richard Wagners«, er soll mit seinem werbewirksamen Namen, natürlich nicht umsonst, den Absatz fördern. Auch die Künstler werden für den Medaillenentwurf objektweise engagiert. Dann läuft die Werbeaktion an. Über die Kundenkartei werden die potentiellen Käufer direkt angeschrieben, worüber sich auch die Münchner Post freut; denn die Prägeanstalt ist einer ihrer größten Kunden.

Der Erfolg jeder Auflage läßt sich daran messen, inwieweit die vorgelegten Kosten für die Vorbereitungsarbeiten und die Werbung, die bei einzelnen Objekten bis zu einer halben Million DM betragen, von den Verkaufserlösen übertroffen werden. Das Risiko, auf den Stücken sitzenzubleiben, besteht nicht, da erst nach dem vollständigen Auftragseingang produziert wird. Die limitierte Stückzahl, bei Serien bis zu 5 000 Sätzen, bei Einzelmedaillen bis zu 50 000 Stück, zählt in der Werbung als wichtiges Verkaufsargument.

Es scheint, als sei der Sammlermarkt noch längst nicht vollständig ausgespäht. Schon jetzt halten die Münchner in ihrem Programm ein ganzes Sammelsurium weiterer Gegenstände zum Verkauf bereit.

Dazu zählen Ersttagsbriefe, wie zum Beispiel von der Flugpremiere der Concorde. Aber auch Sammelteller, wertvolle Gläser oder kunstvolle Lederbände mit den Schriften von Nobelpreisträgern werden feilgeboten. Manchem Liebhaber alter Gläser oder Bücher mag es vor der kaltblütigen industriellen Vermarktung seiner Sammelleidenschaft grausen. Schließlich werden hier Dinge produziert, die einzig und allein dazu da sind, gesammelt zu werden, die nie einen Gebrauchswert hatten, die nie »echt« waren, die dem Besitzer keine Geschichte erzählen können, weil sie sinnentleerte Kreationen der Industrie sind, teuer, sogar noch selten, aber ohne Geist, allenfalls gut fürs Prestige. Aber der Markt dafür ist vorhanden und wächst sogar.

Wenn eine Regierung das Geld verschlechtert, um alle ihre Gläubiger zu betrügen, gibt man diesem Verfahren den höflichen Namen »Inflation«.

G. B. Shaw

Der Ertrag ist die Hoffnung

Das Gold-Termin-Geschäft

Eine besondere Variante des Goldmarktes sind Gold-Termin-Geschäfte. Dabei beträgt in Deutschland die Mindestmenge 12,5 Kilogramm. Die deutschen Banken wickeln diese Geschäfte meistens aus steuerlichen Gründen im Ausland ab. Die Laufzeit des Terminkontraktes beträgt normalerweise ein, drei oder sechs Monate. Das Geschäft kann gegen Dollar, D-Mark oder andere Währungen abgeschlossen werden. Der »Einschuß« (praktisch die »Anzahlung« auf das gesamte Geschäft) liegt bei etwa 30 Prozent. Diese Art von Goldspekulation setzt allerdings ein großes Maß von Risikobereitschaft und Kenntnis der Markteigenheiten voraus, die ein normaler Anleger wohl nur selten besitzt. Gold-Termin-Geschäfte sind daher nur etwas für Profis. Weil das so ist und deshalb diese Gold-Termin-Geschäfte nur »Profis« in ihren Bann ziehen konnten, hat sich der Markt gewandelt. Die Goldspekulation auf Termin hat heute viele Gesichter.

Das »klassische«, an die Ware gebundene Goldtermingeschäft ist abgelöst worden von Geschäften, bei denen die Ware Gold nur noch auf dem Papier steht: vom Handel mit Goldterminkontrakten. Dieser Handel ist börsenmäßig organisiert; eine führende Stellung nimmt die Comex in New York ein. Goldterminkontrakte (»Futures«) werden freilich auch an anderen Terminbörsen, etwa am Chicago Board of Trade, gehandelt.

Goldterminkontrakte verpflichten zur Abnahme oder zur Lieferung einer bestimmten Menge Gold zu einem bestimmten zukünftigen Zeitpunkt zu einem bereits heute festgelegten Preis. Da die Kontrakte nicht voll bezahlt werden müssen, sondern ein (relativ geringer) Einschuß, eine Anzahlung, genügt, während sich Preisveränderungen des Goldes auf den Gesamtwert des Kontraktes auswirken, sind die Chancen wie die Risiken entsprechend hoch. In aller Regel werden die Kontrakte kurz vor ihrer Fälligkeit durch ein zum gleichen Zeitpunkt auslaufendes Gegengeschäft glattgestellt. Aus beiden Geschäften zusammengenommen ergibt sich dann der Gewinn oder der Verlust dieser Spekulation.

Hohe Chancen und hohe Risiken ergeben sich erst recht aus der nächsten Stufe des Goldterminhandels, dem Handel mit Optionen auf Goldterminkontrakte (options on gold futures). Dabei wird dem Käufer der Option ein Wahlrecht eingeräumt, für das er eine Prämie zahlt. Es gibt »call«- und »put«-Optionen; »call« gibt das Recht zu kaufen, »put« das Recht zu verkaufen. Der Optionskäufer wird sich für die Ausführung des Geschäfts entscheiden, wenn ihm die Marktlage einen Gewinn verspricht. Er kann jedoch darauf verzichten. Er hat dann die gezahlte Prämie eingebüßt, mehr aber auch nicht.

Spekulationen auf einen künftig steigenden oder fallenden Goldpreis sind ferner zum Beispiel noch möglich durch Geschäfte in einem australischen Goldterminkontrakt, der auf dem Goldaktienindex aller australischen Börsen basiert. Außerdem gibt es, mit einer Notiz etwa an der Zürcher Börse, von Anleihen abgetrennte Optionsscheine, die zum Bezug einer bestimmten Menge Gold zum bereits festgelegten Preis während einer bestimmten Laufzeit des Optionsscheins berechtigen.

Auch heute noch, in einer modernen Industriegesellschaft, in der eigentlich für den jahrtausendealten Mythos um das Gold kaum noch Platz sein dürfte, übt das gelbe Metall nach wie vor auf viele große Faszination aus. Heute sind es jedoch nicht mehr Krieg, Raub und Plünderung, vor denen man sich früher durch einen versteckten kleinen Goldschatz retten wollte, sondern heute treibt das Gespenst der Inflation die Menschen in den Goldbesitz. Gold als Sachwert soll das Vermögen sichern. Bisher hat jeder Inflationsstoß die Flucht ins Gold gefördert. Sollte die Schöpfung neuer internationaler Liquidität weiter unkontrolliert fortschreiten, dürfte Gold als Anlage weiterhin eine Zukunft haben. Denn Gold ist Geld, das man nicht beliebig vermehren kann. Es bringt zwar keine Zinsen, aber sein Kauf ist eine Art Versicherungsprämie für den Fall, daß die anderen, auf Papier gedruckten Werte einmal verrinnen sollten. Dann, so hoffen seine Besitzer, wird das weiche Metall seine Härte beweisen.

Was tun, wenn ein Schweizer Bankier aus dem Fenster springt? Hinterherspringen, es gibt was zu verdienen.
(Voltaire)

Silber glänzt auch

Spekulativer Rohstoff

Wen's nicht zum Golde drängt als Anleger, hat seine Freude vielleicht an einem blinkenden Silberstück. Bei Silbermünzen – zum Beispiel bei Sonderprägungen von Fünf-Mark-Stücken der Bundesrepublik Deutschland – spielt der Materialwert jetzt ebenfalls – wie bei Goldmünzen – eine wachsende Rolle; hinzu kommen Preiseinflüsse durch die Rarität. Wer dagegen mit Silber als Material spekulieren will, hat dieselben Möglichkeiten wie bei einer Goldanlage. Er kann Silberbarren oder ein Zertifikat auf einen Silberbarren erwerben, um gegebenenfalls die deutsche Mehrwertsteuer zu umgehen. Die Abwicklung ist die gleiche wie beim Goldzertifikat. Allerdings ist bei Silber, falls es ausgeliefert wird, immer zu berücksichtigen, daß die Transportkosten wegen des hohen Gewichts der Barren sehr umfangreich werden können. Ein im internationalen Handel üblicher Silberbarren wiegt etwa 31 Kilogramm.

Die Anlage in Silber wird allgemein als sehr spekulativ betrachtet. Silber hat währungspolitisch praktisch keine Bedeutung mehr und unterliegt oft unberechenbaren Schwankungen an den Rohstoffbörsen, genauso wie Kupfer, Zink und andere Metalle auch. Auch bei Silber besteht die Möglichkeit, Termingeschäfte abzuschließen. Die Voraussetzungen sind ähnlich wie bei Goldtermingeschäften. Das handelbare Minimum schwankt nach Börsenplatz und Kontraktart.

Bevor die Liquiditätskonsortialbank, im Börsenjargon »Likobank« genannt, überhaupt gegründet worden war, ist auf dem Börsenparkett schon folgender Spruch zitiert worden: »Bank kaputt, Vorstand kichert – alles Likobank versichert.«

177

Preise deutscher Sondermünzen

Bezeichnung	Ausgabe	Aufl.[1]	DM-Verkaufspreise im Handel					
			Dez. 1974	Dez. 1980	Dez. 1984	Dez. 1986	Dez. 1987	März 1988
5 DM Germ. Mus.	1952	0,2	730,–	1843,–	1606,–	1525,–	1529,–	1594,–
5 DM Schiller	1955	0,2	635,–	1454,–	1074,–	1117,–	1162,–	1180,–
5 DM Markgraf	1955	0,2	535,–	1339,–	1023,–	1029,–	1049,–	1055,–
5 DM Eichendorff	1957	0,2	510,–	1339,–	1023,–	1029,–	1054,–	1085,–
5 DM Fichte	1964	0,5	190,–	406,–	350,–	354,–	392,–	414,–
5 DM Leibniz	1966	2,0	46,–	70,–	62,–	66,–	66,–	73,–
5 DM Humboldt	1967	2,0	50,–	82,–	73,–	77,–	79,–	89,–
5 DM Raiffeisen	1968	4,0	11,–	20,–	16,–	14,–	14,–	17,–
5 DM Gutenberg	1968	3,0	21,–	33,–	33,–	32,–	30,–	32,–
5 DM Pettenkofer	1968	3,0	17,–	23,–	30,–	28,–	28,–	29,–
5 DM Fontane	1969	3,0	21,–	41,–	34,–	32,–	32,–	32,–
5 DM Mercator	1970	5,0	10,–	13,–	10,–	9,–	9,–	9,–
5 DM Beethoven	1971	5,0	11,–	16,–	14,–	14,–	13,–	14,–
5 DM Reichsgrd.	1971	5,0	11,–	16,–	14,–	14,–	13,–	14,–
5 DM Dürer	1971	8,0	9,–	13,–	8,–	7,–	8,–	8,–
5 DM Kopernikus	1973	8,0	9,–	13,–	8,–	7,–	8,–	8,–
5 DM Paulskirche	1974	8,0	8,–	13,–	8,–	7,–	8,–	8,–
5 DM Grundgesetz	1974	8,0	8,–	13,–	8,–	7,–	8,–	8,–
5 DM Kant	1974	8,0	8,–	13,–	8,–	7,–	8,–	8,–
5 DM Ebert	1974	8,0	7,–	13,–	8,–	7,–	8,–	8,–
5 DM Denkmalsch.	1975	8,0	–	13,–	8,–	7,–	8,–	8,–
5 DM A. Schweitzer	1975	8,0	–	13,–	8,–	7,–	8,–	8,–
5 DM v. Grimmelsh.	1976	8,0	–	13,–	8,–	7,–	8,–	8,–
5 DM Gaus	1977	8,0	–	13,–	8,–	7,–	8,–	8,–
5 DM Kleist	1977	8,0	–	13,–	8,–	7,–	8,–	8,–
5 DM Stresemann	1978		–	13,–	8,–	7,–	8,–	8,–
5 DM Neumann	1978		–	13,–	8,–	7,–	8,–	8,–
5 DM Arch. Institut	1979		–	13,–	8,–	7,–	8,–	8,–
10 DM Olympiade I	1970	10,0	30,–	22,–	18,–	16,–	17,–	16,–
10 DM Olympiade II	1971	20,0	13,–	14,–	13,–	13,–	17,–	14,–
10 DM Olympiade III	1971	20,0	13,–	14,–	13,–	13,–	13,–	13,–
10 DM Olympiade IV	1972	20,0	13,–	14,–	13,–	13,–	13,–	13,–
10 DM Olympiade V	1972	10,0	14,–	14,–	15,–	12,–	14,–	13,–
10 DM Olympiade VI	1972	20,0	13,–	16,–	13,–	13,–	13,–	13,–

Quelle: Sondermünzen-Index der Volksbanken und Raiffeisenbanken. Unverbindliche Durchschnittspreise. – [1] in Millionen Stück.

Traumrenditen auf Glanzpapier

Undurchsichtige Geschäfte auf den Warenterminmärkten

Die Notierungen der internationalen Rohstoffmärkte haben nicht nur den Sinn, Verarbeitern und Importeuren dieser Güter Informationen über die Preise zu geben. Die Warenmärkte sind seit jeher ein beliebter Platz für spekulative Engagements gewesen, auf denen sich halbwegs erfolgreich freilich nur Kenner bewegen werden. In einer Zeit, in der mit anderen Anlagearten weniger als sonst zu verdienen war, kamen auch in der Bundesrepubik die »Warenterminmärkte« ganz groß heraus. Und sofort gingen skrupellose Geschäftemacher auf Dummenfang.

»Gehören Sie etwa auch zu den Dummen, die ihr sauer verdientes Geld für dreieinhalb Prozent auf dem Sparbuch anlegen?« Die Stimme am Telefon ist eine Mischung aus Mitleid und Verachtung. »Bei uns bekommen sie 25 Prozent, praktisch sicher, aber Sie müssen sich schnell entscheiden, es eilt.« Es eilt immer bei solchen Geschäften. Aber noch schweigt der Gesprächspartner am anderen Ende der Leitung. Vor vier Wochen hat der Bauunternehmer M. in Niederbayern »seinen Laden« verkauft. 300 000 DM hat er dafür bekommen, aber wohin mit dem Geld?

Er stieß auf eine Anzeige: »Optionsgeschäfte am Warenterminmarkt« mit einer traumhaften Rendite, und er bat um Prospekte. Die Unterlagen kamen postwendend per Eilboten, und kurz darauf der Anruf. Die Stimme am Telefon drängt: »Entscheiden Sie sich . . ., fast ohne Risiko . . ., lauter seriöse Leute, Bankdirektor X, Prinz von Y, meinen Sie, die machen krumme Geschäfte, wo denken Sie hin, sehen Sie sich doch mal die Bankverbindungen an.« Der Fisch an der Angel zappelt nicht mehr. 20 000 DM will Bauunternehmer M. überweisen, als Versuch sozusagen.

Vier Wochen später ist unser Bauunternehmer um eine Erfahrung reicher. Die Staatsanwaltschaft ermittelt, er wird vorgeladen. Das Büro der »Anlagegesellschaft« in Frankfurt ist geschlossen, vom Geld fehlt jede Spur. 500 Millionen DM, wahrscheinlich mehr, sind Schätzungen nach in den letzten zwei bis drei Jahren gutgläubigen Anlegern auf diese oder ähnliche Weise aus der Tasche gezogen worden. Gegen mehr als ein Dutzend Schwindelfirmen (die zum Teil auch mit wertlosen Aktien handelten) wird oder wurde allein von der Frankfurter Staatsanwaltschaft ermittelt. Die Fälle häufen sich.

Bei dem zuständigen Oberstaatsanwalt und dem Staatsanwalt laufen die Telefone heiß. Jetzt erst melden sich die Geschädigten und erstatten Anzeige. Häufig bleibt bei solchen Delikten die Zahl aller Betroffenen im dunkeln. Denn etwa ein Fünftel der eingezahlten Beträge, so läßt sich schätzen, sind sogenanntes »Schwarzgeld«, Beträge, die dem Fiskus verborgen bleiben sollen. Dementsprechend besteht bei diesen »Geschädigten« nur wenig Interesse an einer Aufklärung. »Besser gleich vergessen«, heißt dann die Devise.

Betrügereien mit Optionsgeschäften sind zur Zeit im Bereich der Wirtschaftskriminalität, nach den berüchtigten Abschreibungsgesellschaften und dem Subventionsschwindel, der »große Renner«.

Die Masche, nach der gearbeitet wird, ist immer dieselbe: Zuerst wird eine Firma ins Handelsregister eingetragen, das ist jedem erlaubt und gibt juristisch einen korrekten Anstrich. Ein Hinweis auf die Eintragung im Handelsregister fehlt deshalb in der Werbung fast nie. Weitere Auflagen bei der Gründung einer solchen Firma sind in der Bundesrepublik nicht vorgesehen. Eine Lizenz gibt es dafür, anders als in Amerika oder England, hierzulande nicht. Nach der Eintragung wird in den einschlägigen Zeitschriften und Tageszeitungen inseriert, wobei die mehr oder weniger riesige Rendite als Blickfang dient. Interessenten erhalten sofort umfangreiches Prospektmaterial. In den feinen, auf Hochglanzpapier gedruckten Broschüren finden sich ein Durcheinander von mehrdeutigen Geschäftsbedingungen, ausführliche Hinweise auf die guten Bank- und Geschäftsverbindungen in London oder sonstwo, die Namen angesehener Brokerhäuser und eine ausführliche Beschreibung, wonach die Anlage totsicher und überaus gewinnträchtig sei: Darunter zeichnen irgendwelche Personen mit möglichst klangvollem Namen und Titeln.

Die Namen von Persönlichkeiten, Bankverbindungen und Brokerhäusern werden oft ohne Genehmigung benutzt, und die Beschreibung der Geschäfte stimmt hinten und vorne nicht. Aber ehe die als »Aushängeschild« genannten Personen etwas dagegen unterneh-

180

men können, sind die Prospekte längst gedruckt und verschickt worden.

Das Geschäft ist zwar von Anfang an auf Betrug angelegt, entbehrt aber nicht gewisser Beziehungen zum tatsächlichen Optionshandel, wie er an vielen ausländischen Börsen abgewickelt wird. Angeboten wurden bisher hauptsächlich sogenannte »Spezial-Doppeloptionen«, mit denen der Anleger den Prospekten nach eigentlich immer nur gewinnen konnte. Manchmal wurden sogar Optionen auf seinerzeit verboten gewesene amerikanische Terminkontrakte (Kartoffeln, Weizen und Schweinebäuche) offeriert. In Wirklichkeit floß bei solchen betrügerischen Geschäften nicht eine einzige Mark zu einem Broker, sondern die Einzahlungen verschwinden sofort auf ausländischen Konten, meistens in der Schweiz.

Das Verfahren ist vergleichbar mit einer Tippgemeinschaft, die im Monat 100 DM im Lotto setzt und einem ihrer Mitglieder die Einzahlung anvertraut. Der Mann zahlt aber nicht ein, sondern steckt das Geld in die eigene Tasche. Wenn ein Gewinn mit drei oder auch vier Richtigen eintritt, kann er seine Mitwetter ohne weiteres aus der eigenen Tasche bezahlen. Bei fünf Richtigen wird es schwierig, bei sechsen ziemlich unmöglich. Im Grunde handelt es sich um das aus anderen Bereichen bekannte »Schneeballsystem«.

Die Gesellschaften sind auf immer neue Einzahlungen angewiesen, um die vorgegaukelten Gewinne wenigstens eine Zeitlang abdecken zu können. Während dieser Zeit werden die Kunden mit hohen Buchgewinnen, die jedoch fast nie ausgezahlt werden, geködert, noch mehr Geld »nachzuschießen«. Bleibt ein Kunde hartnäckig und will seine »frisierten« Buchgewinne abrufen, so müssen diese aus den Neueinzahlungen neuer Kunden finanziert werden. Werden jedoch, was hin und wieder vorkommt, tatsächlich echte Geschäfte am Optionsmarkt abgeschlossen, so wird das Kundengeld unter dem Namen eines Geschäftsführers der Optionsfirma privat angelegt. Der Kunde hat dementsprechend immer nur Ansprüche an die Gesellschaft, bei der nichts zu holen ist, nicht aber an den Broker. Um welche Art von Kunden es sich handelte, merken auch die Broker meist erst, wenn es zu spät ist. Die Broker zählen auch zu den Hauptleidtragenden dieser Art Geschäfte. Denn der zwar spekulative, aber durchaus seriöse Warenter-

Notierungsarten an den Warenbörsen

Ware	Börse	Preisnotierungsart [1]
Aluminium	New York	in Cents per Ib.
	London	in £ per Long Ton
Baumwolle	New York	in Cents per Ib.
	Alexandrien	in Tallaris (= ein Fünftel ägypt. £) per Kantar (50 kg)
Baumwollsaatöl	New York	in Cents per Ib.
Benzin	New York	in Cents per US-Gallone (3,7853 l)
Blei	New York	in Cents per Ib.
	London	in £ per Tonne
Chrom	New York	in Cents per Ib.
Gerste	Winnipeg	in Cents per Bushel (48 Ib.)
Gewürze	London	in Pence per Ib.
Gold	New York	in Cents per Troy-Unze (31,1035 g)
	London	in Cents per Troy-Unze
Hafer	Winnipeg	in Cents per Bushel (15,422 kg = 34 Ib.)
	Chicago	in Cents per Bushel (14,515 kg)
Häute	Chicago	in Cents per Ib.
Heizöl	New York	in Cents per US-Gallone (3.7853 l)
Jute	Chittagong	in Takas per Ballen (181,437 kg)
	Dundee	in £ per Long Ton
Kaffee	New York	in Cents per Ib.
	London	in £ per Tonne
Kakao	New York	in Dollars per Tonne
	London	in £ per Tonne
Kautschuk	New York	in Cents per Ib.
	London	in Pence per kg
	Singapur	in Cents per Ib.
Kokosöl	New York	in Cents per Ib.
Kopra	New York	in Dollars per Short Ton (907,185 kg)
	London	in £ per Long Ton
Kupfer	New York	in Cents per Ib.
	London	in £ per Tonne
Leinöl	New York	in Cents per Ib.
Mais	Chicago	in Cents per Bushel (25,402 kg)
Nickel	New York	in Cents per Ib.
	London	in £ per Long Ton

[1] Ib = engl. Pfund zu 453,592 g; Gross od. Long Ton = 1016,047 kg.

Ware	Börse	Preisnotierungsart [1]
Petroleum	New York	in Dollars per Barrel (158,984 l)
Platin	New York	in Dollars per Troy-Unze (31,1035 g)
	London	in £ per Troy-Unze
Quecksilber	New York	in Dollars per Flasche (76 Ib. = 34,473 kg)
	London	in Dollars per Flasche
Reis	New York	in Cents per Ib.
Roggen	Winnipeg	in kan. Cents per Bushel (56 Ib.)
Roheisen	New York	in Dollars per Gross Ton
Schmalz	Chicago	in Cents per Ib.
Schweine	Chicago	in Dollars per cwt.
Silber	New York	in Cents per Troy-Unze (31,1035 g)
	London	in Pence per Troy-Unze
Sojabohnen	Chicago	in Cents per Bushel (60 Ib.)
Sojaöl	New York	in Cents per Ib.
		in hfl. per 100 kg
Stahl	London	in £ per Tonne
Stahlschrott	New York	in Dollars per Gross Ton
Talg	New York	in Cents per Ib.
Tee	London	in Pence per kg
Terpentin	New York	in Cents per US-Gallone (3,7853 l)
Weizen	Chicago	in Cents per Bushel (27,216 kg)
Wolfram	New York	in Dollars per Short Ton
Wolle (Schweiss-)	Sydney	in austr. Cents per kg
	London	in Pence per kg
	New York	in Cents per Ib.
Wolle (Kammzug)	Roubaix	in Francs per kg
	London	in Pence per kg
	New York	in Cents per Ib.
Zink	New York	in Cents per Ib.
	London	in £ per Tonne
Zinn	New York	in Cents per Ib.
	London	in £ per Tonne
	Penang	in Dollars per Picul (60,478 kg)
Zucker	New York	in Cents per Ib.
	London	in £ per Tonne oder Long Ton

[1] Ib. = engl. Pfund zu 453,592 g; Gross od. Long Ton = 1016,047 kg.
Quelle: »Wert und Maß in aller Welt«, Ausgabe Frühling 1987, Schweizerischer Bankverein – Société de Banque Suisse, CH-4002 Basel.

minhandel gerät zusehends in Verruf, was sich auch in den Umsatzzahlen niederschlägt.

Geographischer Schwerpunkt für den Sitz der Betrugsgesellschaften ist Frankfurt. Aber zunehmend weichen die »Firmen« in weniger »gefährdete« Gegenden aus. Neue Spuren führen in so unauffällige Städte wie zum Beispiel Koblenz. Der Boden in der Bankenstadt am Main wird für sie immer heißer. Denn seit Oktober 1974 arbeiten die dafür zuständigen Staatsanwälte eng mit dem Hessischen Landeskriminalamt und einer speziell gebildeten Sonderkommission zusammen. Zwar blieben Erfolge nicht aus, aber im Grunde reicht es nur, um den kriminellen Wildwuchs in der »Branche« nicht gar zu sehr wuchern zu lassen.

Die Betrüger sind gerissen, arbeiten international und haben ein feines Gespür dafür, wann es Zeit wird, sich abzusetzen. Die staatsanwaltschaftlichen Ermittlungen leiden unter chronischem Personalmangel und der Schwerfälligkeit des Behördenapparats. Zum Sichten und Auswerten der beschlagnahmten Akten, die tonnenweise mit Lastwagen von den durchsuchten Gesellschaften abtransportiert wurden, stehen in Frankfurt oft zuwenig Mitarbeiter zur Verfügung. Amtshilfeersuchen an Nachbarländer dauern Wochen. Die Spuren reichen nach London, in die Schweiz und besonders auch nach Kanada. Meist ist die Staatsanwaltschaft auf mehr oder weniger inoffizielle Informationskanäle angewiesen, wobei persönliche Kontakte oft entscheidend sind. Gelingt es schließlich mit Hilfe eines Richters (der erst einmal von der Stichhaltigkeit der Beweise überzeugt werden muß), ein Büro zu schließen, so ist den Betrügern damit meistens nur vorübergehend das Handwerk gelegt. Abgesehen davon, daß manche Drahtzieher gänzlich unerkannt bleiben, können andere häufig flüchten. Gegen die übrigen »Mitarbeiter«, in erster Linie die »Telefonverkäufer«, reichen die Beweise meistens nicht einmal zu einem Haftbefehl aus. Sie können sich an der nächsten Ecke wieder zusammenfinden und eine neue »Gesellschaft« gründen.

Der Kreis dieser »Telefonverkäufer«, von denen das »Geschäft« lebt, wird in Frankfurt auf etwa 150 Personen geschätzt. Ein paar kommen hinzu, ein paar wandern ab, aber der Kern, darunter viele ehemalige IOS-Verkäufer, bleibt derselbe. Die Typenskala reicht vom unauffälligen, harmlos dreinschauenden Mittsechziger, dem man allenfalls noch einen Heiratsschwindel zutraut, bis zum smarten Jungen im blauen Zweireiher mit Diplomatenkoffer, dem die angeborene Geschäftstüchtigkeit aus den Augen zu blitzen scheint. Mancher hat sich hochgearbeitet, vom »Drücker« (Verkäufer an der Haustür) für Wäschepakete oder Staubsauger zum »Anlageberater«.

Der Schwindel lohnt sich. Monatliche »Gehälter« zwischen 10 000 und 20 000 DM, bar auf die Hand versteht sich, sind üblich. Der Rekord wurde, wie man hörte, bei der in Konkurs gegangenen Finanz- und Anlageberatung (FAB) mit 38 000 DM im Monat ermittelt. Die Verkäufer arbeiten auf Provisionsbasis gegenüber ihren »Dienstherren«. Der Provisionssatz liegt bei etwa 15 Prozent vom Umsatz. Arbeitsverträge liegen in der Regel nicht vor. Im Geschäft herrschen harte Sitten. Wer nicht genügend anschafft, fliegt raus.

Die »Telefonverkäufer« arbeiten nach der Überrumpelungstaktik und mit unglaublicher Frechheit. »Meinen Sie etwa«, so wurde ein mißtrauischer Interessent bei der Zollerngesellschaft von einem Verkäufer gefragt, »die hauen mit ihrem Schloß auf die Bahamas ab?« – und dabei deutete er auf die Rückseite des Prospekts mit einem Bild des märchenhaften Hohenzollernschlosses in Hechingen im Württembergischen. Der Kunde »meinte« das natürlich nicht und verlor sein Geld. Einem anderen Kunden wurde eine Graphik über den Verlauf des Kupferpreises in London vorgelegt. Die Kurve zeigte ständig aufwärts, obwohl der Kupferpreis in London sich kaum verändert hatte. Der Preis je Tonne Kupfer war einfach von Pfund in D-Mark umgerechnet worden. Mithin zeigte die Kurve nur den Aufwertungsgewinn der D-Mark gegen das Pfund.

Selbst der Staatsanwalt mußte als Werbeargument herhalten. Nach der Durchsuchung von Geschäftsräumen der FAB überzeugten die Geschäftsführer ihre Kunden mit dem unwiderlegbaren Satz: »Was wollen Sie denn, der Staatsanwalt war hier und hat gesagt, wir dürften weitermachen.« Was will man mehr? Von Weitermachen hatte der Staatsanwalt allerdings tatsächlich nichts gesagt.

Schlußfolgerung eines erfolgreichen Privatbankiers: »Wir wissen, daß wir nichts wissen. Deshalb bei der Anlageberatung der Kunden: Vorsicht, Vorsicht, Vorsicht!«

(Albert von Metzler)

Das Phänomen Zins

Grundlage aller Geldanlage – umstritten von alters her

Für Aristoteles, den großen griechischen Philosophen, war Geld unfruchtbar; es ist lediglich zum Verbrauch bestimmt. Diesem Votum hat sich Thomas von Aquin angeschlossen. Es wäre freilich nicht korrekt, hieraus allein die Ablehnung des Zinses durch die mittelalterliche Scholastik ableiten zu wollen. Vielmehr hängt ihre Zinsfeindlichkeit mehr mit den Lehren über die Gerechtigkeit zusammen. Und wahrscheinlich standen ihr Darlehen für Konsumzwecke vor Augen, die damals wohl nur zu hohen Zinsen zu haben waren. Von daher ist uns wohl auch der Begriff des Wucherzinses überkommen.

Tatsächlich war Zins immer schon ein Element des wirtschaftlichen Lebens. Allerdings mußte er – unter dem berühmten kirchlichen Zinsverbot – verschleiert werden. Ein bekanntes Beispiel sind die mittelalterlichen Wechselgeschäfte. Die Wechsel der Kaufleute waren auf das Datum einer der »Messen« ausgestellt, auf denen die Wechsel einzulösen waren. Je länger die Zeit bis zur nächsten Messe war, ein desto höherer Diskont auf die Wechsel wurde angesetzt. Hinter dem Devisengeschäft, das – bei den vielfachen Münzsorten der damaligen Zeit – mit dem Wechsel verbunden war, steckte auch ein Kreditgeschäft. Dem Papst wurde es ungemütlich, als zeitgenössische Gelehrte (Molina, Lessius) erklärten, daß sich der an einer Börse oder an einem Markt nach Maßgabe der Skadenz (Zeitdifferenz) aus Angeboten und Nachfrage ergebende Wechselmarktpreis als gerecht gelten könne. So verfügte Papst Pius V. 1571, daß kein Wechsel über die nächstfällige Messe hinaus prolongiert werden dürfe, damit jeglichem Zinswucher die Spitze abgebrochen werde.

Die mittelalterlichen Vorstellungen kann man nun ruhig auf sich beruhen lassen. Die Welt hat sich die Freiheit genommen, das Wort »Zins« klar und deutlich auszusprechen. Der Zins ist sogar eine hochrenommierte Angelegenheit geworden; er ist ein Element der Politik der Zentralnotenbanken. Damit ist allerdings noch nicht gesagt, daß eine einheitliche Meinung in der Wissenschaft darüber besteht, was der Zins ist. Das ist nur insoweit nicht befriedigend, soweit der Zins von staatlichen Behörden und Notenbanken reguliert wird. Denn diese verfolgen mit ihrer »Zinspolitik« bestimmte Ziele. Es ist nun aber recht zweifelhaft, ob ein bestimmtes Ziel auch tatsächlich erreicht werden kann, wenn über den Zins selbst nichts Eindeutiges ausgesagt werden kann. In dem Buch von Friedrich A. Lutz »Zinstheorie« werden beispielsweise acht große Gruppen von Zinstheorien aufgeführt; seit Herausgabe dieses Buches haben sie sich um einige vermehrt.

Der Zins, so scheint es, ist eine jener Institutionen, die sich im Laufe der Zeit entwickelt haben, ohne daß irgend jemand die Absicht gehabt hatte, sie zu erfinden. Er ist sicher viel älter, als wir wissen. In Verruf geriet er wohl erst, als er mit Gelddarlehen verbunden wurde, während die Überlassung von Land oder von Häusern gegen Pachtzins oder Mietzins – oft in der Form von Naturalien – allenfalls wegen der Höhe der Zinsen anrüchig gewesen ist. Auch heute noch ist ein Zins, der in Ausnutzung von unglücklichen Verhältnissen des Kreditnehmers hoch angesetzt wird, mit Recht verpönt.

Freilich scheint mit der oben erwähnten spätscholastischen Vorstellung, daß ein Wechselmarktpreis, der sich an Börsen oder auf Messen ergibt, als gerechtfertigt gelten könne, eine im Wirtschaftsverkehr schon seit langem geübte Verfahrensweise ihren Segen (wenn auch nicht den päpstlichen) bekommen zu haben. Auch spielte damals schon, wenn auch im Hintergrund, die Ansicht eine Rolle, daß derjenige, der für eine bestimmte Zeit auf Geld – oder Geldeingang (Wechsel) – verzichtet, eine Vergütung dafür bekommen soll. Die Schwierigkeit bestand allerdings noch darin, daß man mit Kassenbestand (oder Liquidität), also gleichsam ruhenden Geld, nichts anzufangen wußte, wenigstens theoretisch. Die moderne Theorie hat diese Frage aufgegriffen und erklärt, daß auch ein Kassenbestand, weil er die Möglichkeit des Kaufens zu einem vorher nicht festgelegten Zeitpunkt ermöglicht, einen Nutzen bringt.

Die Leute, seien es die Privaten oder die Unternehmer oder die Manager von Unternehmen (für ihr Unternehmen) oder auch der Staat, haben allerdings nicht das Bedürfnis, einen Kassenbestand (auch in der Form von Sichtguthaben bei Banken) in unbegrenzter Höhe zu halten; der persönlich empfundene Nutzen von Kasse nimmt von einem, ebenfalls persönlich empfundenen, Betrag mit jeder Mark mehr ab. Viele möchten zwar Geld für Zwecke aufbewahren, die für später (vielleicht die Altersversorgung) geplant sind; aber sie sind auch bereit, einen Teil des Kassenbestandes in Forderungen oder andere Titel umzutauschen, wenn ihnen der Nutzenentgang für diese Kassenbestände durch einen Zins vergütet wird. Je nach den Plänen, die der einzelne für die Zukunft hat, wird er bereit sein, Geld Leuten anzubieten, die heute schon etwas damit anfangen wollen. Und diese haben vielleicht mit diesem Geld nichts anderes im Sinn, als ihren Kassenbestand zu erhöhen, weil ihnen dies, aus welchen Gründen auch immer, von Nutzen erscheint trotz des Zinses, den sie bezahlen müssen.

Eine ganze Menge von Leuten haben Pläne für die Zukunft, die vorsehen, später Geld zur Verfügung zu haben. Dazu gehören vor allem die wirtschaftlich Unselbständigen oder, in weiterer Fassung, diejenigen, die mit ihrem Einkommen, soweit es nicht für laufenden Lebensunterhalt benötigt wird, längerfristige Pläne hinsichtlich der Ausgaben haben. Normalerweise nennt man es sparen, wenn Leute weniger ausgeben, als sie einnehmen. Ihre Pläne haben unterschiedliche Zeithorizonte: das Beiseitelegen von Geld für die nächste Urlaubsreise (etwa auf einem Sparkonto) hat eine andere zeitliche Streckung als die regelmäßige Einzahlung in eine Lebensversicherung. Wenn einmal davon ausgegangen wird, daß die einzelnen genau nach ihren Plänen Verträge über eine Geldhingabe abschließen würden, so ergäbe sich daraus eine bestimmte Struktur von kurzfristigen, mittelfristigen oder langfristigen Geldern.

Auf der anderen Seite hat eine ganze Menge von Leuten dauernd Bedarf nach Geld, das sie sich erst leihen. Lassen wir den gelegentlichen Konsumentenkredit einmal außer Betracht, so sind dies vor allem die Unternehmen oder die Manager von Unternehmen (für ihre Unternehmen) und meist auch der Staat. Sie möchten heute schon Geld ausgeben, sei es für Waren, sei es für Produktionsanlagen, sei es für Rathäuser, Schwimmbäder oder für die Bezahlung der Bediensteten. Sie, insbesondere die Unternehmer, weniger der Staat, müssen allerdings darauf achten, daß die Erträge ihrer Aktivität, die sie mit fremdem Geld bestreiten, die Zahlung von Zinsen und die Rückzahlung zum festgelegten Zeitpunkt gewährleisten. Die Pläne, die den Ausgaben, die sie heute machen, zugrunde liegen, können kurzfristiger Natur sein (beispielsweise ein Warengeschäft), aber auch mittelfristiger oder langfristiger Natur, wie die Anschaffung von Maschinen oder der Bau von großen Produktionsanlagen. Nach traditionellen Finanzierungsgrundsätzen müßten die Laufzeiten der aufgenommenen Gelder mit den Plänen, für die Ausgaben getätigt wurden, zeitlich gleichgeschaltet sein.

Man könnte sich nun vorstellen, daß die Leute, die Geld abgeben wollen, und jene, die Geld leihen wollen, miteinander einzeln Verträge abschließen. Es würden sich dann sehr wahrscheinlich für verschiedene Laufzeiten unterschiedliche Zinssätze ergeben, wenn man auch nicht sicher sein kann, daß die langfristigen Zinsen immer höher wären als die kurzfristigen. Wenn diejenigen, die Verträge schließen wollen, eine allumfassende Information über den »Markt« haben, werden aber wohl für gleiche Laufzeiten gleiche Zinsen gelten.

Solche Privatverträge über Geldleihe sind heutzutage kaum noch üblich. Die Märkte für Geld sind »organisiert«. Banken schließen Verträge nach beiden Seiten ab, mit den Geldgebern und den Geldnehmern. Damit ist aber zugleich auch der enge Zusammenhang zwischen den Laufzeiten der Geldhingabe und der Geldaufnahme, wie er sich bei Einzelverträgen ergeben würde, aufgehoben. Die Banken haben lediglich darauf zu sehen, daß im großen und ganzen die Fristigkeiten übereinstimmen, aber nicht im einzelnen. Darüber hinaus aber können die Banken selbst Geld produzieren, indem sie Kredite einräumen. Sobald über den Kredit verfügt wird, werden diejenigen, an die aus dem Kredit bezahlt worden ist, Kassenhalter in der Form von Sichteinlagen bei dieser Bank, wie vereinfachend angenommen werden soll.

Weiter wird nun vereinfachend angenommen, daß diejenigen, die ihr Geld der Bank gegeben haben, Auszahlung in Banknoten wünschen, sobald sie ihre Geldhingabe beenden, ihr Geld wiederhaben wollen. Das heißt, daß die Bank Banknoten halten muß, um ihren Verpflichtungen entsprechen zu können. Ihr Kassenbestand bringt auch einen Nutzen: nämlich, in der Lage zu sein, jederzeit die Verbindlichkeiten erfüllen zu können. Jedoch kann eine Bank auch mehr Banknoten haben, als ihr nutzbringend erscheint, eine andere weniger, als sie es für nötig hält. Es kommt dann zwischen Banken zu einem Geldgeschäft über die Leihe von Banknoten: Im modernen Geldwesen spielt sich dies auf dem Geldmarkt ab, auf dem zwar nicht Banknoten, sondern Guthaben bei der Notenbank gehandelt werden.

Wenn wir bei unserem vereinfachten Beispiel bleiben, daß Banken lediglich Banknoten als Kassenbestand halten und zudem die Geldgeber ihre Einlagen in der Form von Banknoten leisten, die Kreditnehmer ihre Kredite in Banknoten ausbezahlt bekommen, so kommt es für eine Bank darauf an, einen aufeinander abgestimmten Strom von Einzahlungen und Auszahlungen zu haben, damit der Bestand an Banknoten gleichbleibt. Folglich müssen die Banken unter anderem mit Hilfe der Zinssätze für Einlagen und Kredite versuchen, für einen Gleichlauf zu sorgen. Wenn dieser Gleichlauf gestört ist oder wenn alle Banken ihren Bestand an Banknoten im Vergleich zu ihrem Geschäftsumfang als niedrig ansehen, werden sie nur zu relativ höheren Zinsen Banknoten ausleihen als in einer Situation, in der sie alle recht zufrieden sind. Das Niveau der Zinsen, die Banken ihren Einlegern bieten oder von ihren Kreditnehmern verlangen, hängt also davon ab, wie gut sie mit »Kassenreserven« ausgestattet sind und welche Zinsen für die Beschaffung von Kassenreserven bezahlt werden müssen.

Nun sind die »Kassenreserven« aller Banken keine unabänderliche Größe. Eine Zentralbank beispielsweise kann den Banken Banknoten geben, auch leihen. Es ist klar, daß die Zinsbedingungen, unter denen eine Zentralbank Banknoten leiht, für das Zinsniveau im Bankengeschäft wichtig sind. Allerdings, wenn wir die vereinfachenden Annahmen aufheben, müssen wir von Guthaben bei der Notenbank sprechen, die jederzeit in Banknoten umgewandelt werden können. Es muß auch die Annahme aufgehoben werden, die Banken bestimmten die Höhe ihrer »Kassenreserven« nach ihrer subjektiven Einschätzung: Die Kreditinstitute müssen nämlich obligatorisch bei der Zentralbank – bei der Deutschen Bundesbank – in einem bestimmten Verhältnis zu ihren Verbindlichkeiten (Einlagen) Guthaben halten, sogenannte Mindestreserven.

Es scheint also nicht weit her zu sein mit der Vorstellung, der Geldgeber befrage gleichsam seine subjektive Wertschätzung von mehr oder weniger Kassenhaltung, bestimme den Zins, der ihm nutzengleich zu dem Verzicht auf die höhere Kassenhaltung erscheint, und bekomme diesen auch. Und die Ansicht scheint auch nicht zu stimmen, daß etwa ein Unternehmer kalkuliert, wieviel er für eine geplante Finanzierung an Zins aufbringen kann, und bekomme zu diesem Zins auch das Geld. Vielmehr bilden sich am Markt – etwa über die Banken – Zinssätze für verschiedene Fälligkeiten für Geld. Diejenigen, die Geld hergeben möchten, orientieren sich an diesen Sätzen und entscheiden dann, auf wie lange sie ihr Geld entbehren wollen oder es in ihrer Kasse halten oder für etwas ausgeben wollen; und diejenigen, die Geld aufnehmen wollen, entscheiden ebenfalls nach einer solchen Zinsskala, auf wie lange sie Kredit nehmen wollen oder ob sie auf ihre Pläne unter Umständen verzichten.

Die Überlegungen bezogen sich bisher lediglich auf direkte Verträge und auf Vereinbarungen mit Banken, in denen die Laufzeiten vertraglich für beide Seite festgelegt sind. Konkret gesprochen handelt es sich dabei vor allem um die Einlagen bei Banken (von Sichteinlagen bis auf mehrere Jahre festgelegte Termingelder [Festgelder] und Spareinlagen) sowie um genau terminierte Kredite der Banken. Strenggenommen hat der Geldgeber während der Laufzeit keine Möglichkeit, von seinem ursprünglichen Plan der Kassenhaltung abzuweichen. Abgesehen davon, daß die Banken eine vorzeitige Rückgabe unter bestimmten Kautelen ermöglichen, kann der Geldgeber, benötigt er sein Geld vorher, natürlich auch selbst Kredite aufnehmen.

Es bieten sich freilich für jemanden, der Geld hergeben will, noch andere Möglichkeiten. Er kann darauf verzichten, sich überhaupt zeitlich hinsichtlich seiner Geldhingabe zu binden; der Fall der »Sichteinlage« soll nicht weiter verfolgt werden. Er kann Wertpapiere kaufen, am besten börsenfähige. Dies können insbesondere Schuldverschreibungen verschiedener Art sein, wie Anleihen, Pfandbriefe oder Kommunalobligationen, auch unter der Bezeichnung festverzinsliche Wertpapiere oder Renten bekannt. Diese sind Schuldtitel, auf denen die Verpflichtung festgelegt ist, an einem bestimmten Tag (oder über einen bestimmten Zeitraum regelmäßig, etwa aufgrund von Auslosungen) einen genau festgelegten Betrag und außerdem einen Zins zu zahlen. Daß ursprünglich der Schuldner gegen diese Schuldtitel einmal Geld erhalten hat, braucht wenig zu interessieren.

Auf einem gut entwickelten Markt existieren sehr viele Titel unterschiedlicher Laufzeiten, wobei hier lediglich die Zeit bis zur Einlösung wichtig ist, die Restlaufzeit. Diese Titel tragen auch unterschiedliche

Zinssätze. Derjenige, der Geld abgeben will, hat also eine große Auswahl. Er ist auch gar nicht daran gebunden, die Titel bis zur Fälligkeit zu halten; er kann sie jederzeit an der Börse wieder verkaufen. Es scheint also so, als entsprächen solche Titel genau dem Bedürfnis der Geldanleger: Ihre Anlage mit ihren zeitlichen Plänen in Übereinstimmung zu bringen und zugleich auch von diesen Plänen abweichen zu können, wenn es nötig sein sollte.

Wertpapiere, für die ein Markt besteht, insbesondere an einer Börse, entsprechen damit zwei Gesichtspunkten, die ein Anleger im Auge haben könnte: Eine Abstimmung der Laufzeit mit den individuellen Plänen und die Möglichkeit, sie jederzeit veräußern zu können. Die Schuldtitel geben dem Geldnehmer, wie andere Kreditverträge, die von ihm gewünschte finanzielle Planungssicherheit. Der ursprüngliche Geldgeber bei der Ausgabe der Schuldverschreibungen, in der Regel ein Bankenkonsortium, ist aber nicht entsprechend gebunden. Vielmehr verselbständigen sich die Schuldverschreibungen und werden Gegenstand von Kassentransaktionen derjenigen, die diese Titel zu halten oder abzugeben wünschen.

Der Kauf und Verkauf von Schuldverschreibungen unterliegt damit, was die Zinsen anlangt, den Vorstellungen der Beteiligten an dem Tage, an dem die Papiere ihren Besitzer wechseln. Diese Vorstellungen beziehen sich wie immer auf die Zeit, für die man anstelle eines Teiles des Kassenbestandes Schuldtitel halten möchte; die große Anzahl verschiedener Restlaufzeiten läßt keinen Wunsch offen. Aber zugleich kommt wie immer die Forderung eines Zinses ins Spiel, den man für den Verzicht auf Kassenbestand erlösen möchte.

Nun sind aber die künftigen Zahlungen durch den Schuldtitel festgelegt, beispielsweise: nach 5 Jahren 100,– DM, jährlich 6 Prozent. Wünscht der Geldanleger aber 7 Prozent, so wird er das, was er an Zins weniger bekommt, als er für angemessen hält, am Kaufpreis abziehen. Er wird weniger als 100,– DM zahlen, in diesem Fall rund 96,– DM. Derjenige, der das Papier abgibt, obwohl er einmal 100,– DM dafür bezahlt hat, wird Gründe haben, diese rund 96,– DM heute den 100,– DM in fünf Jahren plus Zinsen vorzuziehen.

Bei Käufen und Verkäufen von Schuldverschreibungen wird also der jeweilige Zins, zu dem es zu Transaktionen kommt, durch den Kurs hergestellt. Dies heißt aber, daß derjenige, der das Papier hält, das Risiko läuft, bei steigendem Zins vor der Fälligkeit weniger zu bekommen, als er bezahlt hat, er hat aber auch die Chance, bei fallendem Zins mehr zu erlösen. An diesem Markt für Schuldtitel reguliert die Veränderung der Kurse – und damit der Rendite – die Abstimmung der Pläne derjenigen, die Schuldtitel erwerben oder verkaufen wollen. Dabei werden diese Pläne natürlich auch insoweit beeinflußt, als bestimmte Zinsbewegungen davon abhalten können, die Pläne zu realisieren. Die Pläne werden dann geändert.

Bei der Bildung des Zinses für Schuldverschreibungen spielen die Banken – wenigstens in der Bundesrepublik – eine wesentliche Rolle. Früher wurde dargelegt, wie der Zins für Bankeinlagen und Bankkredite – wenigstens zum Teil – mit der Kassenhaltung, der Liquidität der Banken zusammenhängt. Banken kaufen aber auch Schuldverschreibungen und gewähren auf diese Weise indirekt Kredite. Banken halten Schuldverschreibungen unter anderem auch unter dem Gesichtspunkt, daß sie jederzeit über die Börse verkauft werden können und durch Verkäufe die Kassenhaltung erhöht werden kann. Wenn die Banken in ihrer Kassenhaltung knapp werden, so werden sie sehr geneigt sein, Schuldverschreibungen zu verkaufen.

Wie früher dargestellt, schlägt Knappheit an Kasse bei Banken auf den Zins durch; sie zeigt sich natürlich – über die Kursentwicklung – auch am Zins für Wertpapiere. Dies gilt insbesondere dann, wenn die Zentralbank die knappe Kassenhaltung der Banken nicht erleichtert, vielleicht auch mit ihrer Geldpolitik Knappheit herbeiführt. Dann steigt der Zins auch für die Schuldverschreibungen dadurch, daß die Kurse sinken. Umgekehrt verhält es sich, wenn die Banken reichlich Kasse haben: die Zinsen sinken, auch die Rendite von Schuldverschreibungen, indem deren Kurse steigen.

Der Zins ist also beweglich; daß seine Beweglichkeit auch bestimmte volkswirtschaftliche Funktionen hat, sei hier nicht weiter erörtert. Soweit jemand einen Vertrag über Geldhingabe abgeschlossen hat, der ihm eine Anpassung des Zinses an die jeweilige Situation zugesteht (wie bei Spareinlagen, aber nicht bei Festgeldern), mag ihn dies wenig interessieren. Bei anderen Anlagen, insbesondere auch in festverzinslichen Wertpapieren, kommen jedoch die Zinsänderungen schon bei den Plänen mit ins Spiel, insbesondere die Zinsänderungserwartungen. Wenn beispielsweise erwartet wird, daß der Zins steigt, so könnte natürlich der Nutzen einer höheren Kassenhaltung darin bestehen, daß man Wertpapiere erst dann kauft, wenn der Zins tatsächlich gestiegen ist. Die höhere Kassenhaltung erhält allein durch solche Erwartungen einen Nutzen. Auf der anderen Seite könnte die an sich geplante Kassenhaltung weniger nützlich sein, wenn zu erwarten ist, daß der Zins sinkt. In diesem Fall ist es natürlich besser, den Kassenbestand abzubauen, vielleicht sogar Kredit aufzunehmen, um sich den heute noch höheren Zins zu sichern. Denn die Rendite einer Anlage in festverzinslichen Wertpapieren ist mit dem Kauf festgelegt.

Es können hier nicht alle Feinheiten der Umstände dargelegt werden, die den Zins und seine Veränderung bestimmen. Es mag wohl auch zu einseitig erscheinen, den Zins allein aus Überlegungen über die Kassenhaltung abzuleiten. Diese Überlegungen wie auch insbesondere die Nachfrage nach Geld werden von einem viel umfangreicheren Umfeld bestimmt, etwa von der konjunkturellen Lage und nicht zuletzt auch von den Maßnahmen, die die Zentralnotenbank ergreift oder auch der Finanzminister. Nicht zuletzt der Geldanleger hat es mit seinen Dispositionen mit in der Hand, was mit dem Zins und damit, was an den Finanzmärkten geschieht.

Trost für Tage mit fallenden Kursen: Wenigstens steigen dann die Renditen.

*Renovierungsarbeiten am Haupteingang einer Bank. Großes Schild
an der Tür: »Eingang nur verlegt. Bank nicht geschlossen.«*

(Nach dem Zusammenbruch der Herstatt-Bank)

196

Nach zwei Jahrzehnten tut sich was

– Reformen und die »Neuen Instrumente« –

Ziemlich genau zwei Jahrzehnte lang – von 1961 bis 1981 – verlief die Kursentwicklung am deutschen Aktienmarkt für die meisten Aktionäre sehr unbefriedigend. Der ersten großen Hausse waren bald Rückschläge gefolgt, und davon hat sich die Börse nur langsam und mühsam erholt. Kein Wunder, daß gerade in dieser Zeit eine lebhafte Diskussion entbrannte über das »Stiefkind« Aktie. Es gab viele gutgemeinte Vorschläge, wie die Aktie »wiederbelebt« werden könnte. Die meisten Vorschläge liefen freilich mehr oder weniger darauf hinaus, von anderen etwas zu fordern, anstatt selbst etwas für die Aktie zu tun.

Die Aktionäre und ihr Geld wurden für die Finanzierung der Unternehmen offenbar kaum gebraucht. Neue Unternehmen an die Börse zu bringen gelang allenfalls als Staatsaktion, über die Ausgabe von »Volksaktien«. Die Kapitalerhöhungen der börsennotierten Gesellschaften hielten sich, gemessen an den sonstigen Finanzierungsvorgängen, in sehr engen Grenzen. Was nicht über die Selbstfinanzierung der Unternehmen aus verdienten Abschreibungen und einbehaltenen Gewinnen bezahlt werden konnte, stellten die Kreditinstitute mit Freude als Fremdkapital zur Verfügung. Die organisierten Kapitalmärkte jedenfalls spielten für die Unternehmensfinanzierung eine untergeordnete Rolle. Sich Aktienkapital zu besorgen galt fast als unschicklich. Die Aktionäre erhielten magere »Standarddividenden«, die sich jedenfalls nicht am Ertrag und dessen Schwankungen orientierten. Überall war die Aussage wohlfeil, Eigenkapital sei allemal teurer als eine Fremdfinanzierung.

Die Sicherungsfunktion, die im Eigenkapital liegt, wurde offenbar nicht hoch genug eingeschätzt und entsprechend gering in den Kalkulationen veranschlagt. Denn Eigenkapital, einmal vorhanden, zieht keine weiteren zwangsläufigen Ausgaben nach sich, während Fremdkapital verzinst und getilgt werden muß. Die Last, die Schulden mit sich bringen können, ist erst in letzter Zeit wieder klarer erkannt worden, als sich das allgemeine Wirtschaftswachstum abflachte. Die Einstellung gegenüber der Aktie hat sich daher zu Beginn der achtziger Jahre geändert.

Freilich hatten schon zuvor, in den siebziger Jahren, jene Unternehmen Oberwasser bekommen, die solide finanziert waren. Auch die Ausschüttungspolitik der Aktiengesellschaften änderte sich schon in dieser Zeit. Die Dividenden wurden beweglicher – in manchen Fällen zum Leidwesen der Aktionäre zunächst einmal nach unten, weil es weniger oder gar keine Gewinne mehr zu verteilen gab. Doch bis die Aktie als Finanzierungsinstrument wirklich stärker genutzt wurde, verging weitere Zeit. Denn nach wie vor ist die Aktie steuerlich diskriminiert.

Die steuerlichen Umstände traten jedoch immer stärker in den Hintergrund. So kam es, daß auf einmal verschiedene positive Faktoren den Aktienmarkt anregten: Der Börsenkurszettel wurde länger, denn viele »Neulinge« gaben ihre Aktien an das Publikum aus. Die Aktienkurse erreichten neue Rekordhöhen, und die jahrelangen Bemühungen zu einer Reform des Börsenwesens nahmen konkrete Gestalt an.

Für den Aktienhandel gibt es jetzt drei Marktbereiche, den amtlichen Handel wie bisher, einen anders aufgezogenen Freiverkehr und schließlich neu, seit dem 4. Mai 1987, einen »geregelten Markt«. Der geregelte Markt soll für Wertpapiere, die an der Börse nicht zur amtlichen Notierung zugelassen sind, einen Börsenhandel mit einer nichtamtlichen Feststellung eines Börsenpreises ermöglichen. Die acht deutschen Wertpapierbörsen haben dies ausdrücklich begrüßt. Die Börsen sind sich darin einig, daß für diese Erweiterung der Börsengeschäfte inhaltlich gleiche Regelungen für alle acht Börsenplätze geschaffen werden sollen. Für die künftige Organisation des Freiverkehrs sollen einheitliche Vorstellungen entwickelt und privatwirtschaftlich organisierte Ausschüsse eingeschaltet werden. Diesen Ausschüssen soll von den Börsenvorständen unter bestimmten Auflagen ein Gastrecht übertragen werden; die Börsenvorstände wollen nur eine Mißbrauchsaufsicht ausüben.

Ziel all' dieser kompliziert klingenden Maßnahmen ist es, den Aktienmarkt zu verbreitern und Aktien von Unternehmen an die Börse zu bringen, welche die strengen Vorschriften für einen amtlichen Handel nicht erfüllen wollen oder nicht erfüllen können. Außerdem wollen die acht deutschen Börsen enger zusammenarbeiten; dies soll vor allem auf den Gebieten Börsenpolitik, Interessenvertretung im In- und Ausland, in der Öffentlichkeitsarbeit und in allen technischen Fragen der Datenverarbeitung geschehen.

Die Börsen haben am 1. April 1986 den Optionshandel mit 14 Bundesanleihen aufgenommen. Die Anlehnung an den Aktien-Optionshandel ist, mit den erforderlichen Abwandlungen, recht eng. Die Mindestsumme ist auf 100 000 DM festgelegt worden. Zugelassen sind bestimmte Basispreise in Schritten von 2 DM. Die Optionsprämie (Optionspreise) werden in Prozent mit zwei Kommastellen notiert. Verfalltage sind: 25. Januar, 25. April, 25. Juli und 25. Oktober.

Ein nächster Punkt für geplante Reformen ist die Handelszeit an den Börsen, bisher zwei Stunden von 11.30 Uhr bis 13.30 Uhr. Dieser Rahmen erweist sich zunehmend als zu eng, wenn an die internationalen Verflechtungen der deutschen Börse gedacht wird. Wann die Börsenzeit verlängert wird, ist noch nicht abzusehen, und ob Vorschläge, sie auf fünf Stunden auszudehnen, aufgegriffen werden, ist ebenfalls noch nicht entschieden.

Einfacher als eine Verlängerung der Börsenzeit zu beschließen wird es sein, gewisse technische Einzelheiten in der Abwicklung der Börsengeschäfte zu ändern. In der Bundesrepublik müssen Börsengeschäfte nach zwei Börsentagen »erfüllt« sein, das heißt, der Käufer muß gezahlt und der Verkäufer die Papiere geliefert haben. Im internationalen Geschäft erweisen sich diese Fristen als etwas knapp. Die Erfüllungsfrist soll daher auf fünf Börsentage ausgedehnt werden.

Eine Anpassung an internationale Gepflogenheiten empfiehlt sich für die deutschen Wertpapierbörsen schon deshalb, weil die Deutsche Bundesbank seit Anfang Mai 1985 neue Geschäftsgrundsätze für den Kapitalmarkt beschlossen hat. In einer »Erklärung über die Begebung von DM-Auslandsanleihen« hat die Bundesbank zunächst Grundsätze festgelegt, die künftig im Emissionsgeschäft für D-Mark-Auslandsanleihen gelten sollen. »Danach werden alle deutschen Kreditinstitute, also auch rechtlich selbständige inländische Kreditinstitute in Auslandsbesitz, die Konsortialführung für DM-Auslandsanleihen übernehmen können. Nach wie vor legt die Deutsche Bundesbank

Wert darauf, daß der Markt für DM-Emissionen im Inland verankert bleibt«, heißt es wörtlich in dieser Erklärung.

Wohl noch wichtiger ist eine gemeinsam damit veröffentlichte Entscheidung der Bundesbank. Sie hat, wie es in der Erklärung heißt, den »Emissionsmarkt für eine Reihe von Anleiheformen geöffnet, die am internationalen Anleihemarkt Eingang und Verbreitung gefunden haben. Hierzu zählen Anleihen mit variablen Zinssätzen, Zero-Kupon-Anleihen und ähnliche Konstruktionen sowie Anleihen in Verbindung mit Swaps. DM-Geldmarktpapiere (DM-Schuldverschreibungen, die den Charakter von Einlagen-Zertifikaten (DM-CD's) haben, und Anteile an DM-Geldmarktfonds) sollen jedoch auch künftig nicht begeben werden.« Schon kurz nach dieser sogenannten »Rest-Liberalisierung« des deutschen Kapitalmarktes sind die ersten D-Mark-Anleihen mit neuer Form der Zinszahlung auf den Markt gekommen. Dabei haben die Titel ohne laufende Zinszahlung (»Nullkuponanleihen«, englisch: Zero-Bonds) besondere Beachtung gefunden.

Nullkuponanleihen gibt es in zwei Spielarten, »aufgezinste« und »abgezinste« Papiere. Bei aufgezinsten Papieren lautet die Anleihe und damit auch jedes Anleihestück auf einen bestimmten Nennbetrag, der zu einem bestimmten Zeitpunkt einschließlich der bis dahin aufgelaufenen Zinsen (und Zinseszinsen) zurückgezahlt wird. Eine Emission mit zehn Jahren Laufzeit und sieben Prozent Rendite wird daher zu 100 Prozent verkauft und zu 196,72 Prozent eingelöst. Die zweite Version sind abgezinste Titel. Bei ihnen wird die Anleihe bei der Fälligkeit zum Nennwert zurückgezahlt, der Anleger erzielt einen Ertrag dadurch, daß er beim Erwerb entsprechend wenig zahlt. Eine Emission mit zehn Jahren Laufzeit und sieben Prozent Rendite wird daher heute zu 50,83 Prozent verkauft und zu 100 Prozent eingelöst. Mathematisch gesehen ist die eine Version das Spiegelbild der anderen.

Erfahrungen mit diesen Nullkuponanleihen liegen bisher kaum vor. Entscheidend ist die Qualität des Schuldners und die nur individuell zu gebende Antwort auf die Frage, ob dieser sein Rückzahlungsversprechen einlösen wird und kann. Die Kursentwicklung dieser Titel wird sehr stark von Schwankungen des Kapitalzinses abhängig sein. Es könnte gegebenenfalls ein sehr spekulativer Markt entstehen.

Zu beachten ist, daß große »Hebelwirkungen« auftreten können. Auch unter steuerlichen Gesichtspunkten weisen diese Anleihen einige Besonderheiten auf. Da es nicht sicher ist, wie die Rechtslage jeweils sein wird, empfiehlt es sich, sachkundigen Rat einzuholen. Bei der Zulassung dieser Titel für D-Mark-Emissionen galt in der Bundesrepublik die Regelung, daß die Zinsen dann zu versteuern sind, wenn sie eingenommen werden. Das ist spätestens bei der Rückzahlung der Anleihe der Fall, aber auch dann, wenn die Anleihe vor ihrer Fälligkeit über den Markt verkauft wird. Da sich die Marktkurse für diese Anleihen nach der Kapitalzinsentwicklung richten, ist festgelegt worden, daß unabhängig davon bestimmte Teile des Erlöses als steuerpflichtige Zinseinnahmen gelten. Berechnet wird dieser Teil aufgrund der Emissionsrendite und der Besitzdauer.

Der Reiz von Anleihen ohne laufende Zinszahlung liegt zweifelsohne darin, daß der Besitzer es in der Hand hat, den Zeitpunkt zu bestimmen, zu dem er die Zinseinnahmen realisiert und damit auch den Zeitpunkt festlegt, zu dem diese Zinseinnahmen versteuert werden müssen. Es ist also zulässig, die Zinsen gerade dann zu vereinnahmen, wenn nur wenig oder gar keine anderen Einkünfte anfallen. Dies kann zum Beispiel in der Zeit nach dem aktiven Berufsleben oder in Jahren sein, in denen anderswo Verluste auftreten. Auf diese Weise können – solange diese Regelung gilt – Steuerzahlungen praktisch vermieden oder reduziert werden.

Während bei den Nullkuponanleihen die voraussichtlichen Kursschwankungen recht groß sein werden, es sei denn, der Kapitalzins verändere sich nur noch unwesentlich, werden bei den Anleihen mit variabler Verzinsung durch die bei ihnen vorgesehene Anpassung der Zinszahlungen an die aktuelle Entwicklung gerade größere Einbußen am angelegten Vermögen vermieden. Die Kurse solcher Anleihen werden sich nämlich meist sehr eng an den Nominalwert anlehnen, weil immer bald die Aussicht auf eine Zinsanpassung besteht.

Nullkuponanleihen sowie Anleihen mit variabler Verzinsung sind aber nur zwei der »neuen Instrumente«, die in der letzten Zeit an den internationalen Finanzmärkten entwickelt worden sind. Einen unerwarteten Aufschwung haben im Ausland vor allem auch Finanz-Termingeschäfte genommen. Bei diesen Geschäften werden Handelstechniken, wie sie von den Warentermin- und Devisenmärkten her bekannt sind, auf Finanzgeschäfte zum Beispiel mit festverzinslichen Wertpapieren oder Aktienindizes übertragen. Bei diesen Geschäften suchen sich Anleger, die Risiken übertragen wollen, Partner, die diese Risiken übernehmen. Die Preise für die Risikoübernahme werden auf organisierten Börsenmärkten ausgehandelt. Der wachsenden Bedeutung dieser Terminbörsen ist das Kapitel gewidmet: »Chicago am Main – Kommt die deutsche Terminbörse«?

Zu den Finanzpapieren, die zwar nicht neu sind – bereits in den sechziger Jahren gab es entsprechende Emissionen –, die aber in den letzten Jahren stärker in den Vordergrund traten und auch besondere spekulative Möglichkeiten bieten, gehören Optionsanleihen und Optionsscheine. Geschäfte in Optionsscheinen dürfen jedoch nicht mit dem Aktien-Optionshandel verwechselt werden.

Eine Options-Anleihe ist eine Anleihe, der das Recht zum Bezug eines anderen Wertpapiers (meist einer Aktie) beigegeben ist. Das in dem »Optionsschein« verbriefte Bezugsrecht kann gewöhnlich von der Anleihe abgetrennt und als gesondertes Wertpapier (»Optionsschein«) an der Börse gehandelt werden. Zu unterscheiden sind dann die Börsenkurse der Anleihe mit Optionsschein, der Anleihe ohne Optionsschein und des Optionsscheins selbst. Je nach den Bezugsbedingungen, die festgelegt sind, kann sich der Wert eines Optionsscheins stärker ändern.

Angenommen, der aktuelle Aktienkurs ist 250 DM je Aktie und es gibt einen Optionsschein, der zum Bezug einer Aktie zum festen Preis von 220 DM berechtigt. Wie hoch wird der Preis des Optionsscheins sein? Auf den ersten Blick sollte man meinen, der Preis müßte 30 DM sein, denn dann kostet der Bezug der Aktie über den Optionsschein genau so viel wie der direkte Erwerb. In der Regel wird jedoch ein Optionsschein mit einem Aufgeld gehandelt, das heißt, der Kauf einer Aktie durch den Erwerb eines Optionsscheins zuzüglich des Kaufpreises für die Aktie ist teurer als das Direktengagement. Wie teuer – das ist eine Angelegenheit, die sich am Markt entscheidet. Meist betragen die Aufgelder 10 bis 25 Prozent, können aber durchaus darunter und darüber liegen. Bei einem Aufpreis von 10 Prozent auf den Aktienkurs von 250 DM müßte folglich der Erwerb der Aktie über den Optionsschein 275 DM kosten. Da der Bezugspreis von 220 DM vorgegeben ist, wird der Optionsschein mithin 55 DM notieren.

Steigt nun der aktuelle Aktienkurs um 10 Prozent auf 275 DM und beträgt das Aufgeld weiterhin 10 Prozent, dann ergibt sich ein Optionsscheinpreis von 82,50 DM. Einer Aktienkurssteigerung um 10 Prozent steht also eine Kurssteigerung des Optionsscheins um 50 Prozent gegenüber. Das wird als die »Hebelwirkung« des Optionsscheins bezeichnet. Dieser Hebel wirkt freilich auch nach unten. Sinkt der aktuelle Aktienkurs um 10 Prozent auf 225 DM, fällt bei einem unveränderten Aufgeld von 10 Prozent der Preis des Optionsscheins um 50 Prozent auf 27,50 DM. Zu bedenken ist ferner: Ist die Optionsfrist abgelaufen, hat der Optionsschein keinen Wert mehr; die Anleihe kann übrigens unabhängig von dem Auslauf der Optionsfrist je nach den Emissionsbedingungen weiter in Umlauf bleiben.

Optionsscheine bieten also gegebenenfalls hohe spekulative Möglichkeiten bei relativ geringem Kapitaleinsatz – dem stehen freilich entsprechend hohe Risiken gegenüber, zumal wenn bedacht wird, daß sich die Höhe des Aufgeldes verändern kann. Sorgfältige Erkundigungen über die Einzelheiten bei Optionsanleihen und Optionsscheinen sind daher angebracht.

Ebenfalls zu den wiederentdeckten »alten Bekannten« an der Börse gehört der Genußschein, ein in Deutschland lange Zeit kaum benutztes, einer Aktie jedoch ähnliches Wertpapier ohne Stimmrecht. Genußscheine haben zum Beispiel von Mitte der achtziger Jahre an nach einer Novellierung des Kreditwesengesetzes eine größere Verbreitung gefunden, weil sie bei Kreditinstituten eine »ordentliche« Kapitalzuführung ersetzen können. Ein Genußschein verbrieft ein Gläubigerrecht, im allgemeinen ausgedrückt als ein Anteil am Gewinn (und gegebenenfalls am Liquidationserlös). Genußscheine berechtigen auch zur Teilnahme an Erhöhungen des Aktienkapitals. Genußscheine können von der Hauptversammlung beschlossen sein; sie können aber auch aus der Gründerzeit eines Unternehmens stammen. Sind sie bei einer Sanierung ausgegeben worden, enthalten sie das Versprechen, bei gebesserter finanzieller Lage bestimmte Zahlungen als nachträgliche Entschädigung zu leisten. Genußscheine haben in der Regel keinen Nennwert. In der Schweiz werden Genußscheine mit einem – in der Regel niedrigem – Nennwert Partizipationsscheine genannt.

»Mich belastet das weniger. Ich gebe mein monatliches Wirtschaftsgeld immer gleich in der ersten Woche aus, bevor die Kaufkraft schwindet.«

Fernseh-Straßeninterview
mit einer Hausfrau über die Geldentwertung

Chicago am Main

Kommt die deutsche Terminbörse?

Bis zu den Tagen der überraschenden Kurseinbrüche im Oktober 1987 hat wohl kaum jemand daran gezweifelt, daß die lebhaften Bemühungen, auch in der Bundesrepublik Deutschland eine spezielle Finanz-Terminbörse nach ausländischem Vorbild einzurichten, schließlich von Erfolg gekrönt sein werden. Aufgeschreckt hatte nicht zuletzt die Nachricht, daß die bedächtigen Schweizer mit Investitionen von etwa 50 Millionen Schweizer Franken eine Optionsbörse schaffen wollen. Über beide Vorhaben, über das deutsche noch stärker als über das schweizerische, ist nach den starken Kursverlusten an den Aktienbörsen der Welt jedoch wieder diskutiert worden. Die Schweiz hat den Eröffnungstermin ihrer Börse (sie heißt nach der englischen Abkürzung »Soffex«, Swiss Options, Futures and Financial Exchange) verschoben. In der Bundesrepublik Deutschland hängt alles davon ab, ob die erforderlichen gesetzlichen Voraussetzungen geschaffen werden.

Zur Stärkung des Finanzplatzes Deutschland soll jedenfalls nach Vorstellungen in der Kreditwirtschaft ein international wettbewerbsfähiger Handel in Optionen (Geschäfte mit Wahlrecht) und Futures (Geschäfte mit Erfüllungspflicht) auch bei uns möglich werden. Die »Deutsche Terminbörse« – nach der englischen Bezeichnung »German Options, Futures and Financial Exchange« auch als »Goffex« bezeichnet – könnte vielleicht sogar schon 1990 eröffnet werden.

Ausgangspunkt dieser deutschen Überlegungen ist die Erkenntnis, daß es in Deutschland am Aktienmarkt – anders als an ausländischen Märkten – kaum Möglichkeiten gibt, sich gegen Kursrückgänge abzusichern. Der Mitte 1970 eingeführte Optionshandel in Aktien ist zu schwerfällig, der seit dem 1. April 1986 mögliche Optionshandel in festverzinslichen Wertpapieren bislang ein totgeborenes Kind.

Die deutsche Spielart des Optionsgeschäfts krankt daran, daß der Stillhalter an das Geschäft gebunden ist. Nur der Käufer einer Option kann sich über den Zweitmarkt lösen. Die dem Stillhalter auferlegte Verpflichtung geht auf gesetzliche Regelungen zurück. Sinngemäß sind Geschäfte von Privatleuten nichtig, die lediglich deshalb abgeschlossen werden, um aus einer Preisdifferenz einen Gewinn zu erzielen (»Differenzeinwand«). Das behindert – bis jetzt durchaus gewollt – das Entstehen eines »richtigen« Terminmarktes, auf dem es in der Tat darauf ankommt, aus Preisdifferenzen Nutzen zu ziehen beziehungsweise den Versuch dazu zu unternehmen.

Der Reiz einer Terminbörse, die wohl durch eine zentrale Abrechnungsstelle, die für die Sicherheit der Geschäfte einsteht, ergänzt werden müßte, liegt darin, daß der höchstmögliche Verlust von vorneherein bekannt ist: Die gezahlte Optionsprämie kann verlorengehen, mehr nicht; bei einem Futureskontrakt sieht das freilich schon anders aus. Natürlich hat der Terminhandel (und erst recht der Handel in Futures) einen spekulativen Anstrich; es ist ein Markt, auf dem der eine Risiken anbietet und ein anderer sie gegen Entgelt zeitweise übernimmt. Dadurch können – mit Hilfe des Einsatzes von Geldern der »Spekulanten« – Wertpapier- und andere Vermögenspositionen abgesichert werden (»Hedge-Geschäfte«). Wahrscheinlich sind die deutschen Anleger inzwischen für diese Spekulationen erfahren genug und müssen nicht mehr wie noch zu Beginn der siebziger Jahre, als man sich für eine weniger risiko- und chancenreiche Spielart von Termingeschäften entschied, vor vielleicht verlustbringenden Geschäften geschützt werden.

Das große Vorbild für alle Terminbörsen ist Chicago, genauer gesagt der Chicago Board of Trade, einer der bedeutendsten Börsenplätze der Welt. Ursprünglich wurden dort nur Agrarpodukte »auf Termin« gehandelt. Heute liegt das Schwergewicht auf Termingeschäften in Finanztiteln. Völlig neue Bedürfnisse nach Absicherung von Risiken sind durch die Freigabe des Dollarkurses, die zu erheblichen Kursschwankungen auf den Devisenmärkten führt, durch die ausgeprägten Zinsveränderungen auf den Geld- und Kapitalmärkten sowie durch die Schwankungen der Aktienkurse geweckt worden. Allerdings sind die neuen Märkte, auf denen Finanzrisiken gehandelt werden, mit ihren neuen Handelstechniken vielen ein Buch mit sieben Siegeln. Noch weniger als bei einem Besuch einer Aktienbörse wird ein Laie in Finanzdingen beim Besuch einer Terminbörse allein durch den Augenschein Aufschluß über das erlangen können, was sich da vor ihm abspielt.

Nur schwach dringen Geräusche durch die dicke Scheibe. »Bitte kein Blitzlicht benutzen«, mahnt ein Schild. An diesem frühen Morgen bevölkern nur einige wenige Neugierige die Besuchergalerie des Chicago Board of Trade im fünften Stock des Börsengebäudes mitten in der City. Die Scheibe gibt den Blick frei in einen großen Saal, dessen mehrstöckige Fenster fast bis zum Sims abgedunkelt sind. Jedes freie Plätzchen ist genutzt. Die Wände sind übersät mit Anzeigetafeln. Weiße, gelbe, rote und grüne Zahlen und Zeichen verwirren Blick und Sinn. Am Rand des Saales türmen sich elektronische Geräte auf vielen hohen Arbeitstheken.

Wie ein großer Magnet zieht, links im Blickfeld, ein achteckiges Podest, »pit« genannt, mit fünf Stufen nach innen und vier nach außen, immer mehr Menschen an. Es kann erst einige Minuten her sein, daß sich die ersten Börsenteilnehmer dort einfanden und wie zufällig aufstellten. Jetzt aber herrscht bereits ein atemberaubendes Gedränge, nur die Stämmigen können unangefochten ihre Stellung behaupten. Andere drängen, quetschen, zwängen sich durch. Was sich von der Besuchergalerie aus wie das verwirrende Wimmeln eines Ameisenhaufens ausnimmt, folgt doch strengen Regeln.

In wenigen Augenblicken wird in Chicago der Terminhandel in Sojabohnen beginnen. Dann gerät die Veranstaltung zum Tollhaus. Von einer Sekunde zur anderen verwandelt sich das bislang ruhige Gewoge in eine sich überschreiende, wild gestikulierende Menge, die nur aus offenen Mündern, rudernden Armen und zuckenden Händen zu bestehen scheint. Im Saal herrscht ein unbeschreiblicher Lärm.

Das ist das äußere Bild. Es verdeckt allzu leicht, daß hier sehr ernsthafte Geschäfte – Termingeschäfte – abgeschlossen werden. Ein Termingeschäft ist eine Vereinbarung über den Kauf oder Verkauf bestimmter Güter (Waren, Effekten, Devisen), bei der alle Einzelheiten des Geschäfts, das erst zu einem späteren Zeitpunkt erfüllt werden muß, schon heute festgelegt werden. Das sind die Menge – das heißt gegebenenfalls die Zahl der sogenannten Kontrakteinheiten –, der Liefertermin (Monat), der Lieferort und natürlich vor allem der Preis. In Chicago wird dieser Preis wie auf anderen Börsen durch öffentliches Ausrufen und durch Handzeichen (Auktionsverfahren) ausgehandelt; er gilt dann. Wie hilflos wirkt doch der Besucher, der außerhalb der Geschäftszeit, ohne drangvolle Enge und durch kaum einen Laut gestört, angestrengt versucht, sich fachmännisch im »pit« zu bewegen. »Vorsicht mit den Handzeichen«, ruft uns Pamela, die mit ihren über 1,80 Meter Körpergröße die meisten überragt, schon heiße Börsenschlachten erlebt und durchgestanden hat, schnell noch zu. Aber sie kann die falsche Bewegung nicht mehr verhindern; schon sind 12,50 Dollar verloren. Nicht jeder in Chicago zahlt so wenig Lehrgeld.

Wenn Termingeschäfte zustande kommen sollen, müssen die daran beteiligten Geschäftspartner gegensätzliche Ansichten über die künftige Entwicklung haben und sich vor allem in ihrer Einstellung zum Risiko unterscheiden. Der eine Partner will kein Preisrisiko eingehen, selbst dann, wenn er eine Vorstellung über die wahrscheinliche künftige Preisentwicklung hat. Umgekehrt verspricht sich der andere Partner (der risikofreudigere) gerade von der zeitlich begrenzten Übernahme dieses Preisrisikos einen Gewinn. Derjenige, der Preissicherheit sucht, wird in der Fachsprache »Hedger« genannt, sein Partner »Spekulant«, englisch: trader. Die Leute, die Terminbörsen organisieren und von dem schlechten Beigeschmack des Wortes »Spekulant« vor allem außerhalb der Vereinigten Staaten von Amerika wissen, haben es freilich lieber, wenn von Anlegern gesprochen wird, die hohe Risiken zu übernehmen gewillt sind.

Den Spekulanten wird die Übernahme des Risikos schmackhaft gemacht. Denn kennzeichnend für Termingeschäfte ist, daß bereits mit einem relativ kleinen Einsatz – Fachleute nennen das den »Einschuß« – Geschäfte gewagt werden können. Gehen sie gut, kann der Einsatz leicht in kurzer Zeit verdoppelt und verdreifacht werden; schlagen die Geschäfte fehl, ist der Einsatz verloren. Oft wird freilich übersehen, daß sehr vielen kleinen Verlusten nur wenige große Gewinne gegenüberstehen. Spekulanten scheinen manchmal von einer wahren Spielleidenschaft gepackt. Doch wie vielleicht beim Pokern hat die reine Spielernatur wenig Chancen. Unabhängige Fachleute sagen, daß die Mehrheit der Spekulanten, alle ihre Geschäfte an allen Börsen und allen Märkten zusammengenommen, insgesamt Geld verlieren.

Gewinner am Terminmarkt sind in der Regel die strategisch denkenden Teilnehmer, jene, die Risiken abwälzen. Da gibt es zum Beispiel den Verwalter eines Wertpapierportefeuilles, der in einem Monat eine Million Dollar zur Anlage erhalten wird. Das weiß er schon heute. Er weiß auch, wie er das Geld dann investieren will: in amerikanischen

Staatsanleihen. Aber er befürchtet, daß bis dahin die Zinsen gefallen sein werden. Fallende Zinsen bedeuten jedoch steigende Kurse. Er will sich also den heutigen, wie er meint niedrigen Kaufpreis für die bereits ins Auge gefaßte Anleihe durch den Abschluß eines Termingeschäfts sichern. Das Prinzip dabei ist, zwei Geschäfte aufeinander abzustimmen, bei denen sich dann zusammengenommen Gewinne und Verluste ausgleichen können, hier den beabsichtigten Kauf einer Staatsanleihe zu einem späteren Zeitpunkt und den unmittelbaren Kauf von »Terminkontrakten«.

Für die vielen individuellen Absicherungswünsche werden allerdings auf den Finanzmärkten nur genormte »Sicherungsinstrumente« in Form bestimmter »Terminkontrakte« angeboten. Diese Terminkontrakte umfassen zum Beispiel bei amerikanischen Staatsanleihen jeweils 100000 Dollar Nominalwert. Gleichzeitig sind bei den Terminkontrakten Nominalzins und Laufzeit festgelegt. Mit einem Wort: Nur durch einen Zufall werden alle diese Einzelheiten genau für ein geplantes Geschäft zutreffen. Deshalb müssen Kompromisse geschlossen werden; es wird dasjenige Absicherungsgeschäft gewählt, das den Vorstellungen am nächsten kommt.

Wenn in unserem Beispiel des geplanten Kaufs amerikanischer Staatsanleihen im Zeitpunkt der Investition tatsächlich, wie erwartet, die Zinsen gefallen sind, wird der Preis der Terminkontrakte, die in diesem Fall zu erwerben waren, gestiegen sein. Natürlich ist dann am Kassamarkt auch der Preis für die Staatsanleihe, die gekauft werden soll, gestiegen. Der Witz des Sicherungsgeschäfts besteht darin, an dem Verkauf der Terminkontrakte so viel zu verdienen, daß die Erhöhung des Einstandskurses der geplanten Wertpapieranlage aufgewogen wird.

Ähnlich turbulent, nur zu anderen Zeiten, geht es am Chicago Board of Trade dann zu, wenn nicht der Markt für Sojabohnen eröffnet wird, sondern einer der Finanzmärkte, die heute diese Börse beherrschen. Der grundlegende Wandel in Chicago begann Anfang der siebziger Jahre; von diesem Zeitpunkt an entwickelte sich eine Finanz-Terminbörse parallel zu den Strukturwandlungen auf den internationalen Finanzmärkten: Übergang von festen zu frei beweglichen Währungskursen, rasche und ausgeprägte Zinsveränderungen, große Schwankungen der Aktienkurse. 1977 gelang dem Chicago Board of Trade mit einem Kontrakt, der auf Titeln des amerikanischen Schatzamtes (treasury bonds) aufbaute, der Durchbruch. Der Terminhandel mit diesen amerikanischen Regierungsanleihen wurde rasch der wichtigste und größte Markt dieser Art in der Welt.

Inzwischen beginnt bereits eine zweite Generation von Termingeschäften die Märkte zu erobern. Es handelt sich dabei um Optionsgeschäfte, die man als Termingeschäfte, die sich auf Termingeschäfte beziehen, bezeichnen könnte. Bei solchen Geschäften wird vereinbart, daß der eine Partner nach Zahlung einer Prämie an oder vor einem Zeitpunkt, den er selbst wählt, in das der Option zugrunde liegende Termingeschäft eintreten kann, aber nicht muß. Am 1. Oktober 1982 führte der Chicago Board of Trade Optionen auf Termingeschäfte in amerikanischen Regierungsanleihen ein. Sie nehmen in der Chicagoer Umsatzliste bereits einen vorderen Platz ein.

Ähnlich eindrucksvolle Zuwachsraten kann die Börse nur noch auf einem weiteren Gebiet aufweisen, von dem sie sich künftig auch viel verspricht, dem »Terminhandel« über die Entwicklung von Aktienindizes. Grund für die Einführung dieser Kontrakte war die Vermutung, daß Anleger nicht nur Zinsrisiken, sondern auch Aktienkursrisiken absichern wollen. Das kann, mehr oder weniger gut, durch Geschäfte in Aktien-Terminkontrakten geschehen. Die Technik ist die gleiche, nur die Instrumente sind verschieden. Da ein Aktienindex keine »lieferbare« Sache ist, reduziert sich hier ein Termingeschäft auf einen Ausgleich der dabei entstandenen Gewinne oder Verluste durch Geldzahlungen.

Erfahrungen in diesem Marktbereich liegen bereits vor. Für Sicherungs- und Spekulationsgeschäfte in amerikanischen Aktien wurden Termingeschäfte mit einem aus 20 Aktien gebildeten »Major Market Index« geschaffen, der sich praktisch im Gleichschritt mit dem viel bekannteren Dow Jones Industrial Index verändert. Die Begeisterung für diese Art Geschäfte hat freilich im Zusammenhang mit den großen Kurseinbrüchen im Herbst 1987 merklich nachgelassen. Es lebte eine Diskussion darüber auf, ob nicht die an den Terminmärkten für Aktienportefeuilles abgeschlossenen Sicherungs- und Spekulationsgeschäfte zu den Kurseinbrüchen beigetragen oder sie noch verstärkt haben. Verschiedene Kommissionen haben dazu unterschiedliche Ansichten geäußert und unterschiedliche Empfehlungen über das künftige Vorgehen vor allem in Fragen der Aufsicht gegeben.

Welche Einordnung die amerikanischen Terminbörsen schließlich erfahren werden, eines ist dort längst erkannt worden: Termingeschäfte mit »Finanz-Instrumenten« müssen dem Publikum erklärt werden. An vier amerikanischen Universitäten gibt es mittlerweile Vorlesungen über Terminmärkte, und langsam gehen Hinweise auf Terminmärkte auch in den Unterrichtsstoff der »High Schools« ein.

Diese Aufgaben stellen sich auch in der Bundesrepublik Deutschland, in der es freilich noch genug grundsätzliche Fragen und Zweifel gibt. Die Diskussion über mögliche Rückwirkungen von Termingeschäften auf Kassamärkte will nach den Kurseinbrüchen im Oktober 1987 nicht verstummen. Grundsätzliche Zweifel werden auch nicht durch den Hinweis aus Amerika beseitigt, demzufolge nur drei Prozent aller Termingeschäfte tatsächlich durch Lieferung erfüllt werden; alle anderen würden vor Verfall durch ein Gegengeschäft einfach ausgeglichen. Damit wird zwar das Risiko der Lieferung oder Abnahme der Waren ausgeschaltet, was gleichwohl bleibt, ist der Gewinn oder der Verlust aus möglichen Preisdifferenzen der beiden Geschäfte; da könnte es durchaus auch einmal zu »Lieferschwierigkeiten« beim Geld kommen.

Gegen Versuche, »der Spekulation« an den Chicagoer Märkten stärkere Fesseln anzulegen, wehrt sich die Börse mit dem Hinweis darauf, wer eigentlich ihr spekulativ eingestellter Kunde sei: »97 Prozent der Spekulanten sind Männer, die durchschnittlich 50 Jahre alt sind. 34 Prozent sind Akademiker.« Daraus kann nach Meinung der Börsenverantwortlichen nur ein Schluß gezogen werden: Diese lebenserfahrenen Spekulanten, die wegen ihrer Ausbildung die Fußangeln von Termingeschäften erkennen müßten und die zudem sicher überdurchschnittlich hohe Einkommen erzielten, bedürfen keines besonderen staatlichen Schutzes. Werden das auch die Spekulanten an einer deutschen Terminbörse sein?

Kennzeichnend für Finanztermingeschäfte ist es, daß zwar die Börsenmitglieder Geschäfte untereinander abschließen, die Abwicklung aber über eine spezielle Gesellschaft (»Clearing House«) erfolgt. Diese Abrechnungsgesellschaft tritt in jeden Vertrag ein. Das erleichtert den Handel und die Übertragung von Kontrakten. Die Clearing Corp. in

Chicago prüft jeden Tag nach Börsenschluß, ob die ihr jeweils gemeldeten Geschäfte zusammenpassen. Etwaige Differenzen, die zwar nicht sehr zahlreich sind, sich aber bei der Hektik in den »pits« auch nicht völlig vermeiden lassen, werden durch Rücksprache mit den Handelspartnern geklärt. Erst dann beginnt die eigentliche Abrechnung. Für jede einzelne Geschäftsart werden täglich Abrechnungspreise festgelegt. Mit diesen Preisen werden die offenen Positionen bewertet, somit Gewinne und Verluste ermittelt und schließlich zu einem Tagesergebnis zusammengefaßt. Täglich werden etwa 250000 Transaktionen mit einer Abrechnungssumme von 50 bis 60 Millionen Dollar abgerechnet.

Die Konten müssen täglich ausgeglichen werden. Das heißt, daß die gestellten Sicherheiten gegebenenfalls erhöht werden müssen, während darüber hinaus entstandene Guthaben ausbezahlt werden. Außer der Reihe kann die Clearing Corp. Geld durch einen »variation call« anfordern. Ein Mitglied muß die so eingeforderte Summe innerhalb einer Stunde bereitstellen. Die bisher höchste jemals bei einem einzelnen Mitglied angeforderte Summe von 22 Millionen Dollar sei anstandslos gezahlt worden. Je umfangreicher die Handelsmöglichkeiten an einer solchen Terminbörse werden und je länger die Märkte geöffnet bleiben müssen, damit die Verbindung zu Märkten in anderen Erdteilen hergestellt werden kann, desto wichtiger wird eine Abrechnungszentrale dieser Art. Eines Tages wird es auf dem Tummelplatz für Spekulanten keine Pause mehr geben.

Deutsche Börsenexperten glauben, daß sich die acht deutschen Wertpapierbörsen durchaus zusammenfinden und gemeinsam eine deutsche Terminbörse für den Handel mit Optionen und Futures mit Sitz in Frankfurt am Main gründen können; in der Schweiz wurde die Optionsbörse durch drei Börsen und die fünf größten Schweizer Banken errichtet. Das System der Preisfindung über »Marktmacher« wie in der Schweiz sei eine Möglichkeit; es wird nicht vergessen, darauf hinzuweisen, daß sich der deutsche Rentenhandel außerhalb der öffentlichen Anleihen bereits in dieser Art vollziehe. Überhaupt wird nicht ausgeschlossen, daß sich eines Tages auch im deutschen Aktienhandel während der Vorbörse und an der Nachbörse »Marktmacher« tummeln; zwischen diesem Handel könnte dann die offizielle Börsenzeit mit der Feststellung amtlicher (und anderer) Börsenkurse liegen.

Voraussetzung für ein Termingeschäft in der Bundesrepublik Deutschland ist jedoch, daß dafür die gesetzlichen Grundlagen geschaffen werden. Selbst wenn Bundestag und Bundesrat entsprechende Beschlüsse fassen, ist nicht gesagt, daß die deutschen Anleger auf ein neues Angebot eingehen. Sie können schon jetzt, wenn sie wollen, solche Geschäfte an ausländischen Börsen abschließen; sie hätten es zu Hause natürlich leichter.

Allen diesen Termingeschäften ist zueigen, daß den Gewinnchancen entsprechend hohe Verlustrisiken gegenüberstehen. Deshalb sollten Engagements in diesen Bereichen sorgfältig erwogen werden und unter allen Umständen nur mit Eigenkapital finanziert werden, dessen Verlust nicht schmerzt. Da sich hier – ähnlich wie bei Warentermingeschäften – auch »schwarze Schafe« tummeln können, ist die Auswahl der Partner für solche Geschäfte mit ganz besonderer Vorsicht zu treffen. Wer sein Geld ohne nachzudenken nur wegen irgendwelcher Versprechungen blindlings fremden Leuten anvertraut, muß sich nicht wunden, wenn er dabei reinfällt.

Überhaupt sollte das oft hektische Geschehen an den Börsen den Privatanleger nicht dazu verführen, selbst hektisch zu reagieren. Wenn der Berufshandel, der den Pulsschlag der Märkte unmittelbar spürt, mehr noch: der selbst einen Teil der Märkte ausmacht, bei jeder Nachricht schnell kauft und verkauft, so heißt das noch lange nicht, daß dies auch das richtige Rezept für den Außenstehenden sein muß – von der unterschiedlichen Kostenbelastung für Börsentransaktionen einmal ganz abgesehen. Geduld ist eine Tugend, die an der Börse allzuoft vergessen wird.

»Niemand kann heute schon die Auswirkungen der jüngsten Entwicklung an den Finanz- und Devisenmärkten voll übersehen. Alles was wir wissen, läßt mich jedoch erwarten, daß eine rezessive Entwicklung vermieden werden kann.«
(Bundesbankpräsident Karl Otto Pöhl am 4. Dezember 1987 in Frankfurt am Main)

214

Verzeichnis der Tabellen

»Ein Vergleich mit 1929 ist völlig unangebracht. Die Märkte werden sich beruhigen, da sie nicht auf Dauer an den ökonomischen Fakten vorbeigehen werden.«
Zwei Sätze aus einer Stellungnahme des Präsidenten des Bundesverbandes deutscher Banken, Wolfgang Röller, die er kurz nach den großen Kurseinbrüchen an den Aktienbörsen im Oktober 1987 abgegeben hat.

Stichwortverzeichnis